ÉPISTÉMOLOGIE ET COGNITION

Nous remercions le Centre de Prospective et d'Évaluation (CPE) et son directeur Monsieur Thierry Gaudin pour leur soutien et leur aide généreuse.
Nous remercions également pour son soutien le programme Communication du CNRS, dirigé par Dominique Wolton.

PHILOSOPHIE ET LANGAGE

Colloque de Cerisy

Textes édités par D. ANDLER, P. JACOB, J. PROUST,
F. RÉCANATI, D. SPERBER

épistémologie et cognition

MARDAGA

© 1992, Pierre Mardaga, éditeur
Rue Saint-Vincent 12 - 4020 Liège
D. 1992-024-13

Introduction

par Daniel ANDLER (Université Charles de Gaulle Lille-III, CREA), Pierre JACOB (CNRS, CREA), Joëlle PROUST (CNRS, CREA), François RÉCANATI (CNRS, CREA), Dan SPERBER (CNRS, CREA)

Les sciences cognitives rassemblent diverses disciplines, au nombre desquelles la psychologie, les neurosciences, la linguistique, l'intelligence artificielle, etc., autour d'un objet commun : elles s'intéressent aux capacités propres aux organismes supérieurs de traiter et d'intégrer divers types d'information, de former des représentations mentales et de les manipuler. Comme l'avaient fait en d'autres époques la physique ou la biologie naissantes, ce projet scientifique conduit à éclairer un ensemble de questions traditionnelles de la philosophie. Il n'y a là rien qui menace la philosophie. Elle se voit au contraire investie de deux responsabilités nouvelles.

La première consiste à développer ou renouveler ses analyses là où précisément l'approche interdisciplinaire de la cognition lui permet d'ouvrir ou d'étendre son champ d'investigation. A ce titre, la philosophie est communément reconnue comme contribuant directement à la recherche en sciences cognitives. La seconde est constituée par la tâche épistémologique de réfléchir sur les conditions du développement scientifique de ces nouveaux savoirs.

C'est précisément dans ce souci d'éclairer les questions philosophiques par les questions empiriques liées au développement des sciences cognitives et réciproquement que s'est tenu au Centre culturel international de Cerisy-la-Salle, en juin 1990, un colloque intitulé « La Philosophie, les sciences humaines et l'étude de la cognition». Le présent ouvrage rassemble quelques-uns des travaux présentés lors de ce colloque. Ces travaux se regroupent autour de quelques grands thèmes qui structurent l'ouvrage. L'hypothèse du langage de la pensée, dans la double approche fournie par la tradition philosophique et la recherche psychologique contemporaine, a été choisie pour ouvrir ce volume (Braine, Panaccio). Puis psychologues et philosophes de la psychologie étudient certains des problèmes que pose l'étude du développement de la pensée et du raisonnement (Gayon et Mengal, Broadbent et Cara, Politzer). Sont ensuite abordés sous divers angles le problème de la rationalité et de la justification des croyances (Laurier, Lepage, Usberti, Dubucs), et celui de la dimension collective ou environnementale du contenu cognitif (Seymour, Livet, Baldwin). Enfin, une section finale rassemble des travaux portant sur le langage (Horwich, Guttenplan, Cadiot, Vandeloise, Vuillaume).

*
* *

Depuis que Fodor l'a défendue en 1975, l'hypothèse d'un «langage de la pensée» a été vivement discutée et le plus souvent critiquée parmi les philosophes. En psychologie, en revanche, comme d'ailleurs Fodor lui-même le notait, l'existence d'un système de représentations conceptuelles internes est assez généralement admise. (Nombre de psychologues admettent avec Fodor que les meilleurs modèles de l'acquisition de la langue parlée présupposent que le processus d'apprentissage prend appui sur les catégories les plus fondamentales du langage de la pensée.) Martin Braine s'interroge en psychologue sur la portée empirique de l'hypothèse et sur la manière dont on pourrait l'étoffer. Il montre comment l'étude expérimentale du raisonnement permet de formuler des hypothèses précises sur la «syntaxe logique» du langage de la pensée.

L'hypothèse du langage de la pensée pose que les contenus mentaux ont une réalité quasi-syntaxique : croire que l'Everest est enneigé, c'est entretenir une certaine relation avec une phrase mentale. Claude Panaccio se propose d'examiner les rapports entre cette hypothèse du langage de la pensée et la doctrine nominaliste, deux points de vue conjoints chez Guillaume d'Occam et chez le philosophe contemporain Hartry Field. La thèse centrale du *nominalisme* — à laquelle s'oppose la thèse dite du *réalisme* — est que toutes les choses qui existent sont des choses concrètes, individuelles (alors que le réalisme admet l'existence d'universaux). En matière de philosophie du langage, le nominaliste tend donc à refuser de reconnaître des entités abstraites comme les «propositions» ou les « contenus » au profit d'entités concrètes individuelles. Les phrases considérées en tant qu'occurrences particulières ont ce statut, d'où l'attrait de l'hypothèse du langage de la pensée pour le nominalisme. Panaccio montre cependant que la thèse du langage de la pensée n'est pas requise par le point de vue nominaliste.

*
* *

La « révolution cognitive » en psychologie comporte plusieurs aspects. Il s'agit tout d'abord d'un retour — guère révolutionnaire en lui-même — à l'étude de la pensée, étude récusée par le behaviorisme. Il s'agit ensuite d'une approche interdisciplinaire du mental à laquelle participent, outre la psychologie et la biologie, la philosophie et la construction de modèles formels (cette dernière discipline, issue de la logique et des mathématiques, ayant pris un tour technique et concret avec le développement des ordinateurs). Il s'agit enfin, et peut-être surtout, de l'exigence de représenter le mental comme un mécanisme matériellement réalisable, exigence rendue justement possible par le développement des modèles formels et des machines qui les mettent en œuvre.

L'œuvre de Jean Piaget appartient historiquement à la période précognitive. En particulier, elle ne prend pas vraiment en compte l'exigence de représenter le mental comme un mécanisme : les concepts piagétiens d'assimilation, d'accommodation et d'équilibration, auxquels est donné un rôle explicatif essentiel, demeurent confortablement métaphoriques. A d'autres égards en revanche, l'œuvre de Piaget semble anticiper la révolution cognitive. Tout d'abord — est-il besoin de le rappeler ? — l'étude du développement cognitif reste aujourd'hui, pour le meilleur et pour le pire, profondément marquée par l'héritage piagétien. Plus important encore ici, l'œuvre de Piaget embrasse tout le champ de l'activité mentale et elle est d'emblée interdisciplinaire, associant biologie, psychologie, épistémologie et logique.

Il est donc particulièrement intéressant de considérer la façon dont différentes disciplines s'articulent autour de la psychologie dans l'œuvre de Piaget, avec l'avantage d'un recul dont nous ne disposons pas encore vis-à-vis des sciences cognitives actuelles. C'est ce que font Jean Gayon et Paul Mengal dans leur étude historique qui met l'accent sur les rapports, essentiels chez Piaget, entre biologie, psychologie et épistémologie. Ils montrent comment les conceptions anti-darwiniennes et assez idiosyncrasiques de Piaget en la matière occupent une place centrale dans son système. Si une morale se dégage de leur étude, c'est que l'interdisciplinarité comporte autant de pièges que de promesses.

Comment la psychologie du développement cognitif s'écarte de Piaget sur des points fondamentaux tout en restant tributaire de son enseignement, voilà ce qu'illustre bien la recherche de Stefana Broadbent et Francesco Cara. Piaget concevait le développement cognitif comme passant par un certain nombre de stades bien définis, chacun caractérisé par la maîtrise de schèmes généraux s'appliquant de la même manière à toutes les informations traitées par l'enfant. Les recherches ultérieures ont montré d'une part que, dans bien des tâches, les performances des enfants étaient très en avance sur ce que prévoyait le modèle piagétien. Elles ont montré, d'autre part, que les aptitudes des enfants variaient considérablement d'un domaine cognitif à l'autre, contrairement à ce qu'affirmait le modèle piagétien.

L'étude de Broadbent et Cara illustre concrètement ces développements et propose une interprétation des nouveaux résultats expérimentaux qui, d'une certaine façon, inverse la conception piagétienne ; alors que chez Piaget, le domaine cognitif reste homogène tandis que les principes changent, chez Broadbent et Cara les principes ne changent pas, mais leur domaine d'application, étroitement défini au départ, s'étend par transferts analogiques à d'autres domaines. Si cette interprétation est avancée avec prudence, c'est de façon plus assurée que Broadbent et Cara, comme un nombre croissant de psychologues du développement, affirment l'existence de domaines cognitifs distincts à l'intérieur desquels opèrent des capacités cognitives spécialisées. Cette conception de l'organisation des capacités cognitives humaines, si elle devait se confirmer, mènerait à réviser l'idée même d'intelligence, voire de raison, tant ces notions supposent une capacité générale et abstraite, préalable à tous les contenus de connaissance particuliers et donc indépendante d'eux.

L'étude du raisonnement conduit à mettre en doute l'existence d'une raison abstraite, indifférente au contenu «non logique» des problèmes. En effet, d'une part la performance logique semble généralement très médiocre et, d'autre part, des tâches de raisonnement ayant une structure logique semblable sont accomplies de façon très différente selon leur contenu extra-logique. Peut-on en déduire alors qu'il n'y a pas ou peu de «logique mentale», mais seulement des procédures qui diffèrent selon le contenu informationnel de la tâche ?

Guy Politzer montre que les résultats expérimentaux ne permettent pas de conclure si facilement. En effet, même les tâches de raisonnement les plus simples comportent un double aspect : les sujets doivent d'abord comprendre la tâche, puis la résoudre; mais la façon dont ils ont compris la tâche n'est pas forcément celle dont le psychologue l'a conçue. Aux capacités «logiques» du raisonnement s'ajoutent donc les capacités «pragmatiques» de compréhension. Dès lors, des différences de performance que l'on attribuait trop facilement soit à des différences de contenu, soit à la médiocrité logique de la plupart des sujets, peuvent s'expliquer par la contribution, souvent très «raisonnable», des processus de compréhension. Une telle explication est elle-même testable, comme le montre la série d'expériences conduite par Politzer lui-même.

*
* *

La tradition philosophique s'accorde avec le sens commun pour subordonner toute explication de l'action intentionnelle d'un individu à un principe normatif de rationalité. L'une des versions de ce principe est le principe de charité de Davidson, qui recommande que la plus grande partie possible des croyances que nous attribuons à un sujet soient des croyances que nous jugeons vraies. David Papineau (1987) combat cet «antiréalisme de la croyance», qui tend à minimiser la divergence entre les personnes ou les communautés, et propose de remplacer le principe de charité par un principe d'humanité selon lequel une théorie de l'interprétation (ou plus exactement de «l'interprétation radicale» au sens de Davidson 1984) est adéquate si elle permet d'attribuer à l'indigène des croyances qu'il est plausible qu'il ait. Daniel Laurier confronte cette suggestion de Papineau à la position qu'il adopte sur le problème général de l'interprétation psychologique, c'est-à-dire la question de savoir à quelles conditions on peut attribuer des contenus mentaux à un organisme (ou, plus généralement, à un «dispositif»). A l'instar d'un certain nombre de théoriciens de l'intentionnalité (comme Fodor 1984, Millikan 1984, Dretske 1986), Papineau considère que la possibilité de l'erreur représentationnelle interdit d'identifier le contenu d'une représentation mentale aux circonstances qui l'ont causée et suggère d'adopter une théorie sélectionniste ou téléologique des états mentaux. Daniel Laurier montre que cette prise en compte de l'histoire de l'espèce entre sur plusieurs points en conflit avec la perspective adoptée par Papineau dans sa propre théorie de l'interprétation radicale.

C'est le paradoxe de Newcomb qui intéresse François Lepage. Ce paradoxe met en jeu des situations dans lesquelles semble s'imposer ou du moins s'expliquer un comportement contraire au principe de rationalité. Dans ces situations sont dissociées les *probabilités* et les *causes*. Par exemple (c'est à peu près sous cette forme, jugée «limite» par Lepage, que Robert Nozick formula le paradoxe pour la première fois en 1969) supposons que je sache qu'un prédicteur très — voire parfaitement — fiable a placé une somme importante dans une boîte fermée s'il a estimé que je ne l'ouvrirais pas, et rien s'il a estimé le contraire, est-il rationnel pour moi de l'ouvrir? Ou encore, supposons que je sache que la décision de me promouvoir a été prise par mes supérieurs, qu'ils se sont fondés sur leur évaluation du degré auquel je possède une certaine qualité, mais que je ne sois pas encore informé du verdict; supposons d'autre part que s'offre à moi l'occasion de conforter l'idée que je possède cette qualité à un haut degré en prenant une msure qui par ailleurs me répugne; est-il rationnel que je prenne cette mesure? Ce que le paradoxe, dans ses différentes versions, met en question est donc rien de moins que les fondements de la théorie de la décision. Lepage examine les solutions proposées et met en évidence la nécessité de distinguer au moins deux niveaux de rationalité, ce qui ouvre la voie, selon lui, à une conception dynamique de la prise de décision.

Jacques Dubucs s'attaque au problème de l'omniscience, souvent présenté comme un paradoxe. Ce paradoxe surgit lorsque l'on cherche à proposer, et, le cas échéant, à justifier des explications du comportement d'autrui qui reposent sur un principe d'«optimalité faible» — principe selon lequel, en gros, nous agissons, si tant est que nous sommes rationnels, en sorte que l'état du monde présent (tel que nous le concevons, à tort ou à raison) se transforme, sous l'effet de notre action, en un état du monde qui soit désirable pour nous. Ce genre d'explication ne peut se passer de l'hypothèse que nous sommes «logiquement omniscients», ce qui signifie que nous donnons notre assentiment à toute conséquence logique de nos croyances (et en particulier à toutes les tautologies: chacun de nous est donc un mathématicien suprême). Là est le paradoxe : nous ne sommes de toute évidence pas (du tout) proches de cet idéal, mais aucune limitation de principe ne semble pouvoir être assignée à notre compétence logique sans invalider en même temps notre conception de la rationalité. Dubucs souligne l'importance du problème pour la philosophie, la psychologie et la théorie de l'action (donc l'économie) et reformule le paradoxe dans le langage des mondes possibles. Puis il analyse les différentes issues proposées, rejetant la «solution héroïque» qui accorde l'omniscience et récuse, comme pure apparence linguistique, notre intuition de son implausibilité; rejetant aussi, dans un second temps, la solution fondée sur l'idée de mondes doxastiquement possibles quoique logiquement impossibles; et proposant finalement de développer une théorie représentationnaliste, en accord avec les conceptions majoritaires en science cognitive, avec l'espoir que les difficultés notoires soulevées dans ce cadre par les notions d'interprétation et de synonymie seront un jour résolues.

La contribution de Gabriele Usberti relève de ce que les anglophones nomment «*epistemology*» et les francophones «théorie de la connaissance». La question centrale de la théorie de la connaissance est celle de savoir à quelles conditions une croyance mérite d'être qualifiée de connaissance. Depuis Platon, il était admis qu'une connaissance est une croyance vraie possédant de solides justifications rationnelles. Cette analyse a été réfutée en 1963 par le philosophe américain Edmund Gettier. Depuis lors, les épistémologues travaillent à répondre aux contre-exemples de Gettier. Ces contre-exemples ont donné naissance à une double tradition dans l'épistémologie contemporaine : une tradition internaliste qui insiste sur l'importance de la rationalité dans les processus de formation des connaissances et une tradition externaliste qui souligne l'importance de l'ajustement des connaissances à l'environnement extérieur. Usberti plaide pour une conception dualiste dans laquelle la connaissance est factorisée en deux composantes : l'un des facteurs est le lien causal entre l'environnement et les croyances ; l'autre facteur est constitué par les relations de justification rationnelle que les différentes croyances appartenant à un système s'apportent mutuellement. Sur le plan formel, ce point de vue dualiste se traduit par un dédoublement des constantes logiques, rendant possible la coexistence d'une interprétation classique (ou réaliste) et d'une interprétation intuitionniste (ou constructiviste) des propositions de la logique épistémique.

*
* *

Selon la tradition externaliste en épistémologie (ou en théorie de la connaissance) contemporaine, ce qui confère à une croyance la qualité de savoir ou de connaissance est principalement la fiabilité du processus causal de formation de la croyance — la relation causale entre un aspect de l'environnement représenté par la croyance et la croyance elle-même. La tradition externaliste (notamment incarnée par Dretske 1981 et Goldman 1986), aspire à accomplir la «naturalisation de l'épistémologie» que Quine appelle de ses vœux et elle se nourrit des progrès en sciences cognitives sur la compréhension des mécanismes de formation de croyances perceptuelles, mémorielles ou inférentielles. Traditionnellement, l'épistémologie classique avait l'ambition de répondre au défi des doutes sceptiques. Thomas Baldwin examine ici la façon dont l'épistémologie externaliste et naturaliste traite les doutes sceptiques traditionnels. Il soutient que pour donner aux doutes sceptiques le sens qui leur revient, il convient d'adjoindre à l'épistémologie naturalisée ce qu'il appelle le «naturalisme épistémologique» des philosophes du sens commun (Hume, Reid, Wittgenstein) qui soulignent l'irrésistible spontanéité de la formation des croyances ordinaires.

Non seulement l'épistémologie externaliste se nourrit-elle des progrès réalisés en sciences cognitives, mais elle croise la réflexion épistémologique des philosophes de la cognition. Les sciences cognitives étudient les processus mentaux qui se produisent dans le cerveau des individus. Les symboles mentaux sont des configurations de neurones ayant des propriétés physiques, chimiques et biologiques (étudiées par les neurosciences) et des propriétés formelles ou syntaxiques. De surcroît, étant des représentations, les symboles ont aussi un contenu ou des propriétés sémantiques ou intentionnelles : ils représentent des aspects de l'environnement.

Dans leur majorité, les philosophes qui, comme Fodor ou Davidson, souscrivent au monisme matérialiste (ou physicaliste) ont renoncé au physicalisme des propriétés (*type physicalism*) et admettent le physicalisme des particuliers (*token physicalism*) (cf. Block 1980, Davidson 1970a, Fodor 1981b) : ils supposent que tout processus, état ou événement mental particulier est un processus, état ou événement physique particulier, mais ils soutiennent que les propriétés mentales ou intentionnelles des états ou événements mentaux / physiques particuliers ne sont pas des propriétés physiques. (C'est à cette version de la thèse de l'identité physicaliste que fait référence le titre de l'article de Michel Seymour.)

Pour qui adopte le physicalisme des particuliers ou le fonctionnalisme, il est tentant de supposer que les propriétés intentionnelles ou sémantiques (le contenu) d'un symbole (ou d'un état mental) sont des propriétés fonctionnelles du cerveau de l'individu qui *covarient* avec les propriétés physiques du cerveau de l'individu, indépendamment de son environnement physique et social. Or depuis une quinzaine d'années, les expériences de pensée imaginées par Putnam (1978) et Burge (1979) ont convaincu la majorité des philosophes de la psychologie que le contenu des états mentaux d'un individu ne covarie pas avec les propriétés physiques de son cerveau. Le contenu des croyances d'un individu peut varier en fonction de son environnement physique et de la communauté socio-linguistique à laquelle il appartient sans aucune modification des propriétés physiques de son cerveau.

Dans son article, Seymour nomme « externalisme » la thèse de la pénétration du contenu des états mentaux par l'environnement physique et « anti-individualisme » la thèse de la pénétration du contenu des états mentaux d'un individu par la communauté à laquelle il appartient. Seymour fait valoir que la version du physicalisme des particuliers défendue par Davidson est compatible avec l'externalisme mais qu'elle est incompatible avec l'anti-individualisme préconisé par Burge.

En insistant sur le rôle des croyances des membres de sa communauté pour l'individuation du contenu des croyances d'un individu, l'anti-individualisme rencontre immédiatement un problème méthodologique classique de l'épistémologie des sciences humaines et sociales : le problème de l'individualisme méthodologique. Pierre Livet s'intéresse à une source particulière de pénétration des états mentaux intentionnels par la communauté : le rôle constitutif joué par l'intention d'accomplir une action commune (ou coordonnée) — comme l'intention de jouer un morceau de piano à quatre mains — dans la formation d'une intention individuelle. Il distingue une théorie individualiste extrême (Tuomela) qui s'abstient de faire référence à l'action commune dans la caractérisation de l'intention individuelle; une théorie « auto-référentielle » (Searle) qui fait intervenir une référence à l'intention d'accomplir une action commune dans l'intention individuelle, et la théorie individualiste « modérée » de Bratman. Il examine les capacités cognitives dont ces trois théories créditent les individus capables de former des intentions d'accomplir des actions communes.

*
* *

Le langage est un des objets privilégiés dans les sciences cognitives. Comme l'a souligné Fodor (1983), la recherche cognitive a progressé surtout en ce qui concerne des facultés particulières comme la vision ou le langage (conçu, à la façon de Chomsky, comme un véritable « organe mental » remplissant une fonction spécifique et fonctionnant de façon non moins spécifique), beaucoup moins en ce qui concerne « l'intelligence générale », à supposer qu'il existe une telle chose. Quoi qu'il en soit, les recherches de Chomsky sur le langage, comme celles de Marr sur la vision, ont joué un rôle fondamental dans la prise de conscience du fait que la cognition est un objet scientifique à part entière. Aussi bien Chomsky que Marr ont été des épistémologues en même temps que des scientifiques : ils ont réfléchi sur les fondements empiriques et la méthodologie des sciences cognitives. Il n'est pas étonnant dès lors que récemment, un recueil d'articles de philosophie analytique (George 1989) ait été consacré à Chomsky, lequel a par ailleurs toujours entretenu le dialogue avec les philosophes de cette tradition. Deux articles, dans ce volume, concernent le rapport entre la conception du langage défendue par Chomsky et les thèses de deux philosophes du langage : Quine (Paul Horwich) et Wittgenstein (Samuel Guttenplan).

Paul Horwich s'interroge sur le fait que la critique par Quine de la distinction tranchée entre propositions analytiques et propositions synthétiques paraît être encore largement ignorée en linguistique et en psychologie. Horwich propose de distinguer la conception ordinaire du langage (conçu comme phénomène public) et la conception scientifique du langage (caractérisé par un ensemble de règles internes de production et de compréhension), conception dont Chomsky est le plus illustre représentant. C'est la première qui se prête aux objections de Quine. Du point de vue scientifique en revanche, il peut être légitime de penser que certaines règles sémantiques sont appliquées par l'esprit / cerveau, ce qui rend une application déterminée à la notion d'analyticité.

Samuel Guttenplan s'interroge également sur la compatibilité entre l'approche cognitiviste du langage représentée par Chomsky et l'analyse critique de l'usage du mot «règle» que propose Wittgenstein. Il suggère une interprétation «non sceptique» du § 201 des *Investigations philosophiques* qui lui permet de soutenir que les deux auteurs ont des projets distincts ; Wittgenstein s'intéresse à la question *constitutive* : qu'est-ce que posséder un concept, et montre qu'aucune réduction à quelque chose d'autre (en termes neurophysiologiques, psychologiques, etc.) ne constitue une réponse acceptable. Chomsky de son côté cherche non pas à réduire la possession de concepts à quelque chose d'autre, mais à explorer le réseau des concepts autour duquel s'organise la compétence linguistique.

La conception «modulaire» du langage développée (avec des différences) par Fodor et Chomsky est contestée par les tenants de la «linguistique cognitive». Selon ceux-ci, le langage est, dans la perspective cognitive, moins une faculté spécialisée qu'une fenêtre ouverte sur quelque chose de très «général» qui se reflète dans le langage : le langage, dans ses différents aspects et tout particulièrement sous son aspect sémantique, nous renseigne sur la cognition humaine en tant que contenu et forme de l'expérience humaine du monde[1]. Claude Vandeloise ou, à un moindre degré, Pierre Cadiot se rattachent à ce courant. Tous deux s'intéressent dans leur article aux relations entre les expressions linguistiques et les catégories de l'expérience.

Pierre Cadiot définit l'approche cognitive du langage comme «l'étude de l'organisation et de la mise en forme des représentations et des connaissances par la langue». Dans son article, il étudie deux formes d'organisation des représentations rendues possibles par les prépositions. Les «prépositions incolores» servent seulement à exprimer ponctuellement (à «enregistrer») un aspect de la situation de référence ou de la situation d'énonciation, alors que les «prépositions sémantiques» ont une valeur stable et constituent une instruction d'interprétation déterminée servant à *construire* la situation de référence.

La forme d'organisation du sens privilégiée par les tenants de la linguistique cognitive est la sémantique des prototypes, inspirée par la théorie des ressemblances de famille de Wittgenstein et par les recherches psychologiques de Rosch. Le texte de Claude Vandeloise est un essai de sémantique des prototypes. Pour établir cette sémantique dans le cas des mots «pendre» et «suspendre», Vandeloise essaie de mettre à nu les «règles» ou «lois» de la suspension, lesquelles constituent une famille telle que, si l'on s'éloigne un peu, mais pas trop, de la situation prototypique où toutes ces lois sont simultanément en vigueur, on se trouve devant une situation intermédiaire entre le cas où le terme s'applique clairement et le cas où il ne s'applique pas. Cela montre que les catégories cognitives humaines ne sont pas des catégories «classiques», bivalentes.

La méthode de Vandeloise, dans cet article, consiste à partir des réactions suscitées par les œuvres d'un artiste, Baudouin Luquet, qui, dans une série intitulée *Suspens*, joue avec les règles cognitives de la suspension en présentant systématiquement des «cas limites» où l'une des règles que Vandeloise veut isoler se trouve enfreinte. La théorie de Vandeloise constitue donc également une approche analytique de l'œuvre de l'artiste et une illustration des rapports entre langage et œuvre d'art.

Cette question des rapports entre art et langage se pose tout particulièrement lorsque l'art en question est essentiellement linguistique, comme c'est le cas en littérature. Le rapport entre l'emploi ordinaire du langage et son emploi dans la littérature fait l'objet d'intenses discussions en philosophie du langage. La question de la *fiction* revêt pour la philosophie du langage une importance spéciale : le phénomène de la fiction oblige soit à repenser l'ontologie, soit à marginaliser l'emploi littéraire par rapport à l'emploi ordinaire du langage. C'est cette question de la fiction qu'aborde Marcel Vuillaume dans son étude. Vuillaume fait partie de ceux qui refusent de marginaliser la fiction. Comme les assertions ordinaires, les énoncés de fiction décrivent des faits, sauf qu'ici il s'agit de faits appartenant à un monde fictionnel. Mais Vuillaume précise le statut de ces mondes fictionnels d'une façon originale : du point de vue externe, il rapporte les mondes fictionnels aux « jeux de faire-semblant » au sein desquels ils sont créés. Les mondes fictionnels sont relatifs à de tels jeux (semblables aux « jeux d'enfant » qu'étudient les psychologues) au sein desquels sont définis des « rôles » de narrateur et de lecteur. Dans un jeu fictionnel, selon Vuillaume, le narrateur décrit un univers pour le lecteur et le lecteur obéit à la règle fondamentale de *croire en la vérité* des assertions du narrateur. Cette règle fondamentale du jeu fictionnel met les assertions du narrateur à l'abri du doute et leur confère une sorte de nécessité pragmatique qui fait que si le narrateur dit P, alors P. C'est cette règle pragmatique du jeu de faire-semblant fictionnel qui explique, selon Vuillaume, qu'on ait le sentiment d'assister aux événements décrits lorsqu'on joue le rôle de lecteur (sentiment attesté linguistiquement, comme le montrent les nombreux exemples assemblés par Vuillaume dans cet article ainsi que dans son livre (Vuillaume 1990).

Nous remercions Laurence Helleu pour la réalisation éditoriale de ce volume, David Kennedy pour son aide technique et Adriano Palma pour son concours dans la mise au point de la bibliographie.

NOTE

[1] Cf. le numéro spécial de *Communications* sur la « sémantique cognitive » préparé par Claude Vandeloise (1991, 53).

CHAPITRE 1

LE LANGAGE DE LA PENSÉE

Approches empiriques du langage de la pensée[1]

par Martin D.S. BRAINE
New York University

L'hypothèse de l'existence d'un langage de la pensée a été explicitement proposée par Fodor, il y a plusieurs années (Fodor 1975). Pourtant, bien que Fodor, avec son parfait instinct publicitaire, ait lancé l'expression «langage de la pensée», et bien qu'il ait exposé les arguments en faveur de son existence, il n'est pas seul à en avoir eu l'idée. En effet, l'idée d'un tel langage a été longtemps implicite, comme en témoigne l'intérêt que les sciences cognitives ont toujours porté à la forme syntaxique des représentations sémantiques mentales. Cependant, hormis les efforts importants de quelques linguistes, tels Jackendoff (1983), l'idée de ce langage n'a pas été développée et Fodor lui-même n'a rien fait pour en définir la nature. La notion même reste sujette à controverse.

Pour que le langage de la pensée soit un concept utile, il faut que nous puissions le spécifier d'une manière empirique, et tester des hypothèses sur sa structure. Dans cette étude, je supposerai donc l'existence du langage de la pensée, et j'attends du lecteur qu'il la suppose avec moi, afin que nous puissions voir comment on pourrait aborder ce langage : car après tout, une manière pratique de tester son existence, c'est de s'efforcer de la spécifier. Si l'on y réussit, alors il existe, ce langage de la pensée ! Par contre, si nos efforts, apparemment prometteurs, persistent à échouer, nous mettrons son existence en doute, et quoi qu'il en soit, l'hypothèse aura perdu tout intérêt.

Je proposerai trois moyens pour approcher le langage de la pensée. Le premier est l'étude du raisonnement, les deux autres celle du langage : avec le deuxième, l'examen portera sur ce qui est universel dans le langage, et avec le troisième sur l'acquisition du langage chez l'enfant, c'est-à-dire sur ce qui est le plus primitif dans la syntaxe et la sémantique. Commençons par le raisonnement.

A. LE RAISONNEMENT

La question la plus fondamentale qui se pose à propos du langage de la pensée concerne sa syntaxe. Celle-ci devrait inclure une structure de base des propositions, et des connecteurs, c'est-à-dire une syntaxe logique. Autrement dit, si le langage de la pensée existe, on doit s'attendre à ce qu'il y ait une logique mentale. Or, les auteurs qui ont pris en compte l'idée d'une logique mentale (Braine 1978 et 1990, Braine, Reiser & Rumain 1984, Johnson-Laird 1975, O'Brien 1981, Osherson 1975a et 1975b, Rips 1983, Sperber & Wilson 1986) sont d'accord pour dire que, si elle existe, elle consiste en un ensemble de schémas déductifs assortis d'un programme de base qui contrôle leur application — c'est-à-dire qu'elle est une sorte de système de déduction naturelle du type de celui que propose Gentzen.

On pourrait se demander comment une telle logique mentale a pu évoluer. Je répondrai que c'est parce qu'elle sert des buts quotidiens utiles. D'abord, l'être humain a besoin d'un instrument mental pour intégrer des informations qui proviennent de sources différentes. Par exemple, quelqu'un vous fait savoir (ou vous savez déjà) qu'il n'y a, dans une certaine situation, que deux possibilités, A ou B; vous découvrez plus tard, d'une autre source, que l'une d'elles ne s'est pas réalisée — non-A ; la logique mentale vous fournit un moyen de conclure — en choisissant l'autre possibilité, B. De même, la logique mentale fournit un assemblage de déductions logiques élémentaires qui se font presque automatiquement et sans qu'on en ait conscience dans la compréhension du discours oral ou dans celle de textes écrits. Enfin, il faut ajouter que dans la compréhension et dans le raisonnement pratique quotidien, ces déductions logiques s'intègrent à une masse d'autres déductions non-logiques — déductions causales, analogiques, plausibles, etc. — et que toutes s'alimentent les unes les autres dans des buts pragmatiques.

Je commencerai par un bref aperçu de ce que devrait être cette logique mentale des schémas déductifs, que je présenterai de manière à faire apparaître la base empirique et méthodologique qui sous-tend mon hypothèse.

D'un point de vue méthodologique, le concept de logique mentale exige qu'il existe un ensemble de schémas logiquement valides, possédant chacun certaines propriétés. Des recherches empiriques sont donc nécessaires pour permettre d'identifier les inférences possédant ces propriétés. Les propriétés sont les suivantes :

a) Schéma valide du point de vue psychologique : les sujets s'en servent essentiellement sans erreur dans les problèmes les plus simples auxquels il donne une solution directe. Il faut remarquer ici que la plupart des études du raisonnement se sont concentrées sur les erreurs, et que spécifier les déductions qui se font facilement et sans erreur constitue un objectif différent.

b) Schéma élémentaire du point de vue psychologique : l'inférence qu'il définit se fait en une seule étape ; elle n'est pas le produit d'une série de déductions successives. (Des méthodes existent pour aborder la question de l'élémentarité.)

c) Schéma primitif du point de vue psychologique — autrement dit, il est accessible aux jeunes enfants.

d) Schéma universel : il existe dans toutes les cultures et tous les langages et présente les propriétés (a-c).

De plus, il faut postuler, pour utiliser les schémas, une procédure simple qui soit partie intégrante de la compréhension ordinaire de texte et de discours, et qui s'applique comme procédure initiale dans le raisonnement.

Existe-il un ensemble de schémas possédant ces propriétés ? La plupart des études empiriques s'occupent de la logique propositionnelle — c'est-à-dire des inférences associées à *et*, *ou*, *si* et à la négation (voir Braine 1990, Braine & O'Brien 1991, Braine & Rumain 1981 et 1983, Braine, Reiser & Rumain 1984, Lea, O'Brien, Fisch, Noveck & Braine 1990). En ce qui concerne ce type d'inférence, ces études ont démontré qu'il existe un ensemble de schémas pour lequel la propriété (a) est valide. De même, la propriété (b) est justifiée à la fois par les données expérimentales et par des arguments de sens commun. Quoiqu'il existe des données nombreuses à l'appui de la propriété (c), celles-ci présentent néanmoins quelques lacunes. La propriété (d) n'a pas encore été étudiée. Finalement, l'existence d'une procédure simple appliquée par tous les sujets dans l'utilisation des schémas est confirmée par une quantité importante de preuves, bien que certains détails de cette procédure puissent certainement être matière à discussion. Bref, il y a beaucoup de données en faveur de l'existence d'au moins une logique propositionnelle mentale, bien que certains éléments de preuve importants fassent encore défaut.

Je n'ai parlé jusqu'ici que de la logique propositionnelle mentale. Il doit exister d'autres logiques mentales, une logique des prédicats et des systèmes modaux, par exemple. Des études existent sur certaines des inférences élémentaires de ces systèmes (par exemple, Harris 1975; d'autres études sont résumées dans Braine & Rumain 1983; O'Brien, Braine, Connell, Noveck & Fisch 1989), mais dans l'ensemble ces systèmes restent à étudier.

Considérons maintenant la deuxième approche du langage de la pensée.

B. LES UNIVERSAUX DU LANGAGE

Quels que soient les détails de la théorie, la syntaxe du langage de la pensée doit contraindre la syntaxe des langues naturelles, et il est naturel de s'attendre à ce qu'elle s'y reflète souvent directement. Les universaux syntaxiques des langues naturelles sont donc d'excellents candidats pour les propriétés de la syntaxe du langage de la pensée. Les travaux sur les universaux du langage (par exemple, Comrie 1989), et les études linguistiques orientées vers les questions du langage de la pensée (par exemple, Jackendoff 1983), suggèrent plusieurs conclusions sur le caractère du langage de la pensée. La liste suivante reprend dans ses grandes lignes Jackendoff (1983, 1987), et elle est certainement loin d'épuiser ce que l'étude des universaux syntaxiques peut nous apprendre sur la structure du langage de la pensée.

1) Il y a une classification des entités par catégorie ontologique — Objets, Lieux, Temps, Actions, Evénements, etc.

2) Le langage de la pensée est structuré en prédicats et arguments. De plus :

a) il existe des fonctions qui transforment un type ontologique d'argument en un autre type ontologique; par exemple, les prépositions comme « sur » (« mettre le livre SUR le lit ») convertissent les arguments de type « Objet » (« le lit ») en arguments de type « Lieu » (« sur le lit »);

b) il existe également des fonctions qui construisent des prédicats complexes à partir de prédicats plus simples, par exemple FAIRE qui transforme un verbe (par exemple, « courir », prédicat simple) en un prédicat complexe FAIRE-VERBE (par exemple « faire courir »). Les mêmes fonctions se répètent à peu de chose près dans des langues différentes, sans être totalement universelles.

3) Les prédicats sont susceptibles de devenir des arguments. Par exemple, dans l'énoncé «Quelqu'un a effacé la bande originale — eh bien, Georges ne l'a pas fait», «l'» se réfère à l'action d'effacer la bande originale; cette action est donc prédicat dans la première proposition, et argument dans la seconde. De même, dans l'énoncé «Georges est en prison — les policiers l'y ont mis», «y» se réfère à un lieu (la prison) qui sert d'argument à «mettre» : ce lieu est prédicat dans la première proposition et argument dans la seconde. Il faut donc postuler l'existence d'un opérateur qui, étant donné un prédicat d'action ou de lieu, évoque automatiquement une entité qui soit cette action ou ce lieu, et qui soit susceptible de servir d'argument à une expression référentielle ultérieure.

4) Il existe des prédicats relationnels primitifs, qui apparaissent à maintes reprises dans la signification de mots et qui sont utilisés pour marquer (distinguer) les rôles d'arguments. CAUSER, AGIR, ALLER, À en sont des exemples (voir Jackendoff 1987). Ils fournissent le fondement des catégories dites «thématiques».

5) Pour délimiter les arguments, on peut utiliser deux moyens différents :

a) l'emboîtement d'un argument dans un autre (le génitif dans le groupe nominal),

b) les phrases relatives.

Ainsi, (a) un prédicat qui sert à identifier un argument peut lui-même prendre un argument (par exemple : «Le Président DU CONSEIL», «La mère DE JEAN»); (b) les phrases relatives fonctionnent de manière analogue («Les X tels que...»).

C. L'ACQUISITION DU LANGAGE

Chomsky, et beaucoup de linguistes avec lui, a argumenté en faveur de l'existence de notions primitives syntaxiques innées. Selon eux, ces primitives sont des primitives syntaxiques du langage naturel, et Chomsky s'est fortement opposé à l'idée que ces dernières puissent avoir une base sémantique. Par contre, Fodor (1975) propose qu'en apprenant sa langue, un enfant apprend un compilateur entre le langage de la pensée et sa langue maternelle. Dans une telle théorie, les primitives syntaxiques de l'enfant sont les primitives de la syntaxe du langage de la pensée. Il s'ensuit que si Fodor et Chomsky ont raison tous les deux, il existe deux sortes de primitives syntaxiques :

a) des primitives du type Prédicat, Argument, connecteurs, catégories ontologiques : celle du langage de la pensée;

b) des primitives du type Groupe Nominal, Groupe Verbal, Nom, Verbe, Adjectif, Sujet de, etc. : celles de la grammaire universelle.

La question se pose de savoir si l'on a vraiment besoin de postuler deux types de primitives syntaxiques. Par souci d'économie, il faudrait essayer de se priver de l'un d'eux. Or, on ne peut pas se passer des catégories du langage de la pensée sans priver le langage de sa signification même. Ce qu'il faut examiner, donc, c'est la possibilité que les catégories grammaticales comme le Groupe Nominal, le Groupe Verbal, le Nom, le Verbe, etc., soient dérivables à partir des catégories du langage de la pensée.

Quand je parle d'une dérivation, je ne veux certes pas dire une dérivation (ou réduction) logique. J'entends plutôt une dérivation pour ainsi dire psychologique, c'est-à-dire par apprentissage. Si l'on part du principe que l'enfant possède d'emblée les catégories du langage de la pensée, on peut chercher à expliquer l'origine des catégories grammaticales par un apprentissage dont le point de départ serait les catégories du langage de la pensée. Le Groupe Nominal serait d'abord le représentant d'un argument d'un certain type, le Verbe celui d'un type de prédicat, etc. Si une telle explication réussissait, alors nous disposerions d'un troisième moyen pour atteindre le langage de la pensée — par ce qui est le plus primitif dans la grammaire du point de vue développemental.

Or, il n'y a guère de doute qu'une telle dérivation réussisse : montrons-le brièvement. La théorie de l'acquisition de la syntaxe chez l'enfant la mieux développée est certainement celle de Pinker (1984). Pinker postule deux types de primitives innées. (Il ne parle pas du langage de la pensée, mais des catégories sémantiques; cependant, ses catégories sémantiques correspondent assez étroitement à celles qu'on pourrait attribuer au langage de la pensée, et je vais donc considérer la correspondance comme admise.) Entre ces deux types de primitives, il existe, selon lui, une relation de «balisage» (je traduis ainsi le terme anglais *flag*) : puisque l'enfant ne sait pas d'abord comment identifier les instances des Nom, Verbe, Groupe Nominal, etc., les instances des catégories du langage de la pensée lui servent de balises, ou d'indices d'instances, des catégories grammaticales. Ainsi, l'enfant commence par identifier comme Nom le mot qui représente un objet; de même, il identifie comme Groupe Nominal un argument, et comme Sujet un acteur, etc. Les ayant identifiés, l'enfant en dérive des règles grammaticales dans lesquelles figurent les catégories Nom, Groupe Nominal, Verbe, Groupe Verbal, etc. Une fois acquises, les règles sont utilisées pour l'assimilation de nouvelles phrases. Il résulte de cette assimilation que les mots qui ne représentent pas d'objets peuvent être marqués comme des Noms dans le lexique de l'enfant, et que les phrases qui ne représentent pas d'arguments sont analysées comme des Groupes Nominaux si elles occupent la position d'un Groupe Nominal telle que la déterminent les règles acquises. Autrement dit, l'extension des catégories de Nom, Groupe Nominal, Verbe, Groupe Verbal, Sujet, etc., est apprise par l'enfant dans chaque langue. Pour Pinker la catégorie est innée, mais l'extension est apprise.

J'ai montré ailleurs (Braine, manuscrit) que la théorie de Pinker (et toute théorie du type *bootstrapping*, comme celle de Pinker) peut être reconstruite ou reformulée sans postuler des catégories grammaticales innées qui soient distinctes des catégories du langage de la pensée. Ainsi, il est nécessaire de postuler que l'enfant a une tendance à classer les mots, ainsi que les groupements de mots qui possèdent une unité sémantique, selon leur catégorie dans le langage de la pensée. Cette tendance crée des catégories initiales de mots et de phrases du langage naturel qui correspondent à celles du langage de la pensée. Etant donné une telle tendance, les procédures déjà en place dans la théorie de Pinker vont créer des catégories du langage naturel dont les extensions recouvrent celles des catégories grammaticales standard.

Si cette évaluation est exacte, cela montre qu'une troisième approche empirique du langage de la pensée est possible : par la détermination de ce qui est le plus primitif du point de vue développemental dans la syntaxe et la sémantique. L'approfondissement de la théorie de l'acquisition du langage que je viens de décrire mènera nécessairement à la formulation d'hypothèses précises quant à la structure initiale du langage de la pensée, qui constitue le point de départ de l'apprentissage. Et puisque la théorie doit pouvoir s'appliquer à n'importe quelle langue, il n'y a aucune raison de douter que des hypothèses particulières puissent être confirmées ou rejetées.

CONCLUSION

J'ai esquissé trois moyens empiriques d'atteindre le langage de la pensée, dans le but de mettre à jour sa structure. L'un est par l'étude du raisonnement : on recherche la forme des déductions logiques les plus immédiates, celles qui se font facilement dans le raisonnement quotidien dans toutes les cultures, et qui sont exécutées essentiellement sans erreur dans des problèmes qui n'ont d'autre complexité que celle de la déduction testée. Un deuxième moyen consiste à étudier ce qui est universel dans la syntaxe et la sémantique des langues; enfin, le troisième examine l'acquisition du langage chez l'enfant. Avec celui-ci, on cherche à définir les structures sémantiques les plus primitives, celles qui servent de base et de point de départ à l'enfant pour l'apprentissage tant des catégories grammaticales que de la structure des phrases de sa langue maternelle.

NOTE

[1] La recherche qui a rendu cette communication possible a reçu le soutien de deux bourses de recherche aux Etats-Unis, l'une de la National Science Foundation (BNS-8409252), l'autre du National Institute of Child Health and Human Development (HD 20807).

Le nominalisme et la question du langage mental

par Claude PANACCIO
Université du Québec

Le nominalisme est cette séculaire tendance à simplifier l'ontologie, à restreindre tant qu'on le peut le nombre des *catégories* générales de choses, des types logiques, si l'on préfère. A la limite, il ne veut que des entités singulières. Pas d'universaux comme les genres et les espèces de la scolastique médiévale : l'homme-en-général, l'animal-en-général. Pas d'objets abstraits comme des propriétés (la blancheur-en-soi), comme des nombres et des fonctions, ou comme les concepts et les propositions de la métaphysique frégéenne, objets intemporels et immuables, indépendants de la connaissance comme du langage. Pas d'ensembles non plus, pas d'ensembles d'ensembles, pas d'ensemble vide. Que des entités d'un seul type logique, capables d'entretenir entre elles des rapports *naturels* de causalité, d'isomorphisme bien sûr, de proximité ou d'éloignement spatio-temporel, et des rapports méréologiques aussi, de tout à partie, de partie à tout, de partie à partie...

Ce que cette contrainte nominaliste veut éviter par-dessus tout, c'est la confusion entre les catégories de signes et les catégories de choses : que nous ayons dans nos langages des signes numériques n'implique pas *ipso facto* qu'il existe dans le monde, indépendamment de nous, des objets spécifiquement numériques ; que nous disposions de termes généraux comme «cheval» n'entraîne pas qu'il leur corresponde à chacun un référent unique, lui-même intrinsèquement général; qu'il y ait des adjectifs dans nos systèmes linguistiques ne veut pas dire qu'il y ait réellement des propriétés dans l'être.

Mais il ne suffit pas de le dire! Le défi du nominalisme est d'expliquer jusque dans le détail la pluralité des catégories syntaxiques et sémantiques sans invoquer une pluralité correspondante de catégories ontologiques. C'est là tout son programme. Qu'il parvienne ou non à le réaliser un jour, l'exploration en vaut certainement la peine. Elle force à scruter avec minutie les rapports *logiques* qui unissent entre elles les différentes catégories syntaxico-sémantiques du langage (nom / verbe, nom propre / prédicat général, terme / phrase, etc.) et permet ainsi d'affiner notre vision générale du monde, le cadre conceptuel dans lequel nous construisons nos théories scientifiques.

La thèse du langage mental, de son côté, est beaucoup plus locale. Elle se présente souvent chez ses tenants — par exemple, chez le philosophe américain Jerry Fodor, qui en a été depuis quinze ans le plus ardent défenseur [1] — comme une hypothèse empirique relative aux mécanismes effectifs de l'esprit humain. Cette hypothèse se formule en termes mentalistes. Elle tient que la pensée humaine fonctionne comme un discours, c'est-à-dire, pour être précis, que deux conditions sont remplies :

a) l'activité intellectuelle — ou cognitive — d'un sujet humain typique peut être décomposée en unités sémantiquement évaluables, c'est-à-dire auxquelles on puisse attribuer de manière cohérente des valeurs sémantiques (comme des valeurs de vérité ou des dénotations);

b) cette attribution de valeurs sémantiques respecte le principe général de compositionnalité, selon lequel la valeur sémantique d'une unité complexe est fonction, dans un contexte donné, des valeurs sémantiques des unités plus petites qui la constituent, tout comme le sens d'une phrase, par exemple, est fonction de celui de ses termes.

L'hypothèse du langage mental, dit Jerry Fodor (1987, p. 136), revient à assigner à la pensée une «structure de constituants» comme celles que la grammaire et la sémantique mettent au jour dans l'étude des langues naturelles.

Quels rapports logiques y a-t-il entre cette hypothèse empirique quant à la structure de la cognition humaine et l'approche philosophique générale qu'est le nominalisme? C'est la question que je veux explorer ici. Historiquement en tout cas, on les trouve conjointes dans la pensée du chef de file des nominalistes médiévaux, l'Anglais Guillaume d'Occam. Les universaux, chez lui, sont identifiés à des signes mentaux, susceptibles de se combiner ensemble pour former des propositions mentales, au sein desquelles ils exercent certaines fonctions référentielles précises, thématisées par la théorie de la *suppositio*. Le rejet de l'existence extramentale des universaux s'accomplit ici dans une théorie sémantique qui se donne pour objet la pensée elle-même, qu'elle voit comme un discours aux propositions vraies ou fausses, composées de termes dénotant selon divers modes les choses singulières du monde extérieur.

Dans la philosophie analytique récente aussi, le nominalisme et la thèse du langage mental ont fréquemment partie liée. L'Américain Hartry Field, par exemple, l'un des plus éminents zélateurs du nominalisme ces dernières années, avance que l'hypothèse d'un système mental de représentations structuré comme un langage permet de faire l'économie des propositions frégéennes en identifiant les *contenus* des attitudes propositionnelles — comme croire que, vouloir que, etc. — à des séquences d'occurrences mentales singulières dans les psychismes individuels, plutôt qu'à des objets abstraits extra-psychologiques (Field 1978). Dans l'autre camp, George Bealer, l'un des plus intéressants défenseurs du platonisme ontologique dans les années quatre-vingt, voit sur ce point les choses de la même manière : «La théorie du langage mental, écrit-il, est une explication nominaliste...» (Bealer 1982, p. 253, n. 17). De même, Robert Stalnaker dans *Inquiry* et encore Stephen Schiffer dans *Remnants of Meaning* opposent, pour rendre compte des contenus ou des objets des attitudes propositionnelles, la doctrine qui les identifie à des propositions à la Frege et celle qui n'y voit que des phrases, qu'elles soient mentales ou linguistiques[2].

Je fractionnerai ma problématique en trois sous-questions :

a) La thèse du langage mental permet-elle vraiment de faire l'économie des propositions frégéennes ?

b) Exige-t-elle l'admission d'une catégorie ontologique spéciale pour les symboles mentaux ?

c) Est-elle requise pour une bonne analyse nominaliste des énoncés d'attitudes propositionnelles (comme «Noé croit qu'il pleut», «Brigitte souhaite qu'il pleuve», etc.) ?

Ce qui nous fera ainsi faire le tour des rapports logiques entre nos deux doctrines.

A. PROPOSITIONS, PHRASES ET INSCRIPTIONS

Première question donc : les phrases d'un langage mental, s'il en existe, peuvent-elles jouer le rôle confié aux propositions dans une approche de type frégéen ? Certes on peut décider d'en faire les objets des attitudes propositionnelles comme la croyance ou le désir, de les identifier purement et simplement à leurs *contenus* et de voir, par conséquent, les attitudes en question comme des relations naturelles entre objets singuliers : organismes d'une part, et phrases mentales de l'autre. Mais cela ne suffit pas, tant s'en faut. Les propositions frégéennes sont censées expliquer que deux occurrences de phrases puissent avoir le *même sens* (on dit alors qu'elles expriment toutes deux *la même* proposition extra-mentale). Or les phrases mentales, elles, ne sont jamais que singulières, c'est bien ce qui plaît au nominaliste. Chacune n'est qu'un événement temporellement déterminé dans tel ou tel psychisme individuel. Elles ne peuvent pas à elles seules jouer le rôle unificateur qui fait en théorie sémantique le succès des propositions, leurs rivales. Comme l'écrit Hilary Putnam : « La "traduction" de notre langage public en une *lingua mentis* ne résoudra pas le problème du contenu conceptuel, mais ne fera que le déplacer d'un langage à l'autre » (Putnam 1988, p. 16 ; c'est moi qui traduis).

Ce qui est requis ici de la part du nominaliste, c'est une sémantique « inscriptionnaliste », c'est-à-dire une théorie pour laquelle les éléments sémiotiques de base, porteurs de valeurs sémantiques (d'une fonction référentielle, par exemple, ou d'une valeur de vérité) ne sont jamais que des inscriptions singulières (mentales en l'occurrence). Le défi est de construire entre ces inscriptions elles-mêmes des relations d'équivalence sémantique (de synonymie, si l'on veut) sans pour autant les rapporter toutes, pour expliquer ces équivalences, à des unités d'un autre type. Au lieu de dire que l'occurrence mentale A et l'occurrence mentale B expriment *la même* proposition, chosifiant ainsi ce que A et B ont en commun, on voudra se contenter de poser que A *équivaut* à B sous quelque rapport (ce qui, bien sûr, n'exige pas de chosifier l'équivalence elle-même).

Mais encore faut-il caractériser de manière exacte ces relations d'équivalence sémantique dont on a maintenant besoin. Et c'est là, au fond, qu'est le véritable problème du nominalisme : ces rapports peuvent-ils être adéquatement explicités sans aucune référence à des entités abstraites extérieures comme des propriétés, des fonctions ou des propositions ? La thèse du langage mental ne fait que reculer le problème d'un cran. Ce n'est pas rien, certes. Ce faisant, elle le simplifie en évitant les complications théoriques suscitées par la diversité des langues naturelles. Elle permet du coup une idéalisation sans doute féconde du langage dont doit en priorité rendre compte l'éventuelle sémantique inscriptionnaliste que nous appelons de nos vœux. Mais l'essentiel reste à faire : construire la sémantique elle-même, pour ce langage-là comme pour les autres d'ailleurs, sans jamais présupposer l'existence réelle des *types* linguistiques (par opposition aux *tokens*, aux occurrences). C'est une tâche ardue à laquelle se sont attaqués quelques philosophes depuis l'article conjoint de Quine et de Goodman en 1947, « Steps toward a constructive nominalism », sans qu'on puisse dire encore qu'elle ait été menée à bien[3]. La thèse du langage mental, bien qu'elle puisse y contribuer, n'assure pas à elle seule un remplacement adéquat des propositions frégéennes. Le problème clé est ailleurs.

B. L'ONTOLOGIE DES CONTENUS

On peut aller plus loin et se demander, c'est notre deuxième question, si l'idée de langage mental n'enrichit pas *ipso facto* l'ontologie d'une manière que devrait récuser d'emblée tout nominalisme conséquent, si nos deux doctrines, donc, sont même seulement compatibles l'une avec l'autre. A cette dernière question, on répondra finalement que oui, mais ici non plus, les choses ne vont pas de soi : l'hypothèse du langage mental semble bien, *prima facie*, exiger l'admission d'une catégorie spéciale d'entités, les symboles mentaux, différentes non seulement des choses extérieures, mais aussi des attitudes psychologiques elles-mêmes, comme la croyance ou le désir, dont elles sont censées être les objets[4].

C'est qu'il faut prendre garde à ceci : toute postulation d'objets n'est pas automatiquement un enrichissement de l'ontologie. Si je fais l'hypothèse qu'il existe dans tel lac d'Écosse des poissons gigantesques d'une espèce encore inconnue, je n'enfreins pas pour autant l'injonction nominaliste : mon hypothèse, si farfelue soit-elle, ne concerne encore que des choses singulières, des poissons en l'occurrence. La question est de savoir si les symboles mentaux requis par l'hypothèse d'un langage de la pensée doivent relever, pour jouer le rôle qu'on veut leur assigner, d'un *type ontologique* spécial, différent de celui des entités individuelles, d'un type dont les unités entretiendraient avec les choses singulières des rapports que celles-ci ne peuvent *logiquement* avoir les unes avec les autres, comme d'être communes à plusieurs ou d'être « exemplifiées » par plusieurs (ce qui est justement la caractéristique essentielle des universaux, des propriétés ou des classes).

C'est un problème qui a consciemment préoccupé Guillaume d'Occam, et sa réflexion ici peut nous guider. Il croyait, au début de sa carrière vers 1317, devoir invoquer comme objets du savoir ou de la pensée des êtres d'une nature bien spéciale, qu'il appelait des *ficta*, sorte de corrélats purement intentionnels des actes de pensée, et dont toute l'existence justement consistait à être pensés. Mais il se rendit vite compte que l'admission de ces *ficta* le forçait à sortir des catégories de substance singulière et d'accident singulier, qui lui paraissaient par ailleurs suffire pour l'ontologie du monde naturel. Aussi finit-il par identifier les symboles mentaux aux actes mêmes de l'esprit plutôt qu'à des objets idéaux devant l'esprit. Les « actes » dont il est question ici ne doivent pas être compris comme des « actions » mettant en jeu des intentions, des décisions ou des responsabilités, mais comme des « actualisations » de certaines potentialités (on dirait, par exemple, qu'une éruption serait — en ce sens — l'« acte » d'un volcan, même si, bien sûr, elle n'a rien de volontaire). Or ces actes-là, — la chose était déjà acceptée en psychologie aristotélicienne — pouvaient sans problème être identifiés à des *accidents* de l'esprit, ce qui permettait de ramener le langage mental dans les limites de l'ontologie de la substance et de l'accident singulier[5].

Souscrire à un contenu propositionnel, dès lors, — c'est-à-dire : le croire — est identifié par Occam à un acte complexe de l'esprit — un acte judicatif, en l'occurrence — dont le contenu constitue une partie réelle. Quoiqu'il en soit du vocabulaire un peu vieillot des substances et des accidents, l'idée féconde ici est de décrire les attitudes propositionnelles comme étant des états complexes d'un certain système de traitement de l'information (un système mental) et d'identifier les contenus des attitudes — les contenus de croyances, par exemple — à des *parties réelles* de ces états de système. Les relations *méréologiques* ne transgressent pas les contraintes nominalistes : elles peuvent très bien n'unir entre elles que des entités singulières. Plusieurs auteurs même, à la suite de Nelson Goodman, voient aujourd'hui dans la théorie formelle des relations de partie à tout — qu'ils appellent le « calcul des individus » — un puissant instrument au service du nominalisme, capable dans bien des cas de supplanter jusqu'à la théorie des ensembles elle-même (cf. Goodman 1977, chap. 2 ; Eberle 1970).

La postulation des symboles mentaux n'exige donc pas par elle-même une catégorie ontologique spéciale. Les symboles en question — ou les phrases qui en sont composées — peuvent être vus comme des parties d'états mentaux plus complexes, les attitudes.

Quant à savoir si le mentalisme en général s'accorde avec le nominalisme, qu'il suffise ici de dire que les états mentaux, quelle qu'en soit la nature exacte, peuvent bien en tout cas n'être jamais qu'individuels, inéluctablement liés à tel agent, à tel moment, inscrits comme les autres choses singulières du monde dans des rapports naturels de causalité, de ressemblance, de partie à tout, etc., plutôt que dans des rapports d'exemplification ou d'appartenance ensembliste. C'est la leçon d'Occam : nominalisme et mentalisme sont compatibles.

C. L'ANALYSE DES CONTEXTES INDIRECTS

Dernière question, enfin : le nominalisme a-t-il besoin de l'hypothèse du langage mental pour rendre compte de la sémantique et de la logique assez particulières qui caractérisent les énoncés d'attitudes propositionnelles comme «Zoé croit qu'il neige», «Fido veut sortir»? On a vu que la thèse du langage mental ne suffisait pas à elle seule à nous dispenser des propositions, mais à défaut d'être suffisante, peut-être est-elle nécessaire. C'est ce que je voudrais examiner maintenant.

Le problème est de savoir analyser la signification des propositions subordonnées commençant généralement par «que» en français, qui figurent dans les contextes indirects créés par les verbes d'attitudes propositionnelles comme «croire» ou «désirer», et par les verbes d'actes illocutoires comme «affirmer» ou «demander». Il s'agit notamment de rendre compte des limites que ces contextes imposent à la substitution des termes coréférentiels *salva veritate* : il est bien connu que «George IV désire savoir si Walter Scott est l'auteur de *Waverley*» n'implique pas «George IV désire savoir si Walter Scott est Walter Scott» même si Walter Scott est effectivement identique à l'auteur de *Waverley*[6]. Faut-il alors faire de cette subordonnée un terme, singulier ou général, dénotant une ou plusieurs entités déterminées, lesquelles, du coup, se révéleraient être les véritables objets des attitudes propositionnelles?

Les frégéens disent que oui et assignent comme dénotation à cette subordonnée la proposition extramentale qui en est ordinairement le sens. Dans «Noé croit qu'il pleut», la clause «qu'il-pleut» apparaît alors comme le nom de la proposition abstraite qui est *exprimée* (mais non pas dénotée) par la phrase «il pleut» dans ses emplois habituels (cf. Frege 1971, pp. 102-126, et Church 1951, pp. 3-24). Les nominalistes, eux, qui n'entendent rien à ce recours aux propositions, peuvent se tourner vers d'autres objets. Ce ne peut pas être les états de choses réels ni même les états de choses possibles évoqués par les mots «il pleut», le fait de la pluie par exemple, parce qu'on peut bien croire des faussetés ou vouloir l'impossible! Aussi élisent-ils habituellement au titre d'objets des attitudes propositionnelles des séquences concrètes de symboles : le «qu'il-pleut» de «Noé croit qu'il pleut» dénoterait alors certaines occurrences singulières de la phrase «il pleut».

Mais de quelle phrase au juste s'agit-il? De la phrase française ou de la phrase mentale? Le nominaliste ici voit s'ouvrir une alternative : s'il est un peu allergique au mentalisme, il penchera pour les phrases des langues naturelles. Mais ce choix présente des difficultés bien connues qui en ont, depuis quelques décennies, considérablement terni les attraits. Comment croire que je doive effectivement faire référence à (et non seulement utiliser) certaines langues naturelles pour dire, par exemple, qu'un chien attend que son maître arrive[7] ?

S'il n'a rien contre le mentalisme en général, la thèse du langage mental offre au nominaliste une option *prima facie* plus séduisante. Si on peut attribuer des représentations mentales aux locuteurs adultes des langues naturelles, on peut aussi bien le faire pour les animaux ou pour les bébés. C'est pourquoi justement plusieurs auteurs — j'en ai cité quelques-uns ci-dessus — associent la thèse du langage mental à l'entreprise nominaliste. Ils y voient, pour l'explication nominaliste des contextes indirects, un sol moins mouvant, un fondement plus sûr que la variété débridée des langues naturelles.

Mais ce que je voudrais faire remarquer ici, c'est que même s'il renonce aux phrases des langues naturelles comme objets des attitudes propositionnelles, le nominaliste n'est pas obligé pour autant de s'en remettre à la thèse du langage mental. Il a d'autres possibilités.

On peut voir le «que» de «Noé croit qu'il pleut» non pas comme une expression qui, jointe à la phrase qui la suit, forme le nom de certains objets déterminés (le problème est alors de savoir de quoi «qu'il-pleut» est le nom), mais comme une expression complexe incluant entre autres un *connecteur propositionnel*. Certes, le «que» en question ne peut pas être directement identifié à un connecteur propositionnel parce qu'il n'admet à sa gauche que des expressions incomplètes comme «Noé croit», «Zoé veut», plutôt que des phrases entières. Mais rien n'empêche d'y voir une sorte d'abréviation pour une séquence complexe *se terminant par un connecteur propositionnel*. J'ai suggéré en d'autres occasions qu'un énoncé comme «Noé croit qu'il pleut» pourrait alors s'analyser sous une forme comme la suivante :

Noé a une certaine relation (d'adhésion en l'occurrence) avec une représentation qui est vraie *seulement* si il pleut.

Le «il pleut» serait, selon cette interprétation, pris dans un usage tout à fait ordinaire, et non pas pour un terme, singulier ou général, qui dénoterait en de tels contextes quelque entité spéciale. C'est plutôt le connecteur propositionnel — provisoirement marqué dans l'analyse ci-dessus par les mots «seulement si» — qui recevrait dans cette approche la charge d'expliquer les limites bien connues à la substituabilité.

Le nominaliste peut donc éviter d'assigner une dénotation d'un type spécial aux subordonnées des contextes indirects s'il peut avancer une explication plausible, logiquement admissible en particulier, du connecteur propositionnel qui est requis pour jouer ce rôle. Il est vrai que le connecteur en question devra, pour faire l'affaire, posséder certaines caractéristiques logiques bien spéciales. Il ne peut pas s'agir d'un connecteur vérifonctionnel. Ni même d'un connecteur ordinaire d'implication stricte : on peut certes adhérer à une croyance sans endosser pour autant toutes ses conséquences logiques (lorsqu'on les perçoit mal, par exemple). Pour autant que je puisse voir, l'utilisation de ce connecteur tout à fait original — appelons-le conventionnellement *tantumsi* — devrait en fait être sévèrement restreinte aux contextes de forme : r est vraie *tantumsi* p, où ce qu'on veut établir, c'est une certaine relation d'équivalence, *plus ou moins fine selon le cas*, entre d'une part le membre de droite «p» (qui est pris par le locuteur dans son usage ordinaire, et non pas mentionné ni cité) et d'autre part la représentation r *dont il est question* dans le membre de gauche sans qu'elle y soit elle-même présente. On dirait alors qu'un énoncé de forme «r est vraie *tantumsi* p» est lui-même vrai si et seulement si r et «p» entretiennent entre elles la relation d'équivalence voulue, laquelle, il est important d'y insister, pourrait varier selon les contextes [8].

Je ne puis ici m'engager plus avant dans cette construction, mais je n'y vois en tout cas rien de désespéré [9]. Si elle était menée à bien, le nominalisme pourrait réussir à se passer de l'hypothèse du langage mental. Certes, il lui faudrait admettre qu'il y a des «représentations» quelque part, c'est-à-dire des unités *sémantiquement évaluables* susceptibles notamment d'être vraies ou fausses. Mais ces représentations, fussent-elles mentales (ce qui n'est peut-être pas indispensable, après tout), ne rempliraient ainsi que l'une des deux conditions mentionnées ci-dessus pour qu'on puisse parler de langage mental. Elles devraient, bien sûr, se prêter à l'évaluation sémantique (pouvoir recevoir des valeurs de vérité), ce qui correspond bien à notre première condition, mais elles n'auraient pas toujours besoin d'obéir en plus au principe de compositionnalité et d'offrir à l'analyse une structure de constituants semblable à celle des langues naturelles, ce qui était, disions-nous, la deuxième condition pour qu'on ait affaire à un *langage* mental. Que les états sémantiquement évaluables soient, par exemple, les résultantes de connexions en elles-mêmes non sémantiques (neurologiques, pourquoi pas?) ne compromettrait en rien l'analyse en question.

CONCLUSION

Bref, la thèse du langage mental est compatible avec le nominalisme comme elle est aussi compatible avec le réalisme des propositions ou des propriétés (ou de n'importe quoi, du reste). Mais elle ne lui est pas nécessaire. Le plus qu'on puisse dire est que l'un et l'autre font assez facilement bon ménage, comme on le voit chez Guillaume d'Occam ou chez Hartry Field : les symboles mentaux peuvent plus facilement que les propositions être vus comme des objets singuliers naturels. Mais on a montré aussi, c'était le premier point, que le recours aux phrases mentales ne suffisait pas à dispenser entièrement des propositions frégéennes. Celles-ci cumulent habituellement dans les théories sémantico-philosophiques deux rôles (au moins) : premièrement, elles servent d'objets pour les attitudes propositionnelles — c'est à ce titre qu'on peut envisager de les remplacer par des séquences de symboles, mentaux ou non — mais deuxièmement, elles sont aussi identifiées par ceux qui les invoquent à cela qui est *exprimé* par les phrases, fussent-elles mentales, à leur *sens* pour parler frégéen, et elles remplissent de la sorte dans la sémantique générale certaines fonctions unificatrices (telle phrase est dite exprimer la *même proposition* que telle autre, par exemple, ou un mot exprimer le *même concept* que tel autre) que le langage mental n'assume pas, du moins pas de façon évidente. Le véritable défi du nominalisme ici est de construire une sémantique générale capable de ne s'occuper que d'occurrences singulières, peu importe qu'elles soient mentales, orales ou écrites, et de les regrouper adéquatement sans faire intervenir de propositions, de propriétés ni d'ensembles. Si l'hypothèse empirique d'une langue de la pensée, commune à tous les humains, s'intègre bien à un tel programme, elle ne lui est pas indispensable, et du reste elle en laisse intacte la tâche la plus délicate, celle d'une sémantique inscriptionnaliste.

NOTES

[1] Voir surtout Fodor 1975, 1981b et 1987.

[2] Cf. Stalnaker (1984) et Schiffer (1987). Il est remarquable, cependant, que Fodor, lui, semble bien admettre l'existence extramentale des propriétés et des propositions (cf. par exemple *Psychosemantics*, pp. 84 *sq.*); le nominalisme n'est certainement pas la motivation principale de tous les adeptes du mentalais!

[3] Cf. Goodman et Quine (1947, pp. 105-122, repris dans Goodman 1972, pp. 173-198). L'approche inscriptionnaliste en sémantique a été développée notamment par Wilfrid Sellars (1979), et par Israel Scheffler (1954, 1979). Voir aussi à ce sujet P. Gochet (1972).

[4] Ainsi Fodor, lui-même, insiste dans l'introduction de son recueil *Representations* (1981b) pour défendre l'enrichissement ontologique qu'entraîne, selon lui, la thèse du langage mental (pp. 29-30 surtout).

[5] Voir notamment sur cette hésitation d'Occam entre la théorie du *fictum* et celle de l'*actus* : Boehner (1958, surtout chap. 9 et 13); Leff (1975, surtout chap. 2); et Adams (1987, surtout t. 1, chap. 3).

[6] Cet exemple célèbre est de Bertrand Russell dans «On denoting» (originalement paru en 1905 dans *Mind* et repris depuis dans différents recueils, en particulier Russell 1956, pp. 39-56).

[7] J'ai résumé et discuté ces difficultés dans Panaccio (1988, pp. 41-58).

[8] Le phénomène à prendre en considération ici est le suivant : le degré de fidélité qui est exigé lorsqu'on rapporte les paroles ou les pensées de quelqu'un d'autre varie selon les contextes. Une assertion mathématique, par exemple, oblige en général le rapporteur à une très grande exactitude : l'équivalence requise entre son énoncé et l'énoncé original doit tenir compte non seulement des conditions de vérité des deux phrases (de ce point de vue, en effet, tous les énoncés mathématiques vrais sont strictement équivalents puisqu'ils sont vrais dans n'importe quelles conditions), mais aussi de la *structure interne* des énoncés. Dans d'autres cas, au contraire, l'équivalence peut être beaucoup plus relâchée : le journaliste peut bien *résumer* les paroles de l'homme politique et l'historien de la philosophie peut *reconstruire* la pensée des auteurs qu'il étudie. Puisque le connecteur *tantumsi* repose ainsi — quoique indirectement — sur une relation d'équivalence (entre la phrase du rapporteur et la représentation originale) qui est susceptible de varier selon les contextes, il faudra en définitive le traiter lui-même comme une *expression indexicale* dont la portée exacte varie selon les contextes d'usage (en vertu d'une règle qui reste, bien sûr, à formuler!).

[9] J'espère publier un jour quelque chose de plus détaillé à ce sujet.

CHAPITRE 2

ÉPISTÉMOLOGIE ET PSYCHOLOGIE

Théorie de l'évolution et psychologie génétique chez Jean Piaget

par Jean GAYON et Paul MENGAL
Université de Bourgogne (Dijon)
Université Paris XII

INTRODUCTION

L'intérêt de Jean Piaget pour la théorie de l'évolution est bien connu. D'un bout à l'autre de sa carrière scientifique, Piaget s'est engagé dans des débats évolutionnistes, et a soutenu que ceux-ci étaient fondamentaux pour les deux disciplines qui résument son œuvre propre : la psychologie génétique et l'épistémologie génétique. On sait en particulier comment il n'a cessé de contester l'orthodoxie néo-darwinienne, et insisté sur la solidarité entre cette critique et ses conceptions sur la psychogenèse de l'intelligence.

Nous examinerons ici en quel sens et en quelle manière les trois domaines d'investigation caractéristiques de la pensée piagétienne (évolution, psychologie, épistémologie) ont fonctionné comme modèles les uns pour les autres. L'intérêt de cette question pour le thème général du présent volume peut s'exprimer ainsi : on observe aujourd'hui dans les sciences humaines, en particulier dans les sciences de la cognition, un retour caractéristique à une attitude méthodologique consistant à chercher des modèles explicatifs dans les sciences biologiques. Dans la mesure où la pensée piagétienne a été traversée de part en part par une réflexion explicite sur la signification de ce genre de transfert, elle constitue un cas exemplaire.

Quiconque a pratiqué Piaget sait à quel point l'interpénétration de ces trois domaines est étroite. Selon l'aspect que l'on considère dans le système piagétien, il existe toujours une perspective dans laquelle l'un des trois domaines détermine la problématique des deux autres. Ainsi l'*épistémologie* piagétienne est *psychologique* par sa méthode, mais elle est *biologique* dans son assertion fondamentale selon laquelle «l'intelligence est une adaptation», assertion qui enracine du même coup la psychologie dans la théorie biologique. Mais la *psychologie génétique* de Piaget est aussi foncièrement épistémologique, dans la mesure où elle ne s'intéresse qu'au *sujet épistémique*, c'est-à-dire au sujet comme processus de construction de connaissances. Enfin la *biologie évolutive* de Piaget est *psychologisante*, dans la mesure où elle met toujours au premier plan l'action et le comportement. De tels retournements sont caractéristiques d'une pensée qui se donne explicitement comme dialectique, et pose, en principe universel, la détermination et la genèse des parties par le tout.

Par-delà cette rhétorique d'assimilation disciplinaire réciproque, nous avons cherché à comprendre comment la co-détermination des trois champs théoriques piagétiens s'est historiquement construite. Nous avons particulièrement prêté attention à l'ancrage empirique des diverses constructions. Nous montrerons qu'envisagé sous cet angle, le tryptique piagétien est en réalité fortement dissymétrique. Bien que ce tryptique se soit mis en place très tôt, et dans un vocabulaire emprunté à la biologie de l'évolution, c'est sur le terrain spécial de la psychologie génétique que Piaget a cru pouvoir résoudre le problème qui lui paraissait insoluble en biologie dans les années 1920 (c'est-à-dire le problème de «l'origine des adaptations»). Fort de l'appui de la psychologie génétique, Piaget s'est estimé fondé dans les années 1950 à proposer une généralisation épistémologique de la problématique. On ne doit donc pas s'étonner que, lorsqu'il est revenu à l'évolutionnisme vers 1965, Piaget ait ordonné sa spéculation terminale sur l'évolution autour d'une thématique transposée du domaine psychologique.

A. MISE EN PLACE DU PROJET PIAGÉTIEN

Nous nous bornerons ici à rappeler les conclusions des travaux antérieurs que nous avons menés sur la question (Gayon & Mengal 1985, Gayon 1989, pp. 147-173).

Partons d'un bref survol de la production proprement biologique de Jean Piaget. Envisagée sous cet angle, l'œuvre se laisse découper en quatre périodes bien distinctes :

— 1911-1921 : dans cette période très précoce (15-25 ans), le jeune naturaliste publie vingt-cinq textes consacrés à la systématique et à la variation géographique des mollusques. L'ensemble de ces textes révèle un biologiste hanté par la question de l'origine des adaptations.

— 1921-1929 : Piaget cesse de publier régulièrement dans des revues biologiques, et se réoriente progressivement vers la psychologie de l'intelligence chez l'enfant. Toutefois, il entreprend parallèlement une longue et méticuleuse recherche sur la variation de la Limnée des étangs. Cette recherche aboutit à la publication, en 1929, d'une monographie de 270 pages intitulée «L'Adaptation de la Limnaea stagnalis aux milieux lacustres de la Suisse romande. Etude biométrique et génétique» (Piaget 1929a; voir aussi Piaget 1929b). Ce texte, tout à fait remarquable dans son genre propre, est la seule publication piagétienne dont le titre ait utilisé le mot «génétique» au sens que lui ont donné les biologistes du XXe siècle.

— 1929-1965 : au cours de ces trente-six années, on ne trouve aucune étude — ni expérimentale, ni spéculative — que l'on puisse considérer comme spécifiquement «biologique». Cette période correspond à la construction des méthodes et des concepts de la psychologie et de l'épistémologie «génétiques».

— 1965-1980 : cette ultime phase se caractérise par une impressionnante floraison d'articles et de livres sur l'adaptation biologique et l'évolution. D'abord un nouveau texte sur la Limnée, et un autre sur le Sedum. Puis des livres purement spéculatifs : *Biologie et connaissance* (1967a), *Sélection organique et phénocopie* (1974a), *Le Comportement, moteur de l'évolution* (1976).

Dans cette chronologie, le moment capital se situe dans les années 1928-29. Ces années sont celles de la rédaction de la monographie sur l'adaptation des Limnées. La conclusion empirique principale de cette étude était que, pour un certain caractère (l'indice de contraction de la coquille), les adaptations phénotypiques individuelles vont «dans le même sens» que les adaptations génotypiques, en relation à un même facteur de milieu. Très précisément : des individus élevés dans des eaux agitées ont une coquille plus contractée que des individus de même génotype élevés dans des eaux calmes. Or cette tendance ontogénique correspond exactement à ce que l'on observe dans l'évolution des races locales : les stations lacustres exposées aux tempêtes sont occupées par des lignées (génotypiquement stables) de Limnées à coquille très contractée. Piaget interprétait ce parallélisme en déclarant, dans un langage typique du néo-lamarckisme du début du siècle, que les adaptations phénotypiques «anticipent» les adaptations héréditaires. Mais il reconnaissait son échec à fournir quelque explication que ce soit de ce fait.

Or c'est dans ce contexte précis que Piaget a commencé à formuler des parallélismes entre les problématiques fondamentales de l'évolution biologique, de la psychologie, et de la théorie de la connaissance. Dans les trois domaines, il s'agit d'expliquer la genèse des structures. Mais, affirme-t-il avec vigueur dès 1929, la gamme des solutions théoriques possibles à ce genre de problème est limitée. Ainsi note-t-il qu'il existe une parenté étroite entre un évolutionnisme de type lamarckien, une psychologie associationniste, et des théories empiristes de la connaissance; dans les trois cas on présuppose une plasticité illimitée des structures biologiques ou cognitives. De même l'explication sélectionniste des adaptations est-elle un équivalent de la position innéiste en psychologie, et de l'apriorisme en théorie de la connaissance (Piaget 1929a, §§ 26-31).

Mais, par delà ces correspondances, c'est à une véritable fusion terminologique et théorique des trois domaines que l'on assiste. La monographie sur les Limnées est en effet contemporaine de la publication d'un article intitulé «Les trois systèmes de pensée chez l'enfant» (1928, pp. 97-141). Dans ce texte, Piaget définit deux processus antagonistes mais complémentaires : l'assimilation et l'accommodation mentales. Ces deux processus sont définis dans un langage manifestement emprunté à la biologie : «Une accommodation progressive de l'organisme aux choses, (...) une assimilation réciproque des choses à l'organisme...» (*ibid.*, p. 100). Ainsi se trouvent clairement distinguées deux modalités de ce que l'on appelait traditionnellement «adaptation». Piaget, pour sa part, réserve à partir de la fin des années 1920 le terme d'*adaptation* à l'équilibre des processus antagonistes de l'*assimilation* et de l'*accommodation*[1].

Or ces trois termes étaient empruntés au vocabulaire de la biologie évolutive de l'époque : l'accommodation désignait classiquement depuis Baldwin l'adaptation phénotypique, et l'assimilation était le mot fétiche par lequel les néo-lamarckiens désignaient la transformation du matériel germinal sous la pression du milieu.

D'autres correspondances, plus ou moins cohérentes, pourraient être relevées. L'essentiel pour notre propos est qu'à la fin des années 1920, Piaget a cru avoir identifié un problème général commun à la théorie évolutionniste, à la psychogenèse de l'intelligence, et à l'épistémologie. Le problème général était celui de l'origine des adaptations. Faute de pouvoir résoudre ce problème sur le terrain de la biologie, Piaget a vu dans la psychogenèse de l'intelligence un cas exemplairement intelligible de la construction de structures nouvelles par un système vivant. Parvenu trente ans plus tard à ce qu'il a cru être une solution formelle générale du problème, il est revenu à la biologie de l'évolution, et a postulé que le même genre de solution devait valoir aussi à l'échelle de la biologie entière.

B. LA CONSTRUCTION DES CONCEPTS D'ÉQUILIBRE ET D'ÉQUILIBRATION : PSYCHOLOGIE ET ÉPISTÉMOLOGIE GÉNÉTIQUES

Nous examinerons maintenant comment la psychologie génétique s'est peu à peu imposée à Piaget comme la discipline susceptible de «piloter» l'examen du problème général de la construction de structures nouvelles, en épistémologie comme en biologie.

Dès les premiers travaux psychologiques de Piaget, on assiste à la mise en place d'un modèle bipolaire dominé par une théorisation des rapports entre le sujet connaissant et le milieu. L'objet de cette psychologie est relationnel et repose sur une conception continuiste des rapports entre biologie et psychologie :

> La réalité biologique, c'est l'assimilation du milieu par l'organisme et la transformation de l'organisme en fonction du milieu : c'est la continuité des échanges. Ces échanges supposent un pôle interne et un pôle extérieur, cela va sans dire, mais chacun de ces termes est en relation d'équilibre constant et de mutuelle dépendance avec l'autre. Tel est le réel, sur lequel l'intelligence découpe peu à peu un moi et un monde extérieur (Piaget 1926, p. 241).

Comme nous l'avons déjà souligné, les trois termes fondamentaux d'assimilation, d'adaptation et d'équilibre sont empruntés au vocabulaire biologique de l'époque, et transférés dans le domaine de la psychologie. En particulier, l'assimilation est commentée de la façon suivante :

> Le principe auquel nous référerons consiste donc à considérer l'enfant, non pas comme un être de pure imitation, mais comme un organisme qui assimile les choses à lui, les trie, les digère selon sa structure propre (*ibid.*, XLI).

Dans cette conception, l'équilibre est une propriété des échanges entre l'organisme et son milieu, il est une balance entre les actions de l'organisme sur le milieu et celles que le milieu opère en retour sur l'organisme.

C'est cette même terminologie qui fournit la base interprétative des données empiriques recueillies dans *La Naissance de l'intelligence chez l'enfant* (1936), où Piaget fait fonctionner les mêmes processus assimilateur et accommodateur. Mais dans cet ouvrage apparaît une dissymétrie fondamentale. L'équilibre n'y est plus défini comme compensation, car Piaget affirme désormais la primauté de l'assimilation dans le développement de l'intelligence : lorsqu'il y a progrès, c'est que l'assimilation l'emporte sur l'accommodation. L'*équilibre* n'est pas un état — fût-il compensé ; c'est un processus, très précisément un système de transformations. C'est pourquoi Piaget en viendra peu à peu à substituer le terme d'équilibration à celui d'adaptation pour désigner l'interaction entre assimilation et accommodation.

C'est dans le concept de réversibilité[2] que Piaget a cherché une définition opératoire de l'équilibration. Le concept de réversibilité des opérations fut introduit pour la première fois en 1937, lors d'une communication de Piaget au XIe Congrès International de Psychologie (Piaget 1937, pp. 433-435). C'est toutefois dans des textes ultérieurs consacrés à la perception que le déplacement conceptuel et méthodique se révèle pleinement. En 1944, Piaget publie en effet dans les *Archives de Psychologie* deux mémoires où il discute une interprétation probabiliste de la loi de Weber et l'effet d'*Einstellung* (Piaget 1944 ; voir aussi Piaget & Lambercier 1944). Ces études sont influencées par les travaux de la Gestaltpsychologie. Mais si le paradigme expérimental est celui des illusions perceptives cher à la psychologie de la forme, la conception de la perception est bien différente. Piaget considère celle-ci comme une activité déformante dans laquelle intervient le système des opérations d'un sujet percevant, et la genèse propre de ce système. L'étude génétique des perceptions permet de « comprendre pourquoi les perceptions tendent, avec le développement mental, vers un état de réversibilité relativement supérieure à ce qu'elle est dans la petite enfance » (Piaget & Lambercier 1944, p. 195). Dans ce contexte, la notion d'équilibre devient étroitement associée à la réversibilité opératoire. On sait que dans la Gestaltpsychologie, l'équilibre d'une forme est synonyme de stabilité structurale ; c'est le concept de bonne forme. En définissant la perception comme une activité, Piaget déplace la conception de l'équilibre d'une propriété figurale à une propriété d'un système d'opérations. C'est la réversibilité opératoire qui devient cause de la stabilité structurale. A son tour, la stabilité structurale se définit comme une plus grande résistance du système opératoire aux perturbations du milieu.

La définition du processus d'équilibration en termes de réversibilité fut généralisée à l'ensemble du développement cognitif lors du premier Symposium de l'Association de Psychologie Scientifique de Langue Française (A.P.S.L.F.), qui avait pour thème *Le Système nerveux et la psychologie* (1952). Dans son rapport *Structures opérationnelles et cybernétique*, Piaget déclarait :

Une autre convergence frappante entre les modèles cybernétiques et ce que nous enseigne l'analyse des structures intervenant à titre de forme d'équilibre sur les paliers successifs du développement mental tient, en effet, au rôle joué dans les deux cas par les processus d'équilibration. (...) Or, cette équilibration repose, comme le fonctionnement de l'intelligence, sur un principe fondamental de réversibilité (Piaget 1953, p. 385).

C'est bien sûr la notion cybernétique de feed-back qui fournissait à Piaget le support conceptuel de cette convergence. Des modèles logiques de l'équilibration furent par la suite explorés par Piaget. Cependant c'est le rapport entre psychologie et biologie qui est demeuré la préoccupation majeure des travaux ultérieurs.

En 1953, au cours d'un symposium de l'A.P.S.L.F consacré à *L'Influence de l'expérience sur la structuration des données sensorielles dans la perception*, Piaget reprend l'essentiel des travaux publiés en 1944, mais il élargit considérablement son propos en traitant des rôles respectifs de l'expérience et des montages innés (Piaget 1955, pp. 17-30). Il se refuse à enfermer le débat dans un choix entre exercice et maturation, et indique que «la structuration du donné sensoriel est avant tout le produit d'une équilibration, dont il est possible de dégager les lois en tant précisément que lois d'équilibre, mais sans qu'il soit possible de dissocier les facteurs innés des facteurs externes, tous deux interférant sans cesse» (*ibid.*, p. 21).

A lire les longs développements que Piaget consacre à cette occasion à l'hérédité, on pressent que ce processus psychologique d'équilibration devrait avoir son équivalent dans le domaine biologique. Mais par ailleurs, dans son propos final, il remarque que «les régulations propres aux activités perceptives esquissent ou annoncent déjà les mécanismes de composition qui deviendront opératoires une fois devenue possible la réversibilité entière» (*ibid.*, p. 28). La perception apparaît donc en position intermédiaire entre mécanismes biologiques et conduites intelligentes, dans une problématique générale où la réversibilité est la condition essentielle de l'équilibre, et l'équilibration le processus qui permet de comprendre la filiation des structures. Le schéma théorique est ainsi en place, que Piaget ne cessera d'approfondir, de 1953 à 1980, dans un va-et-vient incessant entre les domaines cognitif, biologique et épistémologique.

C'est sur le terrain cognitif que le lien entre stabilité et réversibilité — celles-ci étant souvent présentées comme propriétés essentielles des états d'équilibre — est d'abord établi en 1955, lors d'un symposium sur *Le Problème des stades en psychologie de l'enfant* (Piaget 1956, pp. 33-42).

Piaget y affirme que les stades :

> constituent des processus d'équilibration successifs, des marches vers l'équilibre. Dès que l'équilibre est atteint sur un point, la structure est intégrée dans un nouveau système en formation, jusqu'à un nouvel équilibre toujours plus stable et de champ toujours plus étendu. (...) Dire qu'il y a marche vers l'équilibre signifie que le développement intellectuel se caractérise par une réversibilité croissante.

Stabilité structurale et réversibilité opératoire sont donc les deux faces d'un même processus. Définir l'équilibre en ces termes revient à affirmer le primat de l'endogène et rappelle le primat des schèmes d'assimilation sur ceux d'accommodation, déjà affirmée en 1936 dans *La Naissance de l'intelligence chez l'enfant* (Piaget 1936, p. 415).

Cela étant, si la théorie de l'équilibration cognitive fournit un modèle du développement des connaissances du sujet épistémique, elle peut être généralisée à toute entreprise de construction de connaissance et, en particulier, à la connaissance scientifique. C'est ce programme qui est mis en œuvre dans *Epistémologie mathématique et psychologie* (Beth & Piaget 1961). Cet essai propose un prolongement, dans le domaine de l'histoire des sciences, du modèle de l'équilibration cognitive. Il montre également de quelle façon la conception épistémologique est dirigée par la théorisation psychologique. En 1936 déjà, dans *La Naissance de l'intelligence chez l'enfant*, Piaget avait clairement posé que «si, dans l'ordre des sciences, la psychologie procède des disciplines biologiques, c'est à elle cependant qu'incombe la tâche redoutable d'expliquer les principes des mathématiques» (Piaget 1936, p. 422). Dans l'essai de 1961, le rapport de la psychologie aux sciences formelles est clarifié par une ferme distinction des points de vue de la validité et de la genèse des connaissances :

> La logique ne s'occupe, en effet, que de la validité des constructions noétiques et non pas de leur mécanisme causal, tandis que la psychologie ne s'occupe que de ce second aspect et non pas du premier : parler du «facteur» logique intervenant dans les processus psychologiques consiste alors à conférer une signification causale ou de fait à ce qui ne relève que de la validité ou des valeurs (Beth & Piaget 1961, p. 153).

L'activité mathématique tire donc son origine de l'activité du sujet. Toutefois Piaget dépasse l'alternative du psychologisme et du logicisme en affirmant que le progrès ne peut survenir que d'un travail sur les opérations elles-mêmes. Aussi le facteur principal du développement est-il, ici aussi, un processus endogène de reconstruction des structures. Ce passage de l'externe à l'interne, Piaget l'a illustré le plus clairement dans sa représentation de l'histoire de la géométrie. La première époque, que l'on peut identifier à la constitution de la géométrie euclidienne, est dénommée intrafigurale, car l'intérêt du mathématicien y est orienté vers les propriétés des figures. La deuxième époque, à partir de la naissance de la géométrie projective, est dite interfigurale car elle voit l'intérêt se déplacer vers les transformations qui permettent de passer d'une figure à sa projection. Enfin, la troisième période est qualifiée de transfigurale car l'activité du mathématicien s'est à nouveau déplacée mais cette fois vers la composition des transformations. Cette troisième période a été inaugurée par les travaux de F. Klein et porte le nom de programme d'Erlangen. La structure des transformations formalisée par la notion de groupe joue en géométrie un rôle similaire à celui du groupe des opérations logiques (groupe INRC) mis en évidence par Piaget au stade des opérations formelles du développement cognitif.

Cette façon d'articuler circulairement les disciplines en donnant à la psychologie une position terminale, dans le prolongement de la biologie, mais également initiale, dans la mesure où les activités du sujet sont le point de départ de la construction mathématique, fournit le support essentiel de l'épistémologie piagétienne exposée dans l'*Introduction à l'épistémologie génétique* de 1950.

Pour unifier complètement les trois champs de connaissance, psychologique, biologique, et épistémologique, il restait à fournir un fondement objectif à l'équivalent biologique de l'équilibration cognitive.

Une première tentative est réalisée en 1965, au symposium A.P.S.L.F. sur *Les Processus d'adaptation*. Piaget y présente un rapport dont les grandes lignes annoncent l'ouvrage bien connu de 1967, *Biologie et connaissance* (Piaget 1967a). Il y réfute tout à la fois la thèse empiriste et la position innéiste et commente leur opposition dans ces termes :

> La lacune, dans les deux cas, est d'oublier les *structurations endogènes* et d'interpréter l'adaptation comme subie du dehors, au lieu d'y voir le produit de *réponses actives*, autrement dit de *régulations compensatrices* opérant par *recombinaisons constructives* et par ajustement de réponses efficaces données aux problèmes soulevés par le milieu (Piaget 1967b, p. 68).

Les termes que nous soulignons sont d'un intérêt considérable car on assiste, dans ce texte, à la mise en place d'une terminologie que Piaget continuera d'employer jusqu'à la fin de sa vie pour décrire l'équilibration cognitive et biologique.

Le dépassement du conflit psycho-épistémologique entre empirisme et innéisme, Piaget le retrouve, ou croit le retrouver, chez le biologiste C.H. Waddington. Celui-ci, au dire de Piaget, aurait réussi à retenir «du lamarckisme ses données positives pour les intégrer dans le contexte actuel de nos connaissances génétiques et embryologiques...», et cherché, «dans une direction cybernétique... [le] tertium entre le lamarckisme [équivalent de l'empirisme dans l'explication évolutionniste] et le néo-darwinisme [équivalent de l'innéisme] classiques» (Piaget 1976b, p. 68). Tertium que Piaget voit également dans la notion de «système épigénotypique» comme résolution de l'opposition entre épigenèse et génome (*ibid.*, p. 75).

La contribution de Piaget au symposium de 1965 est ordonnée selon les trois modèles définis en 1950 dans l'*Introduction à l'épistémologie génétique* : critique de la thèse empiriste en psychologie et du lamarckisme en biologie, critique de l'apriorisme en psychologie et du mutationnisme en biologie, et présentation du modèle de l'équilibration cognitive, expression de la position constructiviste. L'aspect le plus original de la communication, par rapport aux textes précédents, réside certainement dans le fait que Piaget affirme avoir trouvé dans les travaux de Waddington les preuves de sa conception «épigénotypique». L'ouvrage cité en référence est *La Stratégie des gènes*. Ce titre avait tout pour plaire aux psychologues car le terme de stratégie avait été proposé par J. Bruner et repris déjà par les premiers cognitivistes (Bruner, Goodnow & Austin, 1956).

Les conceptions de Waddington telles que Piaget les comprend et les commente fournissent un parfait support biologique au modèle de l'équilibration cognitive : «...à mettre au premier plan les notions de régulation et d'équilibration, on fournit une base biologique à l'étude du développement des opérations» (Piaget 1967b, p. 74). De plus, le primat de l'endogène est conforté : «Du point de vue psychologique, cette donnée est importante et tend à faire admettre qu'en n'importe quel apprentissage l'adaptation» est fonction de structurations internes et épigénétiques et non pas seulement des données extérieures imposées par l'expérience» (*ibid.*, p. 75). Et Piaget de conclure, en rappelant une nouvelle fois son article de 1929 : «Cette "hérédité" de l'acquis faisait sourire en 1929 quand nous l'avons publiée : elle trouve aujourd'hui une explication dans "l'assimilation génétique" de Waddington» (*ibid.*, p. 79).

Ce parallèle entre développement biologique et cognitif est complété par une remarque finale sur l'histoire des sciences, où Piaget veut lire dans le rapport entre mathématique et physique un analogue de celui qu'il a construit entre le sujet épistémique et son milieu :

> Quand la «physique mathématique» reprend déductivement un schéma propre à la «physique théorique», le mathématicien réinvente par ses seuls instruments opératoires ce qu'il s'agit d'expliquer : il travaille ainsi, si l'on peut dire, comme le génome qui, en présence d'une variation phénotypique, reconstruit par ses propres moyens un modèle adapté sous forme de «phénocopies» (*ibid.*, p. 81).

Un nouveau pas décisif est accompli dans les années 1974 à 1977, avec les publications successives de *Adaptation vitale et psychologie de l'intelligence : Sélection organique et phénocopie* (1974a), *L'Equilibration des structures cognitives* (1975), *Le Comportement, moteur de l'évolution* (1976) et le colloque de 1976 célébrant les quatre-vingts ans de Piaget, publié sous le titre *Epistémologie génétique et équilibration* (Inhelder, Garcia & Vonèche 1977). Ces ouvrages parachèvent le parallèle entre le modèle de l'équilibration cognitive et ses équivalents biologique et épistémologique. Il n'est pas question dans cet article d'entrer dans le détail des ultimes rebondissements de la synthèse piagétienne. Qu'il suffise donc d'en indiquer l'orientation générale. Dans ses spéculations terminales, Piaget a cherché une formulation aussi générale que possible des correspondances qu'il a toujours cherchées entre les champs théoriques de l'évolution, de la psychogenèse de l'intelligence, et de l'épistémologie. Le principe de la solution consiste à projeter les concepts centraux de la théorie de l'équilibration cognitive, à savoir ceux de «stabilité structurelle» et de «réversibilité», en amont et en aval de la psychologie, vers la biologie évolutive et vers l'épistémologie. C'est ainsi par exemple que, contestant le dogme central de la génétique contemporaine, Piaget a, dans ses réflexions théoriques sur la «phénocopie», proposé d'admettre qu'il y ait une réversibilité de l'information biologique comparable à la réversibilité logique si essentielle à la genèse de nouvelles structures dans l'ordre de la connaissance. De la même manière, dans *Le Comportement, moteur de l'évolution*, Piaget s'aventure à postuler l'existence de schèmes éthologiques construits par analogie avec les formes inventives de la connaissance élucidées par la psychologie génétique (Piaget 1976, pp. 119-120). La découverte de tels processus biologiques aurait ainsi parachevé l'édifice théorique piagétien. On constate, dans cet ultime développement théorique, à quel point la stratégie du *parallèle* a conduit Piaget à affirmer l'existence de processus biologiques totalement spéculatifs. L'argument piagétien se réduit en substance toujours à ceci : l'intelligence étant un prolongement et une modalité de l'adaptation biologique, tous les processus intellectuels doivent posséder un équivalent biologique.

C. RETOUR À L'ÉVOLUTIONNISME : SPÉCULATIONS TERMINALES SUR LA PHÉNOCOPIE

En 1965, Piaget revient aux questions évolutionnistes. Jusqu'à sa mort en 1980, il s'est livré, dans une longue série d'articles et de livres, à une critique des schèmes néo-darwiniens. Nous ne rentrerons pas dans le détail subtil des polémiques entre Piaget et l'orthodoxie de la théorie synthétique de l'évolution. Nous nous contenterons de définir les positions heuristiques qui caractérisent la spéculation évolutionniste terminale de Piaget, avec une attention particulière pour le statut du concept de sélection[3].

1. L'hypothèse de la phénocopie

Rappelons d'abord l'hypothèse spéculative développée à partir de 1965. Piaget l'a désignée du nom assez insolite de « phénocopie ». Il s'agit d'un terme que les généticiens avaient utilisé depuis les années 1930 pour nommer des situations dans lesquelles un choc environnemental produit un phénotype qui imite un génotype connu. Par exemple, si l'on inflige un choc thermique à des larves de drosophiles à une certaine étape du développement, on obtient des mouches à deux thorax tout à fait semblables à une souche mutante qui présente spontanément ce caractère. Dans cette acception classique du terme, la phénocopie est la « copie » d'un génotype par un phénotype[4]. Piaget renverse délibérément cette définition, et développe l'hypothèse d'une copie du phénotype par le génotype (Piaget 1974a, p. 5).

Il s'agit bien sûr d'une conception typiquement lamarckienne, mais il est intéressant d'aller au-delà de la provocation terminologique, et de caractériser le style d'explication évolutionniste sous-jacent. Il y a, nous semble-t-il, deux aspects essentiels de la doctrine piagétienne de la phénocopie, tous deux passablement abscons pour les biologistes, mais suggestifs pour le psychologue ou l'épistémologue :

1) Piaget ne soutient pas que l'état phénotypique d'un organisme pourrait agir sur le génome à la manière d'une instruction déterminant la réorganisation à opérer. La doctrine est qu'une perturbation du milieu engendre un déséquilibre qui se propage plus ou moins profondément dans les divers niveaux d'organisation. Certains déséquilibres sont compensables à des niveaux superficiels de l'organisation, et demeurent purement phénotypiques; d'autres sont tels qu'ils exigent une réorganisation du génome. Quant au mécanisme de cette réorganisation, Piaget admet qu'il puisse éventuellement consister en un processus sélectif, à condition d'admettre que la sélection puisse opérer aussi à l'intérieur même de l'individu. Mais quel que soit le mécanisme, l'essentiel est qu'il y ait « reconstruction *endogène* des acquisitions instables de nature exogène » (Piaget 1974a, p. 103). C'est là une constante de l'explication piagétienne des adaptations, tant biologiques que cognitives.

2) Le deuxième caractère de l'hypothèse est que la « phénocopie », en dépit de son nom, ne doit pas être pensée comme une simple « copie ». La phénocopie n'est pas la traduction mécanique d'une modification somatique en mutation, c'est un processus de compensation active, en

réaction à un déséquilibre. Or dans la philosophie naturelle de Piaget, une compensation n'est pas un ajustement mécanique, à la manière de ce qui se produit dans une machine simple, mais une reconstruction du système qui intègre la perturbation comme une variation possible à l'intérieur de lui-même. Aussi la phénocopie est-elle conçue dans un langage de «l'anticipation». Le génome, s'il réagit, le fait à la manière d'une intelligence qui construit une structure plus générale.

L'ensemble de ces spéculations porte la marque d'une philosophie clairement identifiable : la pensée de Piaget est habitée de part en part par une heuristique de l'auto-organisation, où les mécanismes précis d'une altération sont secondaires, c'est-à-dire subordonnés, par rapport au système dans lequel ils prennent place.

2. Statut de la sélection dans la pensée piagétienne

Il n'est pas facile de caractériser en quelques mots l'attitude de Piaget à l'égard des explications sélectionnistes, dans la mesure où la critique s'est reconstruite en fonction des modifications de la théorie de la sélection naturelle au cours du XXe siècle.

Le plus simple est sans doute de partir de l'argument fondamental exposé par Darwin et inchangé dans toutes les versions successives du darwinisme. L'assertion fondamentale de toute explication darwinienne de l'évolution est que la sélection naturelle, si elle n'est pas le seul facteur de modification des espèces, est le facteur prédominant (*the paramount power*) qui oriente cette modification (Darwin 1896, vol. 8, pp. 236 et 426, conclusions des chap. XX et XXVIII). Cette assertion est fondée sur un raisonnement très simple : la sélection ne produit en elle-même aucune variation, mais s'il y a une variation héréditaire de quelque nature que ce soit, il y aura prise pour un processus sélectif dont l'issue est indépendante de l'origine de la variation. Autrement dit, la sélection l'emporte car elle est un processus surimposé par rapport à la variation. Cet argument crucial est lié à la prise de conscience de la dimension populationnelle des phénomènes d'évolution biologique, avec tout ce que cela signifie de décentration par rapport à l'organisme individuel.

Or c'est précisément cette position contre laquelle Piaget s'est battu de mille manières. L'essentiel peut être résumé en quelques propositions :

1) Piaget ne cesse de répéter qu'un processus sélectif ne peut pas lui-même produire quoi que ce soit. Il n'est jamais qu'un tri; or un tri ne fait pas genèse. Piaget admet cependant que la sélection puisse intervenir comme un mécanisme dans un processus systémique. L'hypothèse

inlassablement répétée est que la sélection n'opère jamais que dans des zones de déséquilibre, celles-là même où le biologiste observe de la variation génétique. Piaget n'a jamais admis que les mutations puissent être aléatoires relativement à l'avantage (ou au désavantage) qu'elles procurent dans un milieu donné. Il les voit toujours comme «semi-aléatoires» et «semi-exploratoires», autrement dit insérées dans quelque système de régulation.

2) En liaison avec cette conviction, Piaget a argumenté en faveur d'une sélection intra-organique qui compléterait, en l'anticipant, la sélection intra-populationnelle. Si les populations et les espèces avaient, en tant que telles, des propriétés organisationnelles comparables à celles des organismes, on imagine assez aisément comment Piaget aurait pu renoncer à sa croisade anti-darwinienne.

3) Enfin, en filigrane du refus d'une genèse par sélection, il est une attitude philosophique dont Piaget ne s'est jamais départi : le refus de modèles de transformation impliquant une histoire par accumulation de contingences. Piaget appartient à une vaste tradition de penseurs qui refusent le divorce des concepts de procès historique et de développement.

La récurrence obsessionnelle des thèmes de la régulation systémique, du développement et de l'autonomie individuelle ont conduit Piaget à quantité de contresens sur les doctrines biologiques de son temps. Nous nous contenterons d'en donner deux exemples, particulièrement suggestifs, car liés à des aspects connus de la génétique moléculaire. Dans *Biologie et connaissance* (1967a), Piaget cite «les beaux travaux de Jacob et Monod» sur la régulation génétique des bactéries. De même, dans *Adaptation vitale et psychologie de l'intelligence* (1974), il évoque le modèle spéculatif de Britten et Davidson sur la régulation génétique chez les Eucaryotes. Or dans les deux cas, les auteurs parlent sans ambiguïté d'une régulation de l'expression des gènes. Chez Piaget, l'allusion à ces auteurs consiste dans les deux cas à suggérer que leurs travaux vont dans le sens d'une régulation de l'occurence même des mutations, ce qui n'est aucunement dit dans les textes[5]. Mais au prix de ce contresens, la boucle explicative peut se fermer. En biologie, comme en psychologie et en épistémologie, Piaget n'admet jamais les modèles sélectifs que dans un contexte causal circulaire.

3. «Motifs» de la spéculation évolutionniste de Piaget

Nous avons fait le tour de la spéculation évolutionniste de Piaget, dans l'ordre de ses raisons. Il est assez clair que, quelle que soit leur fécondité heuristique, ces raisons relèvent bien souvent d'un style argumentaire *ad hoc*. Dans ces conditions, on peut légitimement s'interroger sur les «motifs» de cette spéculation, pour reprendre un concept rhétorique élaboré par Perelman (1958).

L'œuvre entière de Piaget, des premiers textes du lycéen naturaliste aux derniers écrits sur l'équilibration, est dominée par la recherche d'un concept de l'adaptation susceptible d'embrasser toutes les modalités phénoménales de celle-ci dans le cercle des sciences : adaptations héréditaires et phénotypiques du biologiste, adaptation cognitive, et histoire progressive des sciences.

Par-delà le réseau des correspondances et des dépendances conceptuelles élaboré par le Neuchâtelois, on peut identifier quelque chose comme une rhétorique au service d'une stratégie institutionnelle. Si, en effet, il n'existe pas, en quelque manière que ce soit, une hérédité de l'acquis, autrement dit s'il n'y a pas de rétroaction du phénotype sur le génotype, le rapport entre les «adaptations cognitives» et les «adaptations biologiques» est purement métaphorique. Par conséquent le domaine phénoménal de la psychologie génétique flotte dans une sorte d'irresponsabilité évolutive : les processus épigénétiques de la construction des connaissances sont, du point de vue de l'évolution organique, des épiphénomènes (Piaget 1967b, pp. 65-66, et 1957, pp. 20-34). Or une telle éventualité est insupportable pour un psychologue dont l'éducation scientifique s'est précisément faite dans le langage de la biologie évolutionniste.

Plus grave : s'il n'y a de lien que nominal entre adaptations biologiques et adaptations cognitives, on ne peut sérieusement dire que l'intelligence soit une adaptation. Par conséquent, le système piagétien se trouve ruiné à la fois dans son inspiration philosophique, et dans ses applications à la sphère sociale de l'éducation.

Pour toutes ces raisons, on peut comprendre que ce ne soit que dans les années 1960, après qu'il ait construit la psychologie génétique, et après que l'institution scolaire l'ait récupéré, que Jean Piaget se soit ostensiblement, et sous réserve, rallié à une conception lamarckienne de l'évolution.

CONCLUSIONS

La conclusion la plus évidente que nous pouvons dégager de notre étude est que, dans le vaste domaine exploré par Piaget, le vecteur directeur de la recherche s'est révélé être la psychologie génétique. Celle-ci, en fournissant une base objective sur laquelle pouvait s'appuyer le modèle de l'équilibration cognitive, a finalement orienté l'enquête en épistémologie et en biologie. La position épistémologique selon laquelle le développement intellectuel de l'enfant et l'histoire des sciences sont régis par des mécanismes identiques est illustrée par quelques exemples limités aux mathématiques et à la physique. En biologie, la transposition du modèle de l'équilibration conduit Piaget à postuler l'existence d'un mécanisme qui assurerait une action réversible entre le génome et le phénotype.

Cette stratégie de recherche est sous-tendue par une thèse philosophique. Cette thèse est l'assertion, indéfiniment répétée de Darwin à Bergson, que « l'intelligence est une adaptation », et qu'il y a donc une unité théorique fondamentale des problèmes de genèse, dans le domaine des structures biologiques et dans celui de la genèse (psychologique et sociale) des connaissances.

Toutefois l'invraisemblance du processus de phénocopie affaiblit considérablement la relation, cruciale pour la pensée piagétienne, entre psychologie et biologie, et rend l'équilibration cognitive, si elle existe, difficilement transposable d'un domaine à l'autre. Par ailleurs, la manière dont Piaget établit l'analogie entre développement cognitif et histoire des sciences donne à penser que les stades de développement pourraient ne pas résulter de la nature même du sujet épistémique, mais uniquement de l'organisation même du savoir. L'identité des mécanismes, soutenue par Piaget, tient en effet à la similitude des savoirs explorés : mathématique et physique. Il serait, par exemple, tout à fait hasardeux de soutenir que l'évolution des théories biologiques suit le chemin tout tracé des transformations du processus d'abstraction que nous décrit Piaget. Et les données qui décriraient l'évolution des connaissances des enfants dans ces questions font cruellement défaut.

Le modèle piagétien confère à la source endogène du développement le rôle capital. Certes, le milieu est retenu comme facteur nécessaire mais il ne joue aucun rôle structurant. Son activité est simplement perturbatrice. Nier l'activité organisatrice du milieu revient à s'opposer à l'empirisme tant dans le domaine psychologique que dans celui de l'épistémologie. Piaget a toujours dénoncé ce qu'il dénommait le mythe de l'origine sensorielle des connaissances scientifiques (Piaget 1957, pp. 20-34). Dans sa psychologie, il a fait fonctionner une théorie de l'abstraction dont les niveaux reflètent l'emprise croissante des processus endogènes. Ces niveaux sont en tous points comparables à ceux qui opèrent dans le domaine mathématique, et qu'il désignait par les préfixes *intra*, *inter* et *trans*. Au premier stade, l'*abstraction empirique* construit propriétés et relations à partir d'un univers concret et s'apparente à la renversabilité ou retour empirique[6]. Au second stade, l'*abstraction réfléchissante* opère sur les constructions du premier niveau, c'est-à-dire compose propriétés et relations en des systèmes d'inférences. Enfin, au troisième niveau, l'*abstraction réfléchie* se présente comme produit conscient des abstractions réfléchissantes (Piaget 1974b).

Les conséquences d'un tel modèle sont décisives pour évaluer les positions de Piaget en biologie et, en particulier, ses conceptions évolutionnistes. Totalement opposé au darwinisme, Piaget s'est également défendu d'être lamarckien au sens où il n'a jamais admis une influence directe du milieu sur le génome. S'il y a bien une hérédité de l'acquis chez Piaget, c'est au sens d'une reconstruction endogène du génotype. Le «lamarckisme» de Piaget est en définitive de nature philosophique, et remonte à des choix théoriques contemporains de ses premiers travaux de biologie. Dans des textes théologiques parus entre 1920 et 1930, on observe une adhésion argumentée à la perspective immanentiste (Piaget & de la Harpe 1928; Piaget 1930). Cet immanentisme, très proche des orientations des néo-lamarckiens, permettait à Piaget de surmonter l'opposition entre le hasard du darwinisme et la transcendance du créationnisme. Les conceptions évolutionnistes de Piaget nous semblent avoir été très imprégnées par l'idée que Dieu concède au vivant le pouvoir de s'organiser. Les théories de l'auto-organisation se présentent aujourd'hui comme la version laïcisée de cette orientation. Cette façon de se représenter l'évolution conduit à penser le développement comme une orthogenèse individuelle, conception dont on sait le lien historique étroit avec le néo-lamarckisme.

Nous terminerons sur deux interrogations. La perspective psychogénétique consiste à récuser l'histoire comme suite d'événements contingents, et à la résorber dans un plan de développement. Est-il possible de construire une psychologie qui ne serait pas génétique ? La seule tentative observable aujourd'hui nous est fournie par le behaviorisme radical de Skinner, qui soutient que les comportements sont sélectionnés par l'environnement comme le sont les phénotypes dans le darwinisme classique. S'il y a alors un parallèle entre phylogenèse et ontogenèse, il signifie simplement que la première est régie par des «contingences de survie», alors que la seconde l'est par des «contingences de renforcement». Appliqué au développement cognitif, ce modèle conduit à nier que l'enfant *se* développe, et à affirmer, au contraire, que son répertoire comportemental change lorsque son environnement se modifie. Cette formule, qui tient davantage du slogan que de l'énoncé scientifique dûment établi, écarte en tous cas catégoriquement toute idée de genèse.

Pourquoi enfin les psychologies évolutionnistes n'intègrent-elles presque jamais les acquisitions de la neuro-physiologie ? Il est instructif de constater que les psychologues qui s'intéressent à la neuro-physiologie sont particulièrement friands des représentations métaphoriques du système nerveux, allant jusqu'à faire porter le mécanisme de la sélection naturelle sur ces modèles eux-mêmes (Cosmides & Tooby 1987). On retrouve là les termes du vieux débat entre structures du sujet et structures du psychologue. En refusant de poser ce problème dans le cadre classique de l'opposition entre réalisme et nominalisme, la psychologie se protège d'avoir à considérer son objet d'étude comme un épiphénomène et de ranimer ainsi les vieux démons de la psychologie de la conscience.

NOTES

[1] Dans la formulation canonique accomplie de la psychologie génétique, l'assimilation sera définie comme l'incorporation d'éléments nouveaux à des structures préexistantes, l'accommodation comme modification limitée des structures en relation à des perturbations externes, et l'adaptation (ou équilibration) comme résultat de l'interaction entre assimilation et accommodation, autrement dit une reconstruction des structures. Ces définitions terminales sont construites en référence aux données et aux méthodes de la psychologie génétique, mais on remarque qu'elles sont formulées de manière suffisamment générale pour s'appliquer aussi à l'épistémologie générale et à la biologie. Sur ces doctrines terminales de Piaget, voir Piaget (1967a, chap. I, § 1-I, et chap. IV, §§ 12-I à 12-VI).

[2] La réversibilité est définie, au sens que lui donne Piaget, comme la capacité d'exécuter une même action dans les deux sens du parcours, mais en ayant conscience qu'il s'agit de la même action. Il y a simplement renversabilité ou retour empirique lorsque le sujet n'a pas conscience de l'identité de l'action exécutée dans les deux sens.

[3] Sauf indication contraire, les développements qui suivent renvoient aux ouvrages spéculatifs terminaux de Piaget (1974, 1975, 1976 et 1977).

[4] Le terme et le concept sont dus à Goldschmidt, qui les a utilisés pour la première fois dans Goldschmidt (1934). Pour un exposé synthétique sur les origines de la notion, voir Goldschmidt (1940). Sur les avatars de la notion de phénocopie de Goldschmidt à Piaget, voir Gayon & Mengal (1985).

[5] Voir Piaget (1967a, chap. VI, § 19-VI, «Réorganisation du génome et adaptation nouvelle», note des pp. 407-408 où l'on peut lire que les travaux de Jacob et Monod, comme un certain nombre d'autres, «n'intéressent encore que l'activité fonctionnelle de diverses substances susceptibles de modifier l'une ou l'autre des quatre bases de l'ADN», avec référence explicite aux travaux sur «l'opéron»...!). En ce qui concerne l'appropriation par Piaget des travaux de Britten et Davidson, voir Piaget (1974, p. 108).

[6] Cf. note 2.

Structuration des connaissances par domaines et développement [1]

Stefana BROADBENT et Francesco CARA
Université d'Edimbourg

L'hypothèse de la structuration des connaissances par domaines (que les Anglo-Saxons appellent *domain-specificity*) offre un éclairage nouveau sur des questions fondamentales de la psychologie du développement, et en particulier sur les problèmes empiriques et conceptuels issus de la théorie piagétienne. Nous présenterons brièvement les étapes et les questions qui ont conduit à l'élaboration de cette hypothèse, dont nous donnerons une définition générale. Nous nous concentrerons ensuite sur la question du développement à l'intérieur de différents domaines, au sens de l'amélioration des performances et de l'évolution de la compréhension de ces domaines avec l'âge. La nature de la relation entre les ensembles de principes initiaux, postulés par l'hypothèse de la structuration par domaines, et les formes plus avancées de compréhension sera discutée en relation avec nos recherches sur le développement des représentations de la cardinalité d'ensembles d'objets chez des enfants âgés de 4 à 7 ans.

Selon la théorie piagétienne, le développement cognitif procède par intégration de schèmes (schèmes d'action dans un premier temps, schèmes mentaux ensuite) dans des structures progressivement plus complexes et plus générales. Le processus de développement prend pour point de départ les systèmes réflexes du nouveau-né, systèmes qui, au cours de leur utilisation répétée et de leur interaction avec un environnement changeant, se différencient et se coordonnent en schèmes d'action de complexité et d'articulation croissantes. Le processus se renouvelle quand les schèmes d'action deviennent le contenu des premières représentations de l'enfant (intuitions, pré-concepts puis opérations concrètes), et à nouveau quand ces représentations deviennent elles-mêmes le contenu de représentations de deuxième degré, ou opérations formelles. Le mécanisme d'*équilibration*, qui contrôle les échanges et les interactions entre l'individu et le milieu (avec ses deux composantes d'assimilation des données aux structures du sujet et d'accommodation des structures aux variations du milieu), conduit à la constitution de systèmes conceptuels de plus grande cohérence interne et de meilleure adéquation au milieu. Les différents systèmes sont modélisés par des structures logico-mathématiques qui couvrent et organisent tout le contenu conceptuel. Piaget identifie trois stades de structuration stable selon que le contenu se compose :

a) de schèmes sensori-moteurs (le groupe des déplacements, vers 20 mois);

b) de représentations de schèmes sensori-moteurs (le groupement des opérations concrètes, vers 6-8 ans);

c) de représentations de représentations (le groupe des opérations formelles, vers 12-14 ans).

Les recherches empiriques qui ont pris en compte l'hypothèse des structures générales indiquent qu'il existe :

1) pour la période sensori-motrice, des *capacités avancées* d'abstraction et de discrimination de propriétés du milieu chez le nouveau-né et le bébé;

2) pour la période des opérations concrètes, *peu ou pas de corrélation* dans le niveau de performance des mêmes enfants à travers des domaines de connaissance divers; et *des réussites précoces* dans la solution des épreuves piagétiennes avant le niveau opératoire établi par Piaget;

3) pour la période des opérations formelles, *la familiarité et l'expertise* avec les données du problème ont un effet important sur les capacités inférentielles tant des adolescents que des adultes.

Cet ensemble de résultats (présentés dans Gelman & Baillargeon 1982, Carey 1984 et Turiel & Davidson 1986) est très problématique pour une théorie constructiviste et unitaire de la cognition. Le premier résultat indique que, dès le plus jeune âge, l'enfant dispose de capacités de traitement de l'information beaucoup plus étendues et sophistiquées que les systèmes réflexes que Piaget était disposé à lui attribuer; ces capacités peuvent jouer un rôle fondamental dans les acquisitions ultérieures. Les deuxième et troisième résultats soulignent l'importance pour le niveau de performance du type et du contenu particulier des situations auxquelles l'enfant est confronté. Le rôle central des connaissances spécifiques et l'hétérogénéité qui en résulte pour l'organisation de la cognition vont à l'encontre de la thèse structuraliste de Piaget, pour qui la cognition est régie par des principes logico-mathématiques, abstraits et généraux.

Parallèlement aux résultats empiriques, l'examen des concepts théoriques invoqués par Piaget pour expliquer le processus de croissance conceptuelle, notamment la construction de systèmes logiques plus riches, a montré la nature essentiellement métaphorique du fonctionnement de l'équilibration, particulièrement en ce qui concerne le mécanisme responsable de l'émergence de nouveauté : l'*abstraction réfléchissante*. Selon Piaget, l'abstraction réfléchissante procède en deux phases : (1) la transposition (ou réfléchissement) des structures d'un stade sur un nouveau plan d'activité mentale, et (2) leur réorganisation (ou réflexion) sur ce nouveau plan, en relation avec les connaissances qui y sont déjà représentées et les propriétés intrinsèques du nouveau plan de fonctionnement. Dans la formulation donnée par Piaget, toutefois, ni les conditions qui conduisent à la transposition, ni le fonctionnement de la réorganisation, ni les processus qui réalisent la meilleure adaptation et la cohérence du système cognitif ne sont spécifiés de manière satisfaisante. Ces considérations conduisent Fodor (1975, 1979) à qualifier le principe de l'équilibration de purement descriptif, car incapable de rendre compte de l'enrichissement des structures conceptuelles, et plus particulièrement des capacités représentatives.

L'équilibration ne constituant donc pas une réelle alternative au modèle général de l'apprentissage, la théorie de Piaget est exposée au problème général de l'induction et au paradoxe fodorien qui s'ensuit. Selon Fodor, l'acquisition des connaissances est une forme de fixation de croyances et, comme telle, repose sur la projection et la vérification d'hypothèses. L'acquisition d'un concept nouveau requiert donc qu'une hypothèse relative à ce nouveau concept soit projetée et vérifiée. Ceci n'est toutefois possible que si l'on dispose de moyens pour formuler l'hypothèse et pour décider de son adéquation, ou en d'autres termes si l'on dispose d'un concept co-extensionnel au concept qu'on doit apprendre. Le concept appris ne sera alors qu'une reformulation, un synonyme du concept préexistant; Fodor en conclut qu'aucun concept vraiment nouveau ne peut être acquis.

En revanche, ces problèmes empiriques et conceptuels peuvent être abordés à partir de l'hypothèse de la structuration des connaissances par domaines, selon laquelle la cognition est structurée non par des principes généraux, tels les structures opératoires piagétiennes, mais par des ensembles de principes biologiquement déterminés, spécialisés dans le traitement d'informations de types différents. Selon l'analogie utilisée par Gelman (1990), les différents ensembles de principes constituent le squelette de domaines de connaissance particuliers et opèrent en sélectionnant, en organisant et en structurant les faits, événements et attributs pertinents pour les différents domaines. Ces ensembles de principes guident l'assimilation de l'expérience par l'enfant et réduisent considérablement l'indétermination et la pluri-potentialité de l'expérience comme support d'inductions.

Conformément à l'argument de Fodor, les principes de structuration spécifient des classes d'hypothèses qui contraignent l'éventail d'interprétations possibles des données du milieu et conduisent à la constitution de catégories de base. Compte tenu des données empiriques post-piagétiennes, l'indépendance postulée entre les divers ensembles de principes permet de rendre compte de l'hétérogénéité de la performance : des décalages observés dans le niveau de performance selon les différents domaines et des variations de performance en fonction de contenus divers, tant chez l'enfant que chez l'adulte. Par contre, l'hypothèse de la structuration des connaissances par domaines doit encore être qualifiée pour pouvoir fournir un cadre d'interprétation aux phénomènes d'évolution des compétences tels que les réussites précoces : en effet, pourquoi les jeunes enfants réussissent-ils une tâche piagétienne donnée quand elle est présentée d'une certaine manière, alors qu'ils échouent à accomplir la même tâche dans sa présentation standard, tandis que des enfants plus âgés réussissent les deux tâches sans difficulté ?

Comment rendre compte de l'évolution des capacités au cours du développement ? La question se pose à nouveau quand on examine le type de données qui ont été invoquées comme support de l'hypothèse de la structuration des connaissances par domaines. L'étude de cette hypothèse s'est en effet essentiellement concentrée sur les compétences du nouveau-né et du bébé dans des domaines aussi divers que la causalité, la classification, le nombre. Le paradigme expérimental qui a été utilisé est celui de l'*habituation*. On présente au bébé une série de stimuli qui appartiennent à une catégorie donnée jusqu'à obtenir un effet d'*habituation*, mesuré notamment par la diminution du temps de fixation ou de l'attention. Ensuite on lui présente deux types différents de stimuli, appartenant d'une part à la catégorie à laquelle il a été familiarisé, et d'autre part à une nouvelle catégorie. La capacité du bébé à catégoriser est inférée sur la base du maintien de l'*habituation* dans les stimuli familiers (le temps de fixation reste constant) et de la *déshabituation* aux stimuli de la nouvelle catégorie (le temps de fixation augmente). Pour illustrer ce paradigme, prenons le cas du domaine numérique. On habitue d'abord le bébé aux ensembles (N) de 3 éléments par des présentations répétées d'ensembles de trois objets qui peuvent varier en distribution spatiale (par exemple longueur, densité), en taille ou en position. Ensuite, on lui présente des ensembles d'objets de cardinalité 4 (N + 1) ou 2 (N - 1). S'il maintient l'*habituation* et généralise sur cette nouvelle catégorie, on peut en conclure qu'il n'est pas capable d'isoler la cardinalité des autres propriétés des ensembles d'objets. Si au contraire il montre une *déshabituation*, c'est-à-dire s'il traite le stimulus comme quelque chose de nouveau, on lui attribue la capacité d'abstraire la cardinalité des autres dimensions.

Les études d'*habituation* indiquent que le bébé est en effet capable d'établir des distinctions fines entre certaines propriétés des objets statiques (identité à travers des transformations diverses), des objets en mouvement (trajectoire) et des ensembles d'objets (catégorisation, cardinalité), ce qui se conforme bien à l'hypothèse générale de la structuration des connaissances par domaines. Il existe toutefois une différence qualitative nette entre la capacité d'effectuer ces abstractions dans le contexte d'une tâche d'*habituation* et la capacité de se représenter, d'invoquer de manière « réfléchie » ces mêmes concepts dans le cadre de résolutions de problèmes ou d'inférences. Cette différence est évidente quand on compare l'éventail d'activités et de capacités des bébés et des enfants d'âge préscolaire, tout comme des enfants scolarisés, des adolescents et des adultes. Pour illustrer ces différents niveaux de fonctionnement chez l'enfant, nous examinerons les compétences précoces dans le domaine numérique, identifiées par Gelman (1972) au moyen de la tâche de conservation dite « magique ». Gelman observe qu'avec la tâche « magique », des enfants de 3 ans et demi conservent le nombre[2], une acquisition que Piaget situait vers l'âge de 6, 7 ans. La tâche se déroule de la manière suivante : dans une première phase, l'enfant est entraîné à choisir le « gagnant » entre deux collections d'objets, par exemple la collection la plus nombreuse. Dans une deuxième phase, une transformation spatiale (une des deux rangées d'objets est raccourcie ou allongée) ou numérique (soustraction ou addition d'éléments) est introduite en dehors de la vue de l'enfant. Les effets des deux types de transformation sur le choix de la collection qui gagne et sur la réaction de l'enfant à la nouvelle paire sont examinés. Gelman observe que, après la transformation spatiale, le choix du gagnant (par exemple la collection de gauche) n'est pas modifié, tandis que les transformations numériques produisent des réactions de surprise et conduisent à de nouveaux choix. Gelman interprète ces résultats comme une nouvelle preuve de la compétence numérique de base dont dispose le jeune enfant.

Il reste toutefois à expliquer pourquoi les enfants de 4 ans ne conservent le nombre que dans des situations bien délimitées, telles que la tâche «magique», tandis que dès l'âge de 6, 7 ans ils disposent d'un principe général de conservation qui n'est pratiquement pas sensible aux variations dans la présentation du problème ou dans la taille des ensembles utilisés. On remarquera que la conservation classique demande une appréciation plus explicite des propriétés numériques de collections d'objets que la conservation «magique». Dans la tâche «magique», comme dans les études d'*habituation*, l'enfant, après avoir été entraîné à considérer la cardinalité des ensembles comme constituant la dimension pertinente de la situation, doit distinguer les transformations qui touchent au nombre des transformations qui ne modifient pas la cardinalité. Dans la conservation classique, en revanche, l'enfant doit sélectionner de façon autonome la cardinalité comme dimension pertinente parmi les différentes propriétés des ensembles, puis évaluer les conséquences des différentes transformations sur la valeur cardinale. Ces considérations nous conduisent à conclure que même si l'enfant de 4 ans a une bonne maîtrise du concept de nombre — une compréhension certainement supérieure à celle que Piaget était prêt à lui donner à ce niveau — son concept reste toutefois d'application bien limitée.

Comment peut-on rendre compte de l'énorme évolution des capacités, tout en restant dans le cadre de l'hypothèse de la structuration par domaines? Comment peut-on envisager le processus d'élaboration des concepts des adultes à partir des capacités de traitement primitives?

Dans le cadre de l'hypothèse de la structuration des connaissances par domaines, l'évolution ultérieure des capacités de l'enfant peut être envisagée comme un effet, plus ou moins important, de l'expérience sur les principes de structuration primitifs. Selon une première interprétation, l'enfant dispose des éléments essentiels du concept, et ce qui varie est la pratique quotidienne du concept et des systèmes symboliques qui servent à l'exprimer, par exemple le comptage dans le cas du nombre. Avec la pratique, donc, l'enfant devient toujours plus adroit à appliquer les principes sous-jacents, sans qu'il y ait de réel changement dans les principes de structuration du domaine. Il y a en quelque sorte un continuum entre la capacité discriminatoire primitive et le concept, éventuellement lexicalisé, qui apparaît plus tard.

D'autres interprétations invoquent une réorganisation, plus ou moins radicale, des principes initiaux. Carey (1990) en donne la version la plus radicale, avec l'hypothèse que de nouveaux ensembles de principes de structuration sont construits à partir des principes initiaux. Ces nouvelles structures conceptuelles, ou théories, expriment des ensembles de relations plus larges qui peuvent se superposer, et même se substituer, aux structures initiales. Gelman (1990) et Karmiloff-Smith (1990), au contraire, considèrent que les capacités nouvelles dérivent d'un processus de reformulation des capacités initiales à différents niveaux de représentation. Les principes implicites de départ passent à travers une série de retraductions qui les rendent de plus en plus explicites et donc plus faciles d'accès et plus efficaces dans leur application.

Pour évaluer ces différentes propositions théoriques, il nous faut une description extrêmement précise du déroulement de l'évolution des capacités pour un domaine donné. Nous allons donc nous tourner maintenant vers des questions de nature plus proprement empirique et méthodologique. Pour appuyer l'analyse détaillée du développement de domaines de connaissance, la littérature développementale des recherches de réplication des études piagétiennes, c'est-à-dire les études qui ont contrôlé de façon systématique les différents facteurs en jeu dans les tâches piagétiennes classiques, offre une grande richesse de données et de résultats. Comme nous l'avons déjà souligné, certaines de ces études ont identifié des niveaux de réussite anticipée par rapport aux résultats piagétiens. L'analyse comparée des conditions dans lesquelles l'enfant arrive à utiliser le concept, par opposition aux conditions dans lesquelles il échoue, peut fournir des indications importantes quant aux transformations en cours. Nous avons donc essayé d'explorer l'évolution des capacités en mettant en relation la performance des mêmes enfants dans une série de tâches de réplication tant du domaine du nombre cardinal (Cara 1990) que des relations spatiales (Broadbent 1990).

Examinons le cas de la conservation du nombre. Piaget (Piaget & Szeminska 1941) a étudié le développement du nombre cardinal au moyen de deux tâches : la *reproduction d'ensembles* (construire un ensemble qui a le même nombre d'éléments qu'un ensemble donné) et la *conservation du nombre* (confirmer que deux ensembles équivalents restent équivalents même si l'un est transformé de façon à être plus long, plus large ou plus haut).

Piaget décrit quatre sous-stades. Le premier (avant l'âge de 4 ans) correspond à l'échec dans la tâche de reproduction. L'enfant tend à reproduire la configuration de la collection au lieu de sa cardinalité. Pour ce faire, il utilise soit tous les objets qu'il a à sa disposition, soit simplement une poignée choisie au hasard. Le deuxième sous-stade (vers l'âge de 5 ans) correspond aux reproductions correctes. Généralement, l'enfant établit une correspondance spatiale «un à un» entre les objets qu'il a à sa disposition et les éléments de l'ensemble «modèle». Il établit ainsi une copie exacte de la collection, tant du point de vue numérique que du point de vue spatial. Toutefois, quand l'expérimentateur modifie la distribution de l'une des deux collections, sans ajouter ni enlever d'éléments, c'est-à-dire qu'il présente la tâche de conservation, l'enfant abandonne l'équivalence initiale et considère que l'une des collections est plus nombreuse (généralement celle qui est la plus longue).

Le troisième sous-stade correspond aux conservations instables. Pour certaines modifications, l'enfant maintient l'équivalence (par exemple empiler), tandis que pour d'autres il l'abandonne (par exemple allonger). Dans d'autres cas, au cours de la même passation, le même enfant change plusieurs fois d'avis : il considère la rangée plus longue comme étant aussi la plus nombreuse, puis observe que la plus courte est aussi plus dense, et dit que les deux sont équivalentes, pour changer à nouveau son jugement. Le quatrième sous-stade (vers 6, 7 ans) correspond à la conservation du nombre à travers toute modification spatiale. Typiquement, l'enfant justifie la conservation avec des arguments très logiques — ou opératoires, pour utiliser le terme employé par Piaget. L'équinuméricité des deux collections après leur transformation est ainsi expliquée par le fait que :

a) l'une est plus longue, mais aussi plus espacée, tandis que l'autre est plus courte, mais plus dense ;

b) il est toujours possible de revenir à la configuration initiale ;

c) on n'a rien ajouté ni rien enlevé.

Piaget n'attribue à l'enfant un concept de nombre opératoire qu'au niveau du sous-stade 4, et qualifie les formes précédentes de statiques et d'intuitives, c'est-à-dire fondées sur des propriétés spatiales des collections et liées à la perception. L'acquisition du concept de conservation est une démonstration de l'achèvement des structures opératoires concrètes.

Les études de réplication de la conservation ont identifié deux faits, extrêmement robustes, qui semblent contradictoires en première analyse. Quand la tâche a été maintenue identique à la version piagétienne originale, les résultats ont été confirmés (Elkind 1961, Dodwell 1960 et 1961, Gréco 1962, Wohlwill & Lowe 1962, Hood 1962, Zimiles 1966, etc.).

De même, quand des modifications mineures sont apportées à la consigne ou à la présentation, telles que :

1) au lieu de demander une réponse verbale (même nombre ou nombre différent), on demande à l'enfant de choisir le tas qu'il préférerait avoir entre deux tas de bonbons (Silverman & Schneider 1968, Miller 1976) ;

2) au lieu de transformer une des collections de façon abrupte et non justifiée, on introduit la transformation de façon naturelle ; par exemple des petites voitures placées sur une pente, ou des petits bateaux dans un bassin, sont lâchés et se déplacent de manière autonome, ou encore deux groupes de grillons occupant deux coins d'une boîte, l'un des groupes est relâché et les grillons s'éparpillent dans l'espace libre de la boîte. Dans tous ces cas, les comportements décris par Piaget et sa classification sont confirmés (Miller 1982).

Mais d'autres types de modifications de la tâche ont permis d'identifier des formes de conservation précoces, c'est-à-dire des réponse correctes de conservation qui apparaissent avec une avance d'un ou deux ans sur la conservation classique. Ainsi, McGarrigle & Donaldson (1975) considèrent que la tâche piagétienne, dans sa forme originale, va à l'encontre de certains principes pragmatiques généraux et que, en ceci, elle peut dérouter l'enfant et masquer sa compétence réelle. Cette critique s'adresse plus particulièrement au fait que l'action de l'expérimentateur porte sur la longueur tandis que la question qu'il pose à l'enfant porte sur le nombre. Pour contrer cet effet, McGarrigle & Donaldson construisent une tâche dans laquelle la transformation est accomplie par un troisième personnage, par exemple un ourson méchant. Dans cette situation, les enfants confirment que les deux collections ont encore le même nombre dès l'âge de 4, 5 ans, contre 6, 7 ans dans la situation piagétienne classique. La comparaison de la performance des mêmes enfants dans les deux types de conservation montre clairement le décalage existant (les résultats présentés ici sont ceux de Light, Buckingham & Robbins, 1979). Sur les soixante enfants soumis à l'expérience, neuf confirment l'équinuméricité des deux collections après que l'une a été modifiée de façon accidentelle, tout en ne la conservant pas dans l'épreuve classique ; quarante et un enfants ne conservent ni dans la tâche modifiée ni dans la tâche classique (voir Tableau 1).

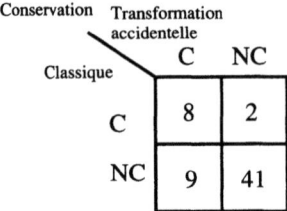

Tableau 1. — *Nombre de réponses de conservation (C) et de non-conservation (NC) dans la tâche piagétienne classique et dans la tâche modifiée par McGarrigle & Donaldson (données de Light et al. 1979, p. 306).*

Dans une autre expérience, Gréco (1962) examine l'effet que produit le comptage des deux collections sur la conservation du nombre. Gréco modifie donc la tâche de la manière suivante : après la transformation de l'une des deux rangées en une rangée plus longue, on demande à l'enfant de compter les deux collections. Avec cette information supplémentaire, les enfants savent conserver dès l'âge de 5 ans.

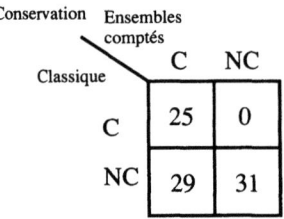

Tableau 2. — *Nombre de réponses de conservation (C) et de non-conservation (NC) dans la tâche piagétienne classique et dans la tâche modifiée par Gréco (1962).*

L'examen des réponses (classées en correctes et incorrectes) des mêmes enfants aux deux tâches montre clairement le décalage entre la solution de la conservation après comptage et celle de la conservation classique : vingt-neuf enfants jugent les deux collections équivalentes après le comptage, tout en ne confirmant pas l'équinuméricité dans la tâche piagétienne classique qui suit. Il faut remarquer aussi que trente et un enfants échouent dans les deux tâches, en affirmant que les deux collections, de longueur différente, ont un nombre différent, cela même après les avoir comptées.

La troisième forme de conservation précoce a été mise en évidence par Elkind (1967, Elkind & Schoenfeld 1972) avec le paradigme expérimental connu sous le nom de «conservation de l'identité». Ce paradigme a pour but de distinguer entre deux formes de conservation : conservation de l'équivalence et conservation de l'identité, dont l'une, la conservation de l'identité, devrait être, selon Elkind, un prérequis pour l'acquisition de la conservation de l'équivalence classique. Elkind en effet observe que pour passer de l'équivalence initiale A = B à l'équivalence finale A = B' (la rangée B transformée), l'enfant doit apprécier le fait que, au cours de la transformation, la cardinalité de B reste inchangée et est donc identique à celle de B'. Ce n'est qu'une fois que l'enfant a acquis les deux relations A = B et B = B' qu'il peut découvrir que A = B'.

Dans cette tâche, on présente à l'enfant une seule collection d'objets, qui est ensuite allongée ou raccourcie par l'expérimentateur. On demande à l'enfant si le nombre d'objets est le même qu'avant la transformation. Elkind, et d'autres chercheurs après lui, trouve confirmation du décalage entre conservation de l'identité et de l'équivalence, et confirme ainsi l'hypothèse que la découverte de la conservation de l'identité numérique est un prérequis pour la découverte de la conservation de l'équivalence. Ce résultat a été confirmé par Cowan (1979) dans une série d'expériences dont les résultats sont donnés dans le Tableau 3 :

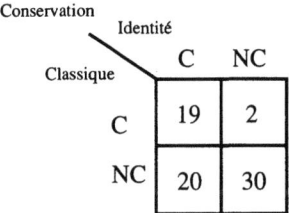

Tableau 3. — *Nombre de réponses de conservation (C) et de non-conservation (NC) dans la tâche piagétienne classique de la conservation de l'équivalence et dans la tâche de conservation de l'identité (Cowan 1979).*

Vingt enfants confirment que le nombre d'objets n'a pas changé après que la distribution de la rangée ait été modifiée, tout en considérant que l'équinuméricité de deux rangées est détruite une fois que l'une d'entre elles a été modifiée spatialement (conservation classique). On remarquera que dans cette étude aussi, un nombre important d'enfants (30) échouent aux deux tâches de conservation, avec une ou deux collections.

Dans chacune des expériences de réplication présentées plus haut, nous retrouvons le même type de phénomène de développement. Chez des enfants dont l'âge est compris entre 4 et 7 ans, deux tâches de structure semblable (par exemple la conservation et sa version modifiée) sont soit ratées l'une et l'autre (case en bas à droite), soit réussies l'une et l'autre (case en haut à gauche), soit la conservation modifiée est réussie et la conservation classique ratée (case en bas à gauche). Les inversions de ce *pattern*, par exemple par des enfants qui réussissent la tâche difficile (la conservation classique) et échouent à la tâche plus facile (la conservation modifiée), sont très rares. Les trois tâches modifiées identifient donc trois formes de conservation précoce qui sont, elles aussi, le résultat d'un développement préalable, comme les réponses de non-conservation aux tâches modifiées l'indiquent.

C'est à partir de ces résultats que nous nous sommes posés la question des relations qui pourraient exister entre ces diverses formes de conservation du nombre, de même qu'entre la compréhension des conservations modifiées et celle d'autres tâches numériques. Cette question descriptive offre un bon point de départ pour commencer une analyse détaillée de la genèse du domaine du nombre, analyse qui peut mettre en évidence des régularités dans le développement, telles qu'une suite de niveaux de compétence. Pour établir si de telles régularités existent, nous effectuons une *analyse hiérarchique* des solutions données à une série de tâches qui portent sur différents aspects du domaine. L'analyse hiérarchique consiste à établir lequel parmi les trois *patterns* ordonnés suivants s'applique à la solution de paires de tâches (appelons *a* et *b* deux tâches relatives au domaine D) :

a) Le *pattern* de *décalage collectif*, selon lequel soit les enfants résolvent les deux tâches *a* et *b*, soit ils échouent aux deux, soit ils réussissent *a* et échouent à *b*. Le décalage sera en faveur de la tâche *a*, si les enfants résolvent cette tâche et échouent devant la tâche *b*. Il sera en faveur de la tâche *b*, si le *pattern* inverse existe. De ce *pattern* ordonné, nous pouvons inférer que l'une des tâches met en œuvre un niveau de compréhension plus élémentaire, suffisant pour résoudre la tâche *a*, par exemple, mais inadéquat pour aborder la tâche *b*.

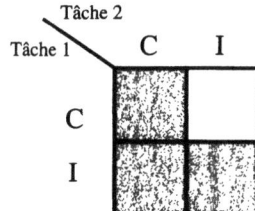

Figure 1. — *Le* pattern *de décalage collectif. Le nombre de réponses (pointillé) correctes (C) et incorrectes (I) à la tâche 1 est présenté dans les rangées, le nombre de réponses correctes et incorrectes à la tâche 2 dans les colonnes. La case blanche correspond à la case vide dans le* pattern *de décalage collectif.*

b) Le *pattern* de *décalage individuel*; certains enfants trouvent la tâche *a* plus ardue que la tâche *b*, tandis que pour d'autres enfants la tâche *b* est plus ardue que la tâche *a*. Ce *pattern* indique qu'il n'existe pas de relation systématique entre les deux aspects du domaine concernés par *a* et par *b*. Nous pouvons inférer que les enfants acquièrent les connaissances demandées par les tâches *a* et *b* de façon indépendante.

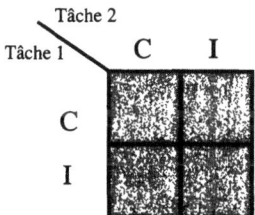

Figure 2. — *Le* pattern *de décalage individuel.*

c) Le *pattern* de *synchronisme*; soit les enfants résolvent les tâches *a* et *b*, soit ils échouent aux deux. Nous pouvons inférer du *pattern* de coïncidence que les tâches *a* et *b* touchent au même niveau d'élaboration conceptuelle : soit l'enfant a atteint ce niveau et peut résoudre les deux tâches, soit il ne l'a pas atteint et échoue dans les deux tâches.

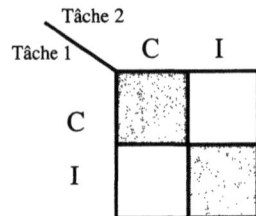

Figure 3. — *Le* pattern *de synchronisme.*

En soumettant un groupe d'enfants d'âges différents à une série de plusieurs tâches relatives au même domaine et en établissant l'ordre dans lequel les tâches sont résolues, nous pouvons reconstruire des étapes du développement de ce domaine. Les tâches dont les solutions correspondent au *pattern* synchrone identifient deux étapes du processus de développement : un stade 0 où les deux tâches sont ratées, et un stade 1 où elles sont réussies. Les tâches dont les solutions correspondent au *pattern* de décalage collectif identifient trois étapes : un stade 0 où les deux tâches sont ratées, un stade 1 où l'une est réussie et l'autre ratée et un stade 2 où elles sont toutes deux réussies. Un *pattern* de décalage individuel dans la solution des deux tâches indique, en revanche, que le développement peut suivre l'un des deux chemins du stade 0 au stade 2, soit à travers l'acquisition de la connaissance nécessaire pour résoudre la tâche *a*, soit à travers l'élaboration de la connaissance nécessaire à la solution de la tâche *b*.

La signification statistique des *patterns* ordonnés observés est calculée avec l'*analyse des prédictions pour classifications croisées* de Hildebrand, Laing & Rosenthal (1978). Cette méthode consiste à associer à chacun des *patterns* ordonnés attendus un modèle qui prédit la distribution des réponses données par les sujets dans la tâche 2, sur la base de leurs réponses à la tâche 1. Ainsi l'hypothèse que deux tâches demandent le même niveau d'élaboration conceptuelle pour être résolues est traduite en une prédiction selon laquelle les sujets qui ont réussi la tâche 1 réussissent aussi la tâche 2 et les sujets qui ont échoué à la tâche 1 échouent aussi à la tâche 2.

L'analyse hiérarchique a été appliquée au développement du nombre cardinal entre 4 et 7 ans (Cara 1990), avec des résultats encourageants.

Dans trois expériences, que nous présentons ici de manière très schématique, nous avons testé 192 enfants d'écoles maternelles et primaires d'Edimbourg, d'âge compris entre 3 ans 1/2 et 7 ans 1/2, avec une série de neuf tâches[3] :

a) *reproduction* d'ensembles (faire une rangée de *n* ou faire une rangée équivalente à une rangée modèle);

b) *comparaison* d'ensembles (juger si deux collections en rangée ont le même nombre d'éléments ou si leur nombre est différent; ceci pour deux rangées de même nombre et longueur, même longueur et nombre différent, même nombre et longueur différente et pour des triplets de rangées de nombre et longueur différents);

c) *conservation* du nombre (tâche piagétienne, conservation de l'identité et conservation après comptage des ensembles).

L'analyse hiérarchique nous a permis de dégager trois niveaux de compétence, ou stades. Au *stade 1* (entre 4 et 5 ans), les enfants résolvent les tâches de reproduction d'ensembles (soit quand l'ensemble-modèle est présent, soit quand il est caché derrière un écran, le seul indice dont l'enfant dispose étant la valeur cardinale) et les tâches de comparaison de deux ensembles de même cardinalité et même étendue. Comme le montre le Tableau 4, les enfants qui réussissent la tâche de reproduction réussissent aussi la tâche de comparaison des deux ensembles équivalents en nombre et distribution (on remarquera aussi que les enfants qui échouent à l'une échouent aussi à l'autre, ce qui permet d'identifier un niveau de compétence qui précède le stade 1).

Les enfants du stade 1 échouent à toute tâche de comparaison et de conservation, comme l'indiquent les décalages collectifs entre la solution

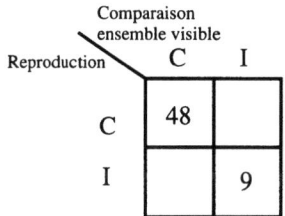

Tableau 4. — *Nombre de réponses correctes (C) et incorrectes (I) dans la tâche de reproduction d'ensembles et dans la tâche de comparaison d'ensembles de même distribution.*

de la tâche de reproduction et celle des tâches de conservation classique et de comparaison de deux ensembles de même nombre et d'étendue différente. Cependant, la solution correcte de la tâche de reproduction ne prédit pas une comparaison correcte dans le cas où le nombre et l'étendue des collections ne coïncident pas.

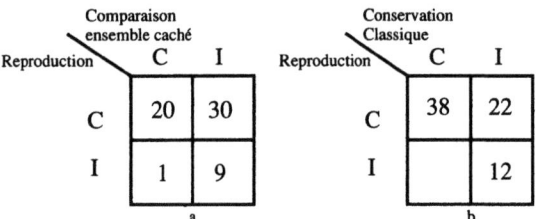

Tableau 5. — *Nombre de réponses correctes (C) et incorrectes (I) dans les tâches de reproduction et de comparaison d'ensembles de distribution différente (a), et dans les tâches de reproduction et de conservation d'ensembles (b).*

Au *stade 2* (entre 5 et 6 ans), les enfants savent comparer correctement deux ou plusieurs ensembles, qu'ils soient de cardinalité différente et de distribution équivalente, ou de cardinalité égale et de distribution différente.

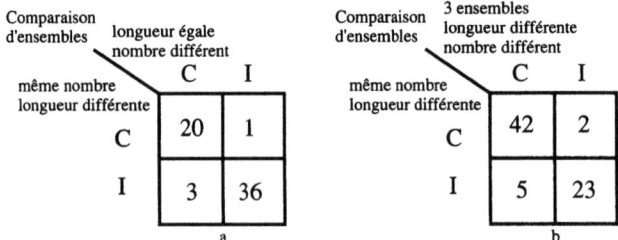

Tableau 6. — *Nombre de réponses correctes (C) et incorrectes (I) dans les tâches de comparaison de deux ensembles (a) et de comparaison de deux et trois ensembles (b) de nombre ou de distribution différents.*

Ici encore, les enfants du stade 2 confirment que la cardinalité d'un ensemble d'objets ne change pas quand la disposition des objets est modifiée (conservation de l'identité) et résolvent l'épreuve de conservation du nombre après comptage de Gréco.

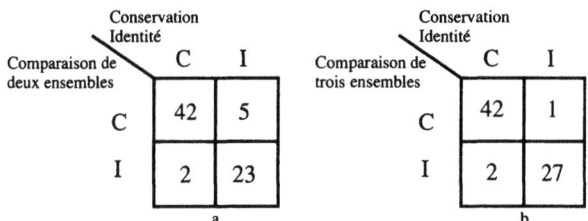

Tableau 7. — *Nombre de réponses correctes (C) et incorrectes (I) dans les tâches de conservation d'identité, de comparaison de deux ensembles (a) et de comparaison de trois ensembles (b).*

Toutefois, ils échouent dans la tâche de conservation classique, comme le décalage collectif entre la solution des épreuves caractéristiques du stade 2 et celle de la conservation classique l'indique clairement.

Au *stade 3* (entre 6 et 7 ans), les enfants réussissent tant les épreuves de conservation modifiées que l'épreuve classique. Les résultats principaux et les comportements caractéristiques des divers stades sont résumés dans le Tableau de la page 77.

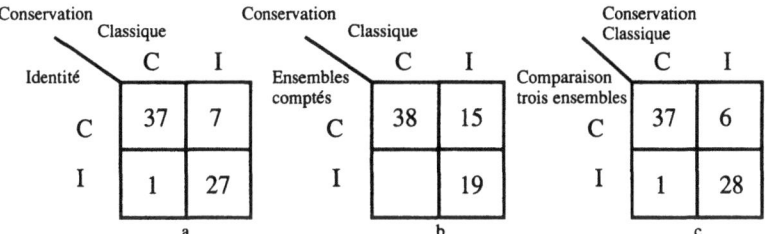

Tableau 8. — *Nombre de réponses correctes (C) et incorrectes (I) dans les tâches de conservation classique et d'identité (a), de conservation classique et de conservation d'ensembles énumérés (b), de conservation classique et de comparaison de trois ensembles (c).*

Compte tenu de ces résultats, nous pouvons maintenant revenir sur la question centrale que nous avons posée, à savoir : de quelle manière l'évolution des capacités peut-elle être envisagée dans le cadre d'une hypothèse de structuration des connaissances par domaines qui attribue à l'enfant des compétences spécialisées très avancées dès la naissance? Si nous supposons que le jeune enfant dispose d'ensembles de principes de structuration du domaine numérique, parmi lesquels des principes qui sous-tendent la représentation de la cardinalité d'ensembles d'objets, comment pouvons-nous rendre compte de l'évolution des capacités des enfants et des transformations dans leurs représentations que révèlent nos travaux? Une réponse peut être avancée sur la base de l'analyse de la structure des tâches que l'enfant sait résoudre à chacun des stades décrits (et de l'analyse complémentaire des tâches auxquelles il échoue). Cette analyse montre que l'enfant apprend à établir des relations d'équinumériticé sur des classes d'objets graduellement plus complexes : ensembles individuels au stade 1, classes d'ensembles au stade 2 et classes de classes d'ensembles au stade 3[4]. Nous faisons l'hypothèse que les différents stades correspondent à des représentations cardinales qui se distinguent par les contenus sur lesquels les principes de structuration primitifs sont opératoires, au sens qu'ils sont reconnus comme pertinents pour atteindre un certain objectif et qu'ils sont invoqués de manière explicite. En d'autres termes, dans des situations de reproduction ou de comparaison d'ensembles d'objets, les structures du domaine numérique sous-tendent la reconnaissance et la représentation des entités et des relations en jeu, à savoir les ensembles, les éléments et la relation de correspondance 1-1 entre les éléments des ensembles. Le processus du développement, en revanche, traduit la découverte des propriétés de ces représentations cardinales et de leurs implications dans la résolution de problèmes numériques.

La réussite à la tâche de reproduction, dans la condition avec l'ensemble visible (stade 1), demande ainsi l'identification de l'ensemble-modèle, de ses éléments et aussi des éléments nécessaires pour constituer l'ensemble-copie. La relation de correspondance 1-1 est ensuite appliquée sur les éléments de l'ensemble-modèle et établie en plaçant, en face de chacun d'eux, un élément du nouvel ensemble[5]. Dans la condition de la tâche de reproduction avec l'ensemble caché, la même opération de mise en correspondance est exécutée à travers le comptage. L'échec de ces mêmes enfants dans les tâches de comparaison et de conservation révèle toutefois que les représentations cardinales caractéristiques du stade 1 sont opératoires sur un domaine très limité. Nous faisons l'hypothèse qu'au niveau du stade 1, la structure cardinale est appliquée uniquement sur des ensembles individuels et définit la cardinalité comme *propriété* d'ensembles.

Au niveau du stade 2, la réussite dans les tâches de comparaison et de conservation modifiée traduit l'extension de la structure cardinale aux relations entre éléments de paires (ou triplets) d'ensembles. Ces nouvelles représentations permettent de juger de l'équinuméricité ou de la différence entre ensembles et de découvrir des propriétés relatives aux transformations dans la distribution spatiale des ensembles. Dans la tâche de conservation de l'identité, les enfants du stade 2 peuvent en fait mettre en relation l'ensemble avant et après qu'il ait été spatialement modifié et inférer la conservation du nombre. La structure cardinale est appliquée sur des classes d'ensembles (paires, triplets, etc.); la cardinalité est définie comme relation entre ensembles d'objets, exprimant l'équinuméricité ou la différence de taille. Toutefois, cette structure ne s'applique pas au problème de conservation classique, comme l'échec systématique des enfants de ce stade à la tâche piagétienne le montre. Notre hypothèse est que cette tâche requiert en effet la mise en relation de deux couples d'ensembles : les deux ensembles équivalents établis initialement et les deux ensembles après la transformation spatiale. En d'autres termes, la tâche de conservation du nombre porte sur la découverte d'une propriété des couples d'ensembles. Au stade 3, qui correspond à l'acquisition de la conservation piagétienne, la structure cardinale a aussi pour objets des couples d'ensembles, et définit la cardinalité comme relation entre classes d'ensembles.

Stade	Age	Tâches résolues	Notes
0	4	Aucune	Comptage jusqu'à 4 ou 5 Reproduction : – copie de la longueur – utilisation de tous les objets – nombre arbitraire
1	5	Reproduction d'ensembles visibles / cachés	Reproduction, comptage et correspondance exacts Comparaison : – plus long = plus nombreux – même longueur = même nombre
2	6	Reproduction d'ensembles Comparaison de 2 et 3 ensembles Conservation d'ensembles : – comptés – individuels	Comparaison : le comptage précède ou suit toujours le jugement Conservation classique : après la transformation, les ensembles sont différents et le plus long est le plus nombreux
3	7	Toutes les tâches	Conservation classique : justifications opératoires

Nous proposons donc de conceptualiser le processus de développement comme un changement des contenus auxquels est appliquée une structure qui, elle, reste inchangée. Ces changements semblent être plus proches d'un processus d'explicitation par lequel un ensemble de principes et les contenus auxquels les principes s'appliquent sont l'objet de nouvelles abstractions, plutôt qu'à une réinterprétation globale des structures qui organisent le domaine. Quels processus peut-on invoquer pour rendre compte d'une telle explicitation ? La question est très difficile, mais nous pouvons avancer l'idée d'une fonction générale de méta-représentation responsable à la fois de transferts analogiques entre domaines et de traduction des représentations d'un domaine dans différents langages représentatifs, culturellement transmis, tels le système numérique et le comptage dans le domaine du nombre.

En conclusion, les résultats obtenus semblent indiquer l'existence de niveaux de compétence dans la représentation des propriétés cardinales de collections d'objets. Ces niveaux ne diffèrent pas par la nature des entités et des relations représentées (éléments, collections et correspondance 1-1 dans le cas du nombre), mais par la nature des contenus pour lesquels ils sont activement invoqués. Le processus du développement peut ainsi être traité comme une extension progressive du domaine d'utilisation des ensembles de principes de base qui structurent les différents domaines. Cette extension peut être envisagée comme la découverte de représentations « d'ordre supérieur » du domaine, tel qu'il a été circonscrit et organisé par les principes initiaux.

NOTES

[1] Cette recherche a pu être menée grâce au soutien financier de la fondation Fyssen, Paris.
[2] La tâche de conservation du nombre est présentée en détail pp. 65-66.
[3] Pour contrôler le niveau de maîtrise de la suite des nombres chez les enfants soumis à l'expérience, nous avons fait passer un pré-test dans lequel nous demandions à l'enfant jusqu'où il savait compter. La taille des collections utilisées au cours de l'expérience était fixée sur la base du pré-test et variait entre 3 et 5 pour les enfants les plus jeunes et entre 5 et 7 pour les plus âgés.
[4] Remarquons que le modèle piagétien des structures opératoires ne peut pas rendre compte de l'étendue des capacités des enfants du stade 2, et en particulier de la mobilité de leurs représentations, telle qu'elle apparaît dans les solutions des tâches de conservation modifiée (annulation de la transformation) et des tâches de comparaison (compensation des différences de longueur et de distance).
[5] Le recours à l'action et aux jugements verbaux, explicites, montre les différences entre les processus en jeu dans les tâches d'*habituation* (et même dans la tâche de conservation magique) et les processus en jeu dans les tâches de reproduction et de comparaison.

Logique mentale et raisonnement naturel

par Guy POLITZER
CNRS

Les psychologues qui croient que le raisonnement naturel déductif s'explique par une «logique mentale», c'est-à-dire par un ensemble de règles abstraites possédant une syntaxe et pouvant s'appliquer indépendamment du contexte, sont aujourd'hui minoritaires. Les théories les plus en vogue se passent de tels systèmes. Ainsi, pour la théorie des *modèles mentaux* de Johnson-Laird (1983), l'individu possède et applique un principe fondamental qui suffit à expliquer l'activité inférentielle : une inférence est valide si la conclusion demeure vraie dans toutes les situations où les prémisses sont vraies. Le sujet construit donc un modèle interprétatif des prémisses; il envisage une conclusion basée sur celui-ci; puis il cherche d'autres modèles interprétatifs des prémisses qui conduisent à des contre-exemples de la conclusion considérée. S'il n'en trouve pas, il accepte la conclusion comme valide. Evans (1984, 1989) explique le raisonnement sur la base de deux types de processus : heuristiques et analytiques. Les *processus heuristiques* sont pré-attentionnels; ils ont pour fonction de sélectionner l'information qui semble pertinente. Celle-ci est alors soumise à des *processus analytiques* qui produisent les inférences. Celles-ci n'obéissent pas à des règles formelles mais sont effectuées sur la base de l'expérience du sujet et de considérations sémantiques. Une autre approche récente (mais qui ne se présente pas comme une théorie *générale* du raisonnement) est celle de Cheng et Holyoak (1985) qui proposent que les individus souvent ne raisonnent ni en utilisant des règles d'inférence formelles indépendantes du contexte, ni directement à partir de leur expérience, mais plutôt à partir de structures abstraites, elles-mêmes induites de l'expérience, telles que permission, obligation, causalité, etc., et qu'ils appellent *schémas pragmatiques de raisonnement*. Selon cette vue, lorsqu'on crédite l'individu d'un comportement logique, c'est simplement parce que l'organisation interne du schéma (ses règles de production) produit la même solution qu'une règle de logique.

La raison principale qui a conduit beaucoup de psychologues à rejeter l'hypothèse d'une logique mentale est la faible performance des sujets dans les tâches de raisonnement : si les individus arrivent à un résultat incorrect, c'est qu'ils ne posséderaient pas de règles permettant d'arriver au résultat correct. Je pense qu'il existe une alternative à cette explication : si l'on commet des erreurs, c'est qu'il existe d'autres règles que les règles de logique et qui interfèrent avec celles-ci. Cette proposition dépasse en fait le cadre du raisonnement déductif. Je tenterai de montrer à partir de quelques exemples que le jugement, le raisonnement inductif, l'organisation conceptuelle, sont soumis, comme le raisonnement déductif, à des contraintes pragmatiques qui expliquent la performance des individus. Ces contraintes ne sont pas seulement liées au contexte et à la connaissance du monde — en d'autres termes il ne s'agit pas seulement de la pragmatique dans le sens large de régulation de l'action en vue d'atteindre un but, mais surtout de lois d'usage du langage auxquelles sont soumis celui qui pose le problème comme celui qui tente de le résoudre dès lors que le raisonnement s'effectue en langage naturel.

Considérons d'abord un problème transposé de celui, devenu classique, de Tversky et Kahneman (1983). On présente un portrait typique d'une étudiante gauchiste des années soixante-dix. Puis on demande de ranger selon leur vraisemblance trois énoncés concernant cette personne quelques années plus tard :

— elle est caissière dans une banque,

— elle est active dans un mouvement féministe,

— elle est caissière dans une banque et elle est active dans un mouvement féministe.

Le pourcentage d'individus qui rangent le dernier énoncé comme plus probable que le premier est typiquement de l'ordre de 75 à 80%. Ce faisant, les sujets commettent *l'erreur de conjonction* : cette erreur consiste à estimer plus probable la conjonction de deux événements qu'un seul des deux, en violation de la loi des probabilités $p(A \& B) < p(A)$, qui résulte de ce qu'en termes ensemblistes *A & B* est inclus dans *A*. Ce phénomène est l'un de ceux sur lesquels s'appuient Tversky et Kahneman pour proposer que les individus effectuent leurs jugements non pas en appliquant des règles logiques ou mathématiques mais au contraire à partir d'*heuristiques*. Dans le cas présent, ils proposent que les individus suivent l'heuristique de *représentativité*, selon laquelle la probabilité d'un événement est estimée par son degré de cohérence par rapport à un modèle : comme une militante féministe correspond au portrait du personnage, on juge plus probable l'énoncé qui mentionne cette caractéristique.

Cependant, si l'on supprime la structure conjonctive des options, tout en maintenant une relation d'inclusion, comme dans l'exemple suivant où après avoir décrit le portrait d'un étudiant qui se destine à faire médecine on demande de comparer la vraisemblance des trois événements :

— il a été admis à faire médecine (X),

— il a abandonné ses études de médecine faute d'intérêt,

— il a terminé ses études de médecine (Y),

où Y est inclus dans X et donc p (Y) < p (X), le pourcentage d'individus qui jugent Y plus probable que X est seulement de 31 % (Politzer et Noveck 1991). L'erreur diminue donc considérablement dès lors qu'il n'y a pas de conjonction explicite pour exprimer la relation d'inclusion. Mais la diminution du taux d'erreur n'est-elle pas due simplement au fait que la relation d'inclusion est plus saillante que dans le problème initial? D'où la contre-épreuve suivante ; on réintroduit la conjonction comme suit :

— il a été admis à faire médecine (X inchangé),

— il a été admis à faire médecine et a abandonné ses études faute d'intérêt,

— il a été admis à faire médecine et a terminé ses études.

Le pourcentage d'individus qui jugent le troisième énoncé plus probable que le premier remonte alors à 53 %. Donc le taux d'erreur dépend clairement de la présence superficielle de la conjonction *et*. En effet, dans les deux versions du problème « médecine », la structure d'inclusion est présente, dans la première implicitement sous forme de présupposition, dans la seconde explicitement par comparaison de type *A* avec *A et B*. Or cette dernière comparaison est pragmatiquement anormale. La comparaison d'une classe avec une de ses sous-classes, d'un terme avec ce même terme plus spécifié, n'a pas de validité écologique. La comparaison se normalise en générant l'implicitation gricéenne *et non-B*. Les sujets comparent donc en fait *A et B* avec *A et non-B*. L'analyse de la littérature sur l'erreur de conjonction montre qu'environ un quart des individus commettent celle-ci quelle que soit la formulation des énoncés à comparer, la moitié la commettent ou non selon que cette formulation invite ou non à l'implicitation gricéenne, et que le dernier quart ne la commet pas.

Enfin, il faut noter une caractéristique importante du problème : la comparaison formelle de *A* avec *A et B* est découragée par des considérations de pertinence, outre les raisons mentionnées plus haut. En effet, si les sujets se bornaient à effectuer une comparaison formelle, l'énoncé du problème serait inutile pour trouver la réponse à la question et violerait ainsi une règle implicite selon laquelle les données du problème sont nécessaires pour trouver la réponse.

Cette dernière remarque m'amène à un autre problème classique, mais touchant aux activités inductives, le problème 2-4-6 de Wason (1960). Ce problème se présente comme un jeu. L'expérimentateur choisit une règle pour fabriquer des suites de trois nombres et le but pour le sujet est de découvrir cette règle en utilisant deux sortes d'information : (1) Le sujet peut fabriquer des suites et demander à l'expérimentateur si ces suites sont conformes à la règle ou non. L'expérimentateur dit oui ou non, ce qui permet au sujet un test de ses hypothèses. (2) La seconde sorte d'information est un exemple initial de suite conforme à la règle et qui est fournie par l'expérimentateur au début du jeu. Cette suite est 2-4-6 et le sujet doit donc trouver selon quel principe elle a été fabriquée. En fait, la règle de l'expérimentateur est : *trois nombres en ordre croissant*. Quand le sujet pense avoir trouvé, il énonce sa solution. On observe que la majorité des sujets énoncent au moins une mauvaise solution et que l'échec complet n'est pas rare. En fait, le comportement de la majorité des sujets a deux caractéristiques. Premièrement, ils testent des exemples conformes à leur hypothèse (dits exemples positifs), alors qu'il est dans le cas présent plus économique de tester des contre-exemples de leur hypothèse (exemples négatifs). C'est ce qui a surtout retenu l'attention des chercheurs. D'abord Wason et ses collaborateurs ont interprété ces résultats comme montrant un *biais de confirmation*. Evans (1989) les interprète comme un *biais d'information positive*. La différence est que pour Evans les sujets prêtent attention seulement à l'hypothèse qu'ils envisagent, indépendamment du fait qu'ils cherchent ou non à la confirmer, et qu'ils ne prêtent pas attention à l'hypothèse alternative à celle qu'ils envisagent. Enfin pour Klayman et Ha (1987), le comportement de test d'exemples positifs n'est pas un biais, mais une stratégie délibérée, efficace dans certaines conditions mais simplement inadéquate dans le cas présent. Cependant, il existe une seconde caractéristique du comportement des sujets à laquelle on a peu fait attention : les règles incorrectes expriment presque toujours l'un des traits saillants de la suite 2, 4, 6, tels que : augmentant par deux, nombres pairs consécutifs, progression arithmétique, etc. Or, sachant qu'il y a souvent persévération de la part des sujets (c'est-à-dire qu'après une première formulation incorrecte, le sujet énonce une autre règle sous une forme différente mais mathématiquement équivalente), il apparaît que les sujets sont trompés par le fait que l'exemple 2-4-6 a des traits saillants surdéterminés par rapport à la règle réelle (trois nombres en ordre croissant). Ils appliquent inconsciemment le principe selon lequel toute information contenue dans un exemple doit être pertinente. L'exemple doit être donné au même niveau de spécificité que le concept, et non pas à un niveau sous-ordonné. De même, l'élève qui dessine un triangle équilatéral alors qu'on lui demande un triangle se fera-t-il objecter qu'il choisit un cas particulier.

L'exemple de l'erreur de conjonction et celui du problème 2-4-6 sont remarquables parce que c'est sur l'observation du comportement des sujets dans de telles situations que certains psychologues et philosophes fondent leur évaluation de la rationalité humaine. Or, ce que ces situations montrent, c'est qu'elles donnent naissance à deux sortes de problèmes distincts qui ont des solutions différentes : l'un, tel qu'il est interprété par le sujet à l'aide des principes conversationnels appliqués à la communication avec l'expérimentateur; l'autre, conçu par l'expérimentateur en violation de ces principes. Il y a en fait tromperie de la part de l'expérimentateur, un peu comme dans la question de la couleur du cheval blanc d'Henri IV; ici on viole une convention de communication qui touche aux conditions de félicité de la question : la réponse ne doit pas se trouver explicitement dans la question.

Ceci m'amène à l'une des questions les plus célèbres de la psychologie génétique, la fameuse question d'inclusion de classe de Piaget. On montre à l'enfant quelques fleurs de deux sortes, par exemple quatre marguerites et deux tulipes, et on lui demande « s'il y a plus de marguerites ou plus de fleurs ». La majorité des enfants avant 7-8 ans répondent qu'il y a plus de marguerites. On sait que pour Piaget (Piaget et Inhelder 1959) cette réponse manifeste l'incapacité de l'enfant à envisager en même temps l'extension de la classe et celle de la sous-classe. A la place, il compare les deux sous-classes.

Notons d'abord que la question est caractérisée linguistiquement par une ambiguïté référentielle puisque le terme *fleurs* peut référer à toutes les fleurs ou à la sous-classe complémentaire des marguerites constituée par les deux tulipes. On sait que parmi les nombreuses manipulations effectuées pour améliorer la performance des enfants, celle qui est la plus efficace est la procédure due à Markman (Markman & Seibert 1976). Celle-ci a remplacé les classes par des collections. Elle demande à l'enfant, par exemple : « Qu'est-ce qui fait le plus d'animaux, la famille [de chats] ou les bébés-chats ? » Markman explique ses résultats facilitateurs par le fait qu'une collection possède une plus grande cohérence qu'une classe, ce qui la rend plus aisée à être conceptualisée en tant que formant un tout. Or cette procédure, comme toutes celles qui améliorent notablement la performance, revient à supprimer l'ambiguïté référentielle puisque *famille* ne peut référer qu'à la classe et non plus à la sous-classe complémentaire formée par les deux parents.

On a donc deux interprétations possibles des résultats de Markman. Comment les séparer? Il suffit de remarquer que les caractéristiques des collections en termes d'organisation interne ne sont pas en tout ou rien, mais sont susceptibles d'être décrites par des variables ordinales (au moins). Il existe des collections plus ou moins fortement organisées. Si donc Markman a raison, la performance des enfants devrait différer selon le degré d'intégrité des collections. Si au contraire l'hypothèse linguistique est correcte, il ne devrait pas y avoir de différence entre les différentes collections car la désambiguïsation est de toutes façons réalisée.

L'expérience a été réalisée (Politzer, Leynet et Richard, non publié) et a donné les pourcentages de réussite suivants : classe, 28 %; collection faible (type bouquet de fleurs), 70 %; collection forte (type famille), 69 %. L'hypothèse de l'ambiguïté référentielle étant confirmée par ces résultats, il s'agit de comprendre pourquoi l'enfant interprète le terme *fleurs* comme référant à la sous-classe des tulipes avant huit ans et à la classe complète après huit ans. L'enfant choisit la réponse qui correspond à l'attente qu'il perçoit de la part de l'expérimentateur, étant bien entendu qu'il sait qu'il doit faire preuve de sa capacité à fournir une réponse « intelligente ». Pour ce faire, avant huit ans, il montre sa capacité à dénombrer des sous-classes. Après cet âge, une telle tâche est trop aisée pour lui, et il sait que l'expérimentateur le sait : il se place au niveau métacognitif et démontre sa connaissance d'un principe (souvent, significativement, de façon fière et amusée).

Notons l'identité formelle entre l'interprétation de la question d'inclusion de classe et l'interprétation d'un terme donnant lieu à un marquage sémantique (par exemple *chien*). Dans les deux cas le destinataire de l'énoncé doit lever l'ambiguïté entre le sens contrastif (les fleurs non-marguerites = les tulipes; analogue : chien mâle) et le sens inclusif (toutes les fleurs; analogue : chien, qu'il soit mâle ou femelle). Je pense qu'il y a beaucoup plus qu'une analogie, il y a unité entre les deux phénomènes, mais ceci est un sujet qui demanderait un long développement. Notons simplement que les contraintes pragmatiques de la situation invitent le jeune enfant à opter pour l'interprétation contrastive.

Les contraintes sémantico-pragmatiques expliquent certaines difficultés dans le développement de l'organisation conceptuelle. Ainsi, bien des hiérarchies en mathématiques ont une structure classificatoire qui est décrite en langage naturel «savant» d'une façon qui entre en conflit avec l'usage naïf. Par exemple, par définition un carré est un rectangle particulier, mais dans l'usage courant du langage un rectangle n'est pas un carré! La classe des rectangles contient la sous-classe des carrés et la sous-classe complémentaire de celle-ci, à savoir les rectangles non carrés, appellés couramment *rectangles* de façon contrastive. En d'autres termes, et paradoxalement, le terme *rectangle* est plus fortement ambigu en mathématiques qu'il ne l'est dans l'usage naïf. Pourquoi en est-il ainsi? C'est que dans la vie courante, l'usage contrastif est privilégié, alors qu'au niveau métacognitif (et didactique) il n'y a pas d'usage privilégié.

Notons que des termes tels que *carré, rectangle, parallélogramme*, etc., constituent une échelle puisqu'ils dénotent des classes emboîtées et que la théorie des phénomènes scalaires (Horn 1989) prédit que la mention d'un terme de la hiérarchie (par exemple, *rectangle*) déclenche par implicitation gricéenne la négation du terme supérieur (*et non carré*), attribuant ainsi à l'énoncé une limite *minimale* d'informativité, le locuteur tendant vers le *maximum* d'informativité. On peut montrer empiriquement (Politzer 1990) que ce phénomène rend très bien compte des déductions portant sur les propositions quantifiées; ainsi la déduction de *tous* à *certains* est-elle bloquée par l'implicitation *mais pas tous* qui modifie *certains*; il y a de bonnes raisons de penser que cette interaction entre interprétations pragmatique et logique est universelle (Politzer 1991).

Un dernier exemple de conflit entre loi logique et règle pragmatique, appartenant au domaine du raisonnement, est illustré par une inférence manifestement étrange mais logiquement parfaitement valide telle que «Il a une moustache; par conséquent, il a une moustache ou une barbe». Notons que l'on passe d'une prémisse plus informative à une conclusion moins informative. Or, si l'on admet que le raisonnement humain a pour objectif — au moins intermédiaire — de produire de l'information pertinente sous une forme nouvelle à partir d'information ancienne, ceci autant que possible sans perte d'information, il est clair que l'inférence ci-dessus ne répond pas à ces exigences. On possède des données expérimentales qui montrent bien que la majorité des sujets ne considèrent pas comme valides les inférences de la forme de celle ci-dessus (Rips 1983).

En résumé, dans les lignes qui précèdent, j'ai soutenu que tout un ensemble de phénomènes souvent spectaculaires qui peuvent conduire à nier l'usage de règles logico-mathématiques variées (loi probabiliste dans l'erreur de conjonction, induction d'une loi dans le problème 2-4-6, inclusion de classe chez l'enfant, acquisition de hiérarchies, formules du calcul des propositions) peuvent s'expliquer par l'existence d'un conflit entre ces règles d'une part (celles-là même dont la maîtrise est supposée être évaluée par le problème posé au sujet) et des lois d'usage du langage d'autre part. Ces phénomènes ne suffisent donc pas à réfuter l'hypothèse d'une «logique mentale».

CHAPITRE 3

JUSTIFICATION ET RATIONALITÉ

La charité selon Papineau
par Daniel LAURIER
Université de Montréal

> « The problems of interpretation in psychology and the problems of interpretation in biology are *the same problems* » (Dennett 1987a, p. 277).

David Papineau (1987) a développé une argumentation relativement complexe et efficace visant à réfuter différentes formes d'antiréalisme, et dont je me propose d'examiner certains aspects. Papineau part de la conception intuitive (et passablement vague) selon laquelle l'antiréalisme se caractérise par le refus d'admettre l'existence d'une réalité objective et indépendante de nos représentations. Il en conclut que l'antiréalisme doit s'accompagner d'une théorie des représentations et des croyances en vertu de laquelle elles ne peuvent, si elles satisfont à certaines contraintes « internes », qu'être correctes, c'est-à-dire conformes à la « réalité ». Papineau vise particulièrement deux formes d'antiréalisme : (1) un antiréalisme de la croyance (qu'il associe à Davidson) selon lequel la plus grande partie de nos croyances ne peuvent qu'être vraies, ce qui implique que les croyances de différentes personnes ou communautés ne peuvent diverger qu'exceptionnellement, et (2) un antiréalisme de la méthode (qu'il associe à Dummett et Putnam) selon lequel les principes qui gouvernent la formation et l'évaluation des croyances ne requièrent aucune justification (ils ne peuvent qu'être corrects), ce qui implique que différentes personnes ou communautés ne peuvent adhérer à des principes d'évaluation des croyances qui soient incompatibles (bien qu'elles puissent avoir des croyances incompatibles). Malgré certaines apparences, il ne s'agit donc pas, pour Papineau, d'établir la thèse triviale selon laquelle deux personnes ou communautés peuvent avoir des croyances incompatibles concernant le monde, mais plutôt de contester qu'il y ait une limite *a priori* au-delà de laquelle les croyances (ou les méthodes d'acquisition et d'évaluation des croyances) de différentes personnes ou communautés ne pourraient plus diverger.

La discussion qui va suivre concernera en premier lieu la divergence de la croyance, que j'appellerai aussi la divergence idéologique, bien que certaines remarques pourront aussi avoir une incidence sur la divergence de la méthode (ou «divergence méthodique»), dans la mesure où je crois ultimement impossible de séparer nettement ces deux choses.

Lorsqu'il s'agit de la divergence idéologique, c'est Davidson et sa conception de l'interprétation radicale qui deviennent les principales cibles de Papineau. On sait en effet que dans la plupart de ses écrits sur la question, Davidson accorde une place prépondérante au principe de charité dans la procédure d'interprétation radicale qui doit permettre de déterminer simultanément quelles sont les croyances et les désirs des membres d'une communauté linguistique indigène, et quelles sont les conditions de vérité (c'est-à-dire, en l'occurrence, les significations) de leurs énoncés. Davidson serait sans doute assez hostile à l'idée que l'interprétation radicale puisse viser aussi bien les individus isolés que les communautés linguistiques (ou leurs membres), mais je supposerai ici que c'est le cas[1]. Le principe de charité recommande de faire en sorte que la plus grande partie possible des croyances que nous attribuons soient des croyances que nous considérons nous-mêmes comme vraies. On voit qu'au moins dans le cas où il s'agirait d'interpréter radicalement des individus isolés, l'application *naïve* d'un tel principe reviendrait immédiatement à imposer une limite sévère à la divergence idéologique individuelle. Je me propose d'examiner la stratégie proposée par Papineau pour éviter cette conséquence.

Papineau distingue deux formes de divergence idéologique : la divergence conceptuelle et la divergence doxastique. De manière délibérément un peu vague, on peut dire que les croyances d'un individu divergent conceptuellement des nôtres quand elles sont («en principe») inexprimables dans notre langage, parce qu'elles font intervenir des concepts «incompatibles» avec les nôtres. Elles divergent doxastiquement des nôtres quand elles sont incompatibles avec elles. Ces notions doivent être comprises de telle manière qu'un système de croyances ne puisse diverger conceptuellement sans diverger doxastiquement (l'inverse est manifestement possible), bien qu'il ne soit pas contradictoire, à première vue, de supposer qu'un système de croyances conceptuellement divergent puisse se composer de croyances compatibles avec les nôtres, et même de croyances vraies. Cela vient de ce que Papineau (1987, p. 95) semble supposer que des croyances ne sont inexprimables dans notre langage que si elles font intervenir des concepts qui sont « incompatibles » avec les nôtres en ce sens qu'ils sont définis par le contexte de théories incompatibles avec les nôtres.

Une conception comme celle de Davidson, selon laquelle on ne peut identifier les croyances d'un individu qu'en en spécifiant, dans notre langage, les conditions de vérité (c'est-à-dire le contenu) exclut d'emblée la divergence conceptuelle sans avoir pour cela à invoquer le principe de charité. Ce dernier n'intervient qu'au niveau des contraintes qui gouvernent la construction et l'évaluation d'une théorie de l'interprétation, pour exclure (ou plus exactement limiter) la divergence doxastique. Une théorie davidsonienne de l'interprétation sera empiriquement adéquate si les conditions de vérité qu'elle associe à chaque phrase de la langue d'un individu donné sont, dans le plus grand nombre de cas possible, des conditions qui sont effectivement réalisées si et seulement si cet individu est disposé à accepter cette phrase. Le principe de charité n'est pas la seule contrainte qui pèse sur une théorie de l'interprétation ; il y a aussi, par exemple, la contrainte qu'elle prenne la forme d'une théorie tarskienne de la vérité finitairement axiomatisée, et qu'elle assigne à chaque phrase une interprétation stable. La conjonction de ces différentes contraintes fait qu'en pratique une théorie de l'interprétation devra attribuer certaines croyances fausses à l'indigène.

Papineau défend les deux formes de divergence idéologique, mais on ne mentionnera ici que sa critique de la divergence doxastique. Papineau s'en prend essentiellement à l'idée qu'une théorie de l'interprétation devrait chercher à maximiser la vérité des croyances attribuées, et donc à minimiser la divergence doxastique. Tout en restant dans le cadre de la problématique de l'interprétation, il propose de remplacer le principe de charité par un principe d'humanité, en vertu duquel une théorie de l'interprétation radicale est adéquate si elle conduit à attribuer à l'indigène des croyances qu'il peut plausiblement avoir. Papineau tient visiblement pour acquis que le principe d'humanité permet d'attribuer des croyances fausses, c'est-à-dire qu'il est plausible, dans certaines circonstances, de supposer qu'un certain individu ait des croyances fausses. Mais cela semble très insuffisant pour conclure qu'il n'y a pas de limite à la divergence doxastique individuelle. Il faudrait pour cela donner du principe d'humanité une formulation qui le rende substantiellement différent du principe de charité, et en vertu de laquelle il n'aurait pas pour effet de maximiser la convergence et de minimiser l'erreur ; le simple fait qu'il soit censé permettre d'attribuer des croyances fausses ne suffit pas, puisque le fonctionnement du principe de charité le permet aussi.

Papineau suggère aussi que le principe d'humanité permet de rompre l'interdépendance présumée des notions de croyance et de signification, mais cela me paraît être, en partie, une illusion. Dans l'optique de Papineau, le principe d'humanité est censé permettre d'attribuer les croyances à un individu indépendamment de toute hypothèse concernant des conditions de vérité de ses énoncés, mais de telle manière que celles-ci puissent ensuite être identifiées à celles des représentations mentales qui leur sont associées. L'interprétation des énoncés est ainsi déterminée par une étape préalable qui consiste à interpréter les représentations mentales et à établir quelles sont les représentations mentales qui sont «acceptées» et dans quelles circonstances elles le sont. Le lien entre la croyance et la signification n'est pas rompu, mais établi au niveau prélinguistique des représentations mentales, pour atteindre ensuite, indirectement, celui des énoncés. En d'autres termes, Papineau identifie la signification qu'un individu associe à un énoncé à celle de la représentation mentale qu'il associe à cet énoncé, ce qui paraît tout à fait légitime dans un contexte d'interprétation radicale *du langage*. Il nous renvoie ainsi de l'interprétation du langage à l'interprétation des représentations mentales, mais cela ne modifie guère la structure du problème. Le principe d'humanité est destiné à remplir exactement le même rôle que le principe de charité, c'est-à-dire à permettre de déterminer simultanément les croyances et les significations; que ces significations soient à la fois celles des énoncés et des représentations mentales qui leur sont associées ne change rien à l'affaire. La principale difficulté, pour Papineau, est de donner au principe d'humanité un contenu substantiel qui le distingue réellement du principe de charité; et je ne crois pas qu'il y soit parvenu.

Le problème *général* de l'interprétation psychologique peut se formuler de la manière suivante. Etant donné un dispositif quelconque, et l'ensemble des faits naturels («physiques») le concernant, à quelles conditions est-il légitime de lui attribuer des états intentionnels, quels états intentionnels peut-on lui attribuer et combien de manières correctes y a-t-il de les lui attribuer? Je ferai ici abstraction de la première partie de la question, et supposerai que la discussion ne concerne que des dispositifs présumés intentionnels (sans me préoccuper de savoir ce qui motive cette présomption). Je supposerai aussi connu le répertoire de représentations dont chaque dispositif est pourvu, bien que je ne conçoive pas qu'on puisse le déterminer indépendamment du contenu de ces représentations. Ceci revient simplement à supposer que nous savons quels sont les états du dispositif considéré qui peuvent être tenus pour intentionnels, et qu'il ne reste plus qu'à en spécifier le contenu; on peut, en première approximation, suivre Papineau et identifier ces états ou représentations à des états fonctionnels (types) ou à des rôles causaux (étroits). On suppose donc que l'interprète radical dispose de toutes les données possibles concernant les représentations et le comportement que le dispositif indigène «a» à chaque moment, les circonstances dans lesquelles il les a, lesquelles sont des désirs et lesquelles sont des croyances.

Il y a longtemps que le problème de l'erreur (et de la divergence idéologique) hante les philosophes et qu'il est admis qu'une théorie de la représentation doit rendre compte de la possibilité d'avoir des croyances erronées. Ce problème a récemment refait surface et occupé le devant de la scène dans de nombreuses discussions critiques du fonctionnalisme, et s'est révélé être un obstacle insurmontable à toute explication purement causale des notions sémantiques. Ces critiques, qui sont reprises par Papineau, montrent qu'on ne peut identifier le contenu d'une croyance aux circonstances qui la causent sans se priver de la possibilité d'admettre qu'une croyance peut être fausse (ni le contenu d'un désir aux circonstances qu'il cause sans se priver de la possibilité d'admettre qu'un désir peut être frustré). Ceci disqualifie toute forme de fonctionnalisme causal, qui prétendrait rendre compte du contenu des états mentaux en termes de relations causales. La plupart de ces critiques, et Papineau lui-même, favorisent une conception téléologique de la représentation, qui semble en effet seule capable d'expliquer l'aspect normatif des phénomènes intentionnels. A la base de cette conception, il y a l'intuition fondamentale que le contenu d'un état mental concerne moins les causes et les effets qu'il a ou qu'il peut avoir, que les causes et les effets qu'il est *supposé* avoir; c'est-à-dire, l'intuition que la notion de contenu est une catégorie fonctionnelle (au sens biologique du terme). Les causes et les effets qu'un état d'un dispositif est *censé* avoir sont en effet ceux qu'il *a* lorsqu'il remplit effectivement sa fonction, c'est-à-dire lorsqu'il contribue à faire en sorte que ce dispositif atteigne les fins qu'il est présumé poursuivre.

Papineau suggère que la fonction biologique d'une croyance (type) est d'être présente lorsque certaines conditions sont réalisées, qui peuvent alors être identifiées à ses conditions de vérité, et que la fonction biologique d'un désir (type) est de produire certains résultats, qui peuvent alors être identifiés à ses conditions de satisfaction (c'est-à-dire à son contenu). Selon la conception sélectionniste à laquelle souscrit Papineau, un item a une certaine fonction lorsque son existence peut être attribuée au fait que, dans le passé, un nombre suffisant de *tokens* de cet item ont rempli cette fonction avec succès; dans ce cas, on peut dire que la présence de cet item est avantageuse pour le dispositif considéré. Appliqué à la sélection des croyances (types), cela devrait vouloir dire qu'une croyance (type) a pour fonction d'être présente lorsque certaines conditions sont réalisées (c'est-à-dire, qu'elle est vraie ssi ces conditions sont réalisées), lorsque son existence (c'est-à-dire sa présence dans le répertoire du dispositif considéré) est attribuable au fait que dans le passé un nombre suffisant de *tokens* de cette croyance ont été présents lorsque ces conditions étaient réalisés. Lorsque l'existence d'une croyance (type) est explicable de cette manière, cela veut dire qu'elle constitue un avantage pour le dispositif considéré. Mais de manière générale, un item ne constitue un avantage qu'en vertu de ses effets probables ; or l'explication suggérée de la fonction et de la sélection des croyances ne mentionne pas directement leurs effets supposés. On peut cependant établir une corrélation entre la fonction que Papineau attribue aux croyances et leurs effets. Une croyance est sélectionnée pour être présente dans certaines conditions, parce que sa présence dans ces conditions a généralement des effets avantageux, c'est-à-dire, contribue à satisfaire les désirs du dispositif considéré (c'est-à-dire, à causer des actions réussies). D'une certaine manière, comme le remarque Ruth Millikan (1986, 1989b) toutes les croyances ont la même fonction, qui est de contribuer à causer des actions réussies ; il n'y a pas pour chaque croyance d'action spécifique qu'elle est supposée contribuer à causer. C'est pourquoi elle identifie les conditions de vérité d'une croyance non pas aux effets qu'elle a pour fonction de produire, mais aux conditions qui doivent être réalisées pour qu'elle remplisse cette fonction. C'est exactement ce que fait Papineau, mais avec une terminologie un peu trompeuse.

Je vois deux difficultés, au moins apparentes, pour une telle caractérisation du contenu des croyances. La première est qu'elle n'est directement applicable qu'à un certain type de croyances, à savoir celles dont la valeur de vérité varie selon les contextes et qui sont par conséquent exprimables au moyen de ce que Quine appelle des phrases occasionnelles[2]. Une croyance non occasionnelle (ou stable) ne pourrait pas en effet être sélectionnée à cause des effets avantageux que ses *tokens* auraient eu dans le passé, puisqu'il est peu probable qu'un *token* d'une croyance stable soit précédé de plusieurs autres. La présence d'une croyance stable dans le répertoire d'un dispositif ne peut résulter que de la présence dans ce dispositif d'un système de représentations, c'est-à-dire du fait que les représentations de ce dispositif soient munies d'une structure compositionnelle. La sélection des croyances stables nous renvoie ainsi à celle des constituants des représentations et de leurs modes de constructions, que Papineau n'évoque que fort brièvement. Cette difficulté ne me paraît pas insurmontable ; aussi je n'insisterai pas davantage.

La deuxième difficulté concerne l'équivalence que Papineau semble vouloir établir entre la vérité d'une croyance et le fait qu'elle contribue à causer une action réussie, c'est-à-dire entre la vérité et le succès. Selon Papineau, les conditions de vérité d'une croyance sont celles qui sont réalisées lorsqu'elle remplit sa fonction, c'est-à-dire lorsqu'elle contribue à causer une action réussie. La difficulté concerne l'interprétation de ce «lorsque» : s'agit-il d'un «si», d'un «seulement si» ou d'un «si et seulement si»? Il me semble que l'usage que Papineau veut faire de cette proposition (à savoir caractériser la notion de conditions de vérité d'une croyance) exige qu'il s'agisse d'un «si et seulement si», mais qu'interprétée de cette manière cette proposition est fausse.

Il y a clairement une relation d'implication entre la vérité de la croyance et le succès de l'action, mais il ne me semble pas qu'elle aille dans les deux directions (ni qu'elle soit parfaitement inconditionnelle). Il y a un sens dans lequel le fait qu'une croyance soit vraie (que ses conditions de vérité soient réalisées) n'a aucune incidence sur le succès ou l'échec de l'action; c'est le cas lorsqu'on parle d'un type de croyance, puisqu'une croyance (type) peut être vraie sans que le dispositif considéré n'en ait de *token* et sans qu'elle puisse par conséquent causer quoi que ce soit. Mais si on parle d'une croyance dont le dispositif considéré a un *token*, alors, à certaines conditions, la vérité de cette croyance impliquera le succès de l'action (qu'elle aura contribué à causer). Ces conditions sont, au minimum, que les autres croyances impliquées dans la production de l'action soient vraies, que les désirs impliqués soient réalisables[3], et surtout que les mécanismes impliqués dans la production de l'action fonctionnent normalement, ou plus exactement, que les processus inférentiels impliqués dans le passage des croyances et des désirs à l'action soient fiables, ou rationnels.

S'il y a des conditions dans lesquelles la vérité d'une croyance garantit le succès de l'action, il ne semble pas y en avoir dans lesquelles le succès de l'action garantit la vérité de la croyance. Du fait qu'une action soit réussie, on ne peut conclure ni qu'elle résulte de croyances vraies, ni que les mécanismes inférentiels qui l'ont produite ont fonctionné normalement. Il s'ensuit qu'il est incorrect d'identifier les conditions de vérité d'une croyance aux conditions qui sont réalisées ssi elle remplit sa fonction, c'est-à-dire, ssi elle contribue à causer une action réussie (ou même, aux conditions qui sont réalisées ssi elle contribue à causer une action réussie *au terme d'un processus normal*, puisqu'une inférence valide peut conduire de prémisses fausses à une action réussie).

On peut cependant supprimer cette difficulté en admettant que si l'erreur ne garantit pas l'échec, elle garantit du moins la possibilité de l'échec. Il semble en d'autres termes qu'on puisse admettre une sorte de falsificationnisme selon lequel si un dispositif a une croyance fausse, alors il y a une action qu'elle pourrait contribuer à produire (par un processus normal) et qui échouerait. Ceci permet d'identifier les conditions de vérité d'une croyance aux conditions qui sont réalisées ssi toute action que cette croyance pourrait contribuer à causer serait une action réussie (à supposer que les autres croyances impliquées soient vraies et que les mécanismes inférentiels impliqués fonctionnent normalement); il s'agit en d'autres termes des conditions qui sont réalisées ssi cette croyance ne peut pas ne pas remplir sa fonction, et non plus de celles qui sont réalisées ssi elle remplit sa fonction.

Il ne semble pas que cette proposition affecte sérieusement l'explication que donne Papineau de la sélection des croyances. On peut continuer à expliquer la présence d'une croyance (type) dans le répertoire d'un dispositif par le fait que les *tokens* passés de cette croyance *ont* contribué à causer des actions réussies, et à en conclure que les croyances ont pour fonction de contribuer à causer des actions réussies. Mais faute de pouvoir associer à chaque croyance une classe d'actions spécifiques, une telle explication demeure parfaitement vide et ne nous donne apparemment pas prise sur les conditions de vérité des croyances, puisque rien ne nous assure que les circonstances dans lesquelles une croyance a contribué à causer une action réussie sont celles dans lesquelles elle est vraie, ou même que les circonstances dans lesquelles elle a contribué à un échec sont des circonstances dans lesquelles elle est fausse. Pour établir que certaines conditions dans lesquelles une croyance a contribué à causer un échec sont ses conditions de vérité, il faut montrer que cette croyance *pouvait* être responsable de cet échec. De même, pour établir que certaines conditions dans lesquelles une croyance a contribué à causer une action réussie sont ses conditions de vérité, il faut montrer que cette croyance *ne pouvait pas* être responsable d'un échec. Dans les deux cas, on ne peut le faire sans s'appuyer sur des hypothèses auxiliaires concernant les conditions de vérité des autres croyances du dispositif considéré et le fonctionnement normal de ses mécanismes inférentiels. Ceci indique que l'assignation de conditions de vérité doit se faire de manière *holiste*, mais ne remet pas fondamentalement en question l'approche sélectionniste et téléologique de Papineau. Il est même sans doute assez banal de remarquer qu'on ne peut dire que la fonction d'un certain item est de produire les effets avantageux que ses *tokens* passés ont produits (et en raison desquels il continue d'exister) que si ces effets passés ont été produits dans *des conditions normales*, c'est-à-dire des conditions dans lesquelles les autres items avec lesquels ils sont entrés en interaction ont rempli leurs fonctions (et les ont rempli de la manière dont ils étaient supposés les remplir).

On se rappelle que selon Papineau la fonction biologique d'un désir est de produire (ou plus exactement de contribuer à produire) certains résultats, qui sont alors identifiés à ses conditions de satisfaction; en d'autres termes, un désir remplit sa fonction lorsqu'il contribue à causer la réalisation de ses conditions de satisfaction, c'est-à-dire lorsqu'il contribue à causer une action réussie. Cela suggère qu'une action est réussie ssi elle cause la satisfaction des désirs qui la sous-tendent, ce qui veut dire qu'on ne peut évaluer le succès d'une action qu'en s'appuyant sur une connaissance du contenu des désirs du dispositif considéré[4]. Aussi Papineau (1987, pp. 56-57) est-il frappé par le fait que sans un critère indépendant de ce qui constitue le succès d'une action, le principe selon lequel «si les croyances d'un dispositif sont vraies (et si ce dispositif fonctionne normalement) alors ses actions ne peuvent que réussir», ne sera d'aucune utilité pour déterminer les conditions de vérité des croyances ou les conditions de satisfaction des désirs. En l'absence d'un tel critère, en effet, on pourra apparemment assigner n'importe quelles conditions de vérité aux croyances d'un dispositif, pourvu qu'on lui attribue aussi des désirs tels que lorsque les croyances attribuées sont vraies elles ne peuvent (si le dispositif fonctionne normalement) conduire qu'à des actions qui satisfont ces désirs. Inversement, on pourra apparemment assigner n'importe quelles conditions de satisfaction aux désirs d'un dispositif, pourvu qu'on lui attribue aussi des croyances telles que lorsqu'elles sont vraies elles ne peuvent (si le dispositif fonctionne normalement) conduire qu'à des actions qui satisfont ces désirs. C'est cette interdépendance de la croyance, du désir, de l'action et du succès que l'approche sélectionniste cherche d'une certaine manière à rompre.

Contrairement aux croyances, les désirs ont des effets spécifiques qu'ils ont pour fonction de contribuer à produire. Appliquée à la sélection des désirs, la conception sélectionniste de Papineau revient apparemment à dire que la fonction d'un désir (type) est de contribuer à causer la réalisation de certaines conditions lorsque sa présence dans le répertoire du dispositif considéré est attribuable au fait que, dans le passé, les *tokens* de ce désir ont contribué à réaliser ces conditions (par l'action normale des mécanismes inférentiels et en conjonction avec des croyances vraies). Il semble que l'existence d'un désir (type) sera explicable de cette manière ssi la production des conditions en question est «avantageuse» pour le dispositif considéré, c'est-à-dire ssi ce sont les conditions qui satisfont le désir en question et font que l'action accomplie peut être considérée comme réussie. On pourrait alors, en prenant pour acquis que l'existence d'un item fonctionnel est explicable par le fait que ses *tokens* passés ont eu des effets avantageux, utiliser le fait qu'un désir est explicable de cette manière pour déterminer ce qui compte comme une action réussie (c'est-à-dire pour déterminer quels sont ces effets avantageux). On n'a besoin pour cela d'aucune préconception de ce qui constitue un effet avantageux, comme par exemple l'idée qu'un effet avantageux en est un qui favorise la transmission des gènes ou la survie de l'individu. Papineau sent pourtant le besoin de s'appuyer sur une telle préconception, ce qui a apparemment l'avantage de permettre d'*établir* (plutôt que d'avoir à présupposer) qu'un item est bien un item fonctionnel, en vérifiant empiriquement s'il a eu dans le passé des effets avantageux (si c'est le cas, alors l'existence de cet item est explicable de manière sélectionniste). Mais ceci a aussi l'inconvénient de suggérer que tous les désirs (et même tous les items fonctionnels) ont ultimement la même fonction, à savoir (dans le cas de Papineau) celle de favoriser la transmission des gènes.

Cependant, qu'on s'appuie ou non sur une préconception de ce qu'est un effet avantageux, il paraît clair que l'approche sélectionniste (telle qu'elle a été conçue jusqu'ici) conduira à admettre que dans le passé, les actions du dispositif considéré ont généralement eu des effets avantageux, c'est-à-dire ont généralement réussi. Or cela ne peut apparemment être le cas que si les croyances passées de ce dispositif ont généralement été vraies, si ce dispositif a généralement fonctionné normalement et si ses désirs ont généralement été satisfaits. En d'autres termes, l'approche sélectionniste ainsi conçue conduit à maximiser le succès des actions passées, et à la conclusion que les croyances *passées* d'un dispositif intentionnel ne peuvent pas diverger radicalement des nôtres[5]. Papineau (1987, p. 89) accepte cette conclusion, mais soutient que cela ne contribue nullement à montrer qu'il y a une limite à la divergence idéologique future (ou même à la divergence idéologique globale).

Cette attitude ne manque pas d'être un peu troublante. Il est parfaitement vrai que si on suppose connues les conditions de vérité des croyances et les conditions de satisfaction des désirs (si on dispose d'un manuel d'interprétation) alors on pourra utiliser cette connaissance pour déterminer si les croyances d'un dispositif intentionnel sont vraies et si ses actions sont réussies (et si ses inférences sont valides) et éventuellement découvrir que (relativement à cette interprétation) ses croyances sont souvent ou généralement fausses et que ses actions échouent souvent ou généralement. Mais ceci paraît être à côté de la question, car la thèse selon laquelle il y a une limite à la divergence idéologique découle des principes qui sont mis en œuvre dans la construction d'une théorie de l'interprétation (et que Papineau lui-même finit par accepter).

En définitive, la position de Papineau ne se distingue de celle qu'il critique que par le fait qu'il tient pour acquis que les seules données pertinentes pour interpréter un dispositif sont celles qui concernent son comportement passé. C'est du moins ainsi que les choses se présentent si on suppose que le problème posé est celui d'interpréter les représentations mentales d'un individu isolé. Cette attitude s'accompagne d'autre part de la présomption que la signification future des représentations d'un dispositif sera la même que leur signification présente (c'est-à-dire au moment de l'interprétation). Mais ces deux présupposés me semblent d'autant moins justifiés que le choix du moment à partir duquel on cessera de considérer les données concernant le comportement comme des données pertinentes pour élaborer une interprétation, et à partir duquel on commencera à évaluer le comportement à la lumière d'une théorie de l'interprétation déjà constituée, est parfaitement arbitraire.

Il faut aussi remarquer que, compte tenu de l'accent qui est mis sur la sélection naturelle, on voit mal comment la majorité des croyances d'un dispositif pourraient subitement devenir fausses sans que cela ne conduise à sa disparition, ou tout au moins à la disparition de la capacité de former de telles croyances. Papineau donne l'exemple des ailes de l'autruche, qui ont pour fonction de lui permettre de voler, bien que les autruches ne volent plus depuis longtemps, pour illustrer la possibilité que certaines croyances subsistent bien qu'elles ne remplissent plus leurs fonctions. Mais cette analogie est trompeuse, car une croyance a pour fonction de contribuer à causer des actions réussies, et une croyance fausse n'est pas simplement une croyance qui ne remplit pas sa fonction, c'est une croyance qui risque de contribuer à causer des échecs. Par conséquent, même si on accepte la conception de Papineau, il est loin d'être clair qu'elle n'implique pas qu'il y ait une limite à la divergence idéologique globale (c'est-à-dire eu égard aux croyances passées et futures).

En insistant comme il le fait sur la sélection naturelle et la transmission des gènes, Papineau ne se contente pas de prendre en compte l'histoire passée d'un dispositif intentionnel individuel, il considère l'histoire de tous les dispositifs de son espèce, c'est-à-dire qu'il le considère du point de vue de son appartenance à une communauté (en l'occurrence une communauté biologique) et non pas comme un individu isolé. Cela contribue certainement à rendre plus acceptable l'idée que le contenu des états mentaux d'un dispositif individuel ne changera pas substantiellement pendant l'existence de ce dispositif, et qu'il peut être déterminé sur la base de données qui concernent exclusivement des comportements passés (mais qui pour la plupart ne sont pas des comportements passés de *ce* dispositif). Dans ce contexte, il est assez plausible de supposer qu'un dispositif individuel qui serait subitement déporté dans un environnement étranger et hostile commencerait à avoir des croyances systématiquement fausses. Mais cela n'est qu'une conséquence triviale du fait qu'on interprète alors les états mentaux de ce dispositif sur la base d'une théorie de l'interprétation déjà constituée à partir de données concernant le passé de son espèce. Cela n'affecte en rien la thèse selon laquelle les croyances qui contribuent à causer les comportements qui sont utilisés comme données pour élaborer une théorie de l'interprétation sont généralement vraies. Or c'est sous cette forme que la thèse d'une limite à la divergence idéologique est intéressante et doit être discutée. Car c'est sous cette forme qu'elle nous renvoie à la question de savoir quels sont les principes légitimes qui doivent guider l'interprétation.

NOTES

[1] Il semble cependant que Davidson (1990b) fasse désormais une place à l'interprétation des individus.
[2] A ne pas confondre avec les croyances exprimables par des phrases observationnelles. La conception de Papineau (contrairement à ce qu'il semble croire) n'exclut pas la possibilité qu'une croyance ait pour «fonction» d'être présente dans des conditions non observables, pourvu qu'il y ait un lien causal entre ces conditions et la présence de cette croyance.
[3] Cette condition pourrait se ramener à la précédente, si on pouvait montrer qu'un dispositif ne peut avoir de désirs irréalisables sans avoir de croyances fausses.
[4] Naturellement, une action peut causer la satisfaction d'une partie seulement des désirs qui ont contribué à la produire. Dans ce cas, elle sera à la fois un succès et un échec, selon le point de vue retenu.
[5] Si l'approche sélectionniste conduit à la conclusion qu'un dispositif ne peut avoir dans son répertoire des types de croyances dont les *tokens* passés ont généralement été faux, elle conduit aussi à la conclusion qu'un dispositif ne peut avoir dans son répertoire des types de désir dont les *tokens* passés ont généralement été frustrés. Or il est intéressant de noter que si cela signifie que les croyances passées d'un dispositif intentionnel ne peuvent pas diverger radicalement des nôtres, cela ne signifie nullement que ses désirs passés ne peuvent pas diverger des nôtres. Supposer qu'un tel dispositif a eu des désirs convergents exigerait que ses croyances aient généralement été fausses, et que ses actions aient échoué. Cette asymétrie s'explique sans doute par le fait que le contenu des désirs est plus directement lié au succès de l'action que celui des croyances.

Rationalité et théorie de la décision

par François LEPAGE
Université de Montréal

A. INTRODUCTION

La théorie standard de la décision prescrit ou décrit, selon l'interprétation qu'on veut bien lui donner, qu'un agent rationnel accomplit l'acte qui maximise l'utilité attendue. Appelons ce principe le *principe M*.

Principe M : l'agent accomplit l'acte qui maximise l'utilité attendue selon la formule suivante :

$$V(A) = \sum_{i \in M} P(S_i/A) \, D(S_i \wedge A)$$

où
 (i) A est un acte envisagé par l'agent ;
 (ii) $\{S_i\}_{i \in M}$ est un ensemble fini (exhausif) d'états mutuellement exclusifs de conséquences possibles de A ;
 (iii) $P(S_i/A)$ est la probabilité conditionnelle de S_i relativement à A ;
 (iv) $D(S_i \wedge A)$ est la désirabilité de $S_i \wedge A$.

Cette procédure de calcul semble, de prime abord, une bonne explication formelle de l'intuition que nous avons que, pour autant qu'un acte résulte d'une décision rationnelle, et pour autant qu'il y a plusieurs actes qui nous sont accessibles (ou du moins qu'il nous paraît y en avoir), l'acte que nous décidons d'accomplir résulte d'un processus de maximisation.

La formule exprime simplement que cette maximisation est la somme des désirabilités des conséquences pondérées par leur probabilité. C'est le cœur de la théorie de la décision de Jeffrey (1983).

Un autre principe, appelé *principe de dominance*, nous dit que si un acte est préférable aux autres actes accessibles et que ces actes sont indépendants des conséquences envisagées, alors cet acte est préférable.

Principe D : l'agent fait l'acte A de préférence à tous les B_j accessibles, $\{B_j\}_{j \in M}$ fini, si :
(i) pour tout j, pour tout i

$$D(A \wedge S_i) > D(B_j \wedge S_i)$$

et

$$D(A \wedge \neg S_i) > D(B_j \wedge \neg S_i)$$

(ii) l'agent croit que l'acte choisi est indépendant des conséquences possibles.

Ces deux principes sont-ils compatibles ? Voici un petit sophisme. Dois-je fumer ou non ?

Deux actes me sont accessibles : fumer (F) et ne pas fumer. Je considère deux résultats : je fais un cancer (C), je ne fais pas un cancer. Supposons que la matrice de désirabilité soit la suivante :

	C	¬C
F	1	10
¬F	0	9

On a :

$$D(F \wedge \neg C) > D(\neg F \wedge \neg C)$$
$$D(F \wedge C) > D(\neg F \wedge C)$$

Donc, il est préférable de fumer ! L'erreur ici est évidente : le principe D ne s'applique pas car l'agent voit un lien entre le fait de fumer et celui de faire un cancer. Faut-il deux façons de calculer la désirabilité ?

Jeffrey[1] a suggéré la transformation suivante, qui permet de convertir les problèmes où l'agent croit qu'il y a dépendance de manière que le principe D s'applique, c'est-à-dire que la dépendance disparaisse. On s'inspire ici de Savage.

L'idée de Savage est de considérer tous les résultats possibles d'un acte : chaque résultat se voit attribué une désirabilité et une probabilité, et la désirabilité d'un acte est à nouveau la somme pondérée.

Pour notre problème, il suffit de considérer les « états conditionnalisés ».

E_{00} : Quoi que je fasse je n'aurai pas le cancer.

E_{01} : Si je fume, j'aurai le cancer, et si je ne fume pas je ne l'aurai pas.

E_{10} : Si je ne fume pas, j'aurai le cancer, et si je fume je ne l'aurai pas.

E_{11} : Quoi que je fasse j'aurai le cancer.

Tous ces E_{ij} sont indépendants de F ou ¬F.
Nous obtenons la matrice de désirabilité :

	E_{00}	E_{01}	E_{10}	E_{11}
F	F¬C 10	FC 1	F¬C 10	FC 1
¬F	¬F¬C 9	¬F¬C 9	¬FC 0	¬FC 0

Les désirabilités de l'acte de fumer et de celui de non fumer peuvent maintenant se calculer à la condition de connaître la probabilité des E_{ij}.

Admettons, de plus, que les conditions E_{ij} sont des conjonctions de contrefactuelles, si bien que par exemple E_{00} peut s'exprimer par : « Si je fume je n'aurai pas le cancer et si je ne fume pas je n'aurai pas le cancer » que nous écrivons F ☐⟶ ¬C et ¬F ☐⟶ ¬C.

Notre problème est alors d'évaluer P(F ☐⟶ ¬C).

Gibbard et Harper ont montré que si on pose

$$P(A \,\square\!\!\rightarrow B) = P(B/A)$$

nous obtenons exactement ce que prédit le principe M.

Cette identification peut paraître assez naturelle. Elle a cependant donné lieu à de nombreux débats et à l'heure actuelle ce sont plutôt les tenants du rejet, ceux qui défendent une *théorie causale de la décision*, qui semblent devoir emporter le débat.

Selon les tenants de la théorie causale, il faut distinguer deux sortes d'utilité :
$$V(A) = \sum_{i \in M} P(S_i/A)\, D(S_i \wedge A)$$
et
$$U(A) = \sum_{i \in M} P(A \square\!\!\rightarrow S_i)\, D(S_i \wedge A).$$

Les tenants de la théorie standard soutiennent que
$$P(A \square\!\!\rightarrow S_i) = P(S_i/A)$$
et donc que
$$V(A) = U(A).$$

Gibbard et Harper ont d'autre part montré que, sous des conditions très générales, si
$$P(A \square\!\!\rightarrow S_i/A) = P(A \square\!\!\rightarrow S_i)$$
alors
$$P(A \square\!\!\rightarrow S_i) = P(S_i/A)$$
et, bien sûr,
$$V(A) = U(A).$$

Les arguments des défenseurs de la théorie causale sont presque tous basés sur l'invraisemblance des prédictions de la théorie standard dans certaines situations dont on s'accorde aujourd'hui pour reconnaître qu'elles ont une structure commune.

Ce sont ces situations que l'on appelle les problèmes de Newcomb et que nous allons maintenant examiner.

B. LES PARADOXES DE NEWCOMB

Les situations plus ou moins paradoxales que l'on désigne généralement sous le nom de problème de Newcomb ont ceci de commun qu'un agent rationnel peut décider d'accomplir un acte dans le but d'obtenir un résultat donné, non pas parce qu'il croit qu'il y a un lien entre l'acte et le résultat mais parce que le fait d'accomplir cet acte est un signe que le résultat escompté sera réalisé.

Le jeune cadre dynamique

Considérons l'exemple suivant, dû à Gibbard et Harper. Jean Dupond, jeune cadre dynamique, vient de passer, avec quelques-uns de ses collègues, un concours pour une promotion importante. La compétition est serrée et selon toute évidence, c'est le psychologue de l'entreprise qui en définitive tranchera. Nous sommes le jeudi et le résultat sera annoncé le lundi.

Le vendredi, Dupond apprend que l'exécutif s'est réuni, que tous les candidats ont réussi les tests et que finalement c'est bien le psychologue qui a tranché, et ce en utilisant un seul critère, le caractère impitoyable des candidats.

Le même jour, Jean a une dure décision à prendre. Doit-il ou non congédier Robert Durand qui n'a pas atteint le quota des ventes ce mois-ci ? Durand a une bonne excuse, il a perdu sa femme, et Dupond est convaincu que Durand possède toutes les qualités d'un bon vendeur et que d'ici peu il redonnera entière satisfaction.

Soit

C : Dupond congédie Durand
T : Dupond a été classé premier au test.

Comme la décision d'embauche est déjà prise, on a :

$$P(C \,\square\!\!\rightarrow T) = P(\neg C \,\square\!\!\rightarrow T) = P(T).$$

Cela semble rationnel : quelles que soient les actions de Dupond, il a ou non été choisi. Mais si Dupond congédie Durand, ce congédiement est une preuve de son caractère impitoyable. Donc :

$$P(T/C) > P(T).$$

On doit donc conclure que

$$P(T/C) > P(C \,\square\!\!\rightarrow T).$$

Il semble donc que les tenants de la théorie de la décision aient raison. Plusieurs versions des problèmes de Newcomb, plus ou moins radicales, existent. Nous y reviendrons plus loin. Pour l'instant, je voudrais reprendre et développer une contre-attaque élaborée par Ellery Eells qui montre que la théorie standard n'a pas dit son dernier mot.

C. LES TITILLEMENTS D'ELLERY EELLS

Les problèmes de Newcomb ont ceci en commun que l'acte auquel la théorie standard donne la plus grande désirabilité n'a aucune influence sur le résultat attendu, ou plutôt est tel que l'agent croit que cet acte n'a aucune influence causale sur le résultat. Cela ne signifie pas que l'acte C et le résultat T soient indépendants; au contraire, dans toutes les versions du problème qui ont une certaine crédibilité intuitive l'acte et le résultat ont une cause commune (CC).

Ce qui fait que la théorie standard prescrit de faire l'acte A, c'est simplement que $P(T/C) > P(T/\neg C)$: la probabilité que Dupond ait un caractère impitoyable est plus grande s'il congédie Durand que s'il ne le fait pas car il y a chez Dupond quelque chose qui le fait répondre de la bonne façon au test et cette même chose le poussera à congédier Durand.

Ellery Eells[2] a développé une défense que Lewis a baptisée «*the tickle defense*», la défense du titillement, et Skirms «*the metatickle defense*».

Pour Eells, il s'agit de montrer que lors de la délibération conduisant à une prise de décision rationnelle, les effets de bonne ou mauvaise nouvelle sont neutralisés lorsque l'agent sait ou croit que ces nouvelles ne sont que des nouvelles et qu'il y a indépendance causale entre son action et les résultats attendus. Pour notre exemple, il s'agit de montrer que C ne rend pas T plus probable et donc que, lorsque correctement interprétée, la théorie standard prédit de ne pas faire C.

L'argumentation de Eells utilise plusieurs hypothèses qu'il vaut la peine de donner explicitement.

Hypothèses de Eells

1) L'agent croit ou sait que sa propension à congédier Durand et sa probabilité d'avoir réussi le test reposent sur une cause commune, son caractère impitoyable (que l'on pourrait considérer comme un caractère génétique). Autrement dit, la présence de ce caractère chez un individu rend extrêmement probable que dans la situation où se trouve Dupond, il décide de faire C. D'autre part, l'agent croit ou sait que le test est

fiable, c'est-à-dire qu'il constitue une bonne mesure de la présence ou non de ce caractère.

2) L'agent est rationnel, c'est-à-dire, selon Eells,

(i) qu'il connaît ses désirs, ses croyances et suffisamment de théorie de la décision;

(ii) que sa décision sera prise *de la même façon* qu'il possède ou non le caractère lié à la cause commune (ce qui ne veut pas dire que la décision sera la même, mais que la décision sera la même si les désirabilités et probabilités sont les mêmes; il n'y a pas de différence dans la façon de prendre la décision, la seule différence que la cause commune peut apporter se situe au niveau des désirs et probabilités);

(iii) que, dans la mesure où il ne peut pas savoir s'il possède ou non le caractère, il croit que la seule façon dont la cause commune peut influencer sa décision est en agissant sur ces désirs et croyances.

Partant de ces prémisses, Eells raisonne de la façon suivante. Soit R la proposition qui attribue à l'agent les désirs et les croyances qu'en fait il possède. Comme l'agent est rationnel, on a $\Pr(R) = 1$. D'autre part, la cause commune ne pouvant affecter la décision de l'agent que par l'intermédiaire de ses désirs et croyances, on aura :

$$\Pr(C/R \land CC) = \Pr(C/R \land \neg CC).$$

Mais

$$\Pr(C/R \land CC) = \frac{\Pr(C \land R \land CC)}{\Pr(R \land CC)}$$

Comme

$$\Pr(R) = 1$$

on a

$$\Pr(C/R \land CC) = \frac{\Pr(C \land CC)}{\Pr(CC)} = \Pr(C/CC).$$

Donc

$$\Pr(C/CC) = \Pr(C/\neg CC).$$

Cette conclusion n'est pas surprenante : pour Eells, la présence ou l'absence de la cause commune est un fait du monde inconnu de l'agent, et ce fait ne peut influencer sa décision qu'à travers ses désirs et croyances, et une fois ceux-ci déterminés nous retrouvons une indépendance totale et la théorie standard s'applique, c'est-à-dire donne le résultat attendu.

Horwich (1985) puis Sobel (1988) ont signalé un passage douteux dans le raisonnement de Eells, celui qui le conduit à la conclusion que $P(C/R \wedge CC) = P(C/R \wedge \neg CC)$.

Citons Sobel :

> Cet argument, Eells l'a reconnu lui même, n'est pas valide. Il contient un *non sequitur* — le passage d'une indépendance *causale* reconnue à une indépendance probabilitaire. (...) Ainsi le fait que la cause commune soit ou non présente peut, même au moment de la décision, *être* pertinent du point de vue probabilitaire, quant à ce qu'il [l'agent] fera et, de même, ses actions peuvent être, du point de vue probabilitaire, pertinentes pour juger de la présence de la cause commune (*op. cit.*, p. 110).

Eells a élaboré deux réponses. La première, peu développée, fait appel à une espèce de probité intellectuelle de l'agent, de capacité à se concentrer sur ses croyances et ses désirs. Je ne m'intéresserai ici qu'à la seconde, que j'appellerai l'argument du point fixe[3].

Cet argument dit que quelles que soient les hypothèses envisagées par l'agent au point de départ et quelles que soient les nouvelles que ce processus apporte, le processus de délibération se poursuit en tenant compte de ces nouvelles. L'agent étant rationnel, ces nouvelles sont neutralisées par leur non-pertinence causale et la décision est unique.

Dans notre exemple on aurait les deux possibilités, que les deux tempêtes sous le crâne de Dupond illustreront.

(1) *Je ne devrais pas congédier Durand, le pauvre a suffisamment d'ennuis et puis je sais que c'est un bon représentant. Oui mais cette décision diminue la probabilité que j'aie un caractère impitoyable. Bah! l'examen est passé et advienne que pourra, je ne licencie pas Durand.*

(2) *Je devrais congédier Durand. C'est tout à fait dans mon caractère tel que, j'espère, je l'ai démontré dans le test. Oui mais le test est passé et je sais que Durand a une bonne excuse. Ce serait un geste gratuit et enfantin que de le congédier. Allez, je lui laisse une chance.*

Formellement, cet argument peut s'exprimer de la façon suivante. Supposons que deux actions seulement soient envisagées. Soit, pour poursuivre avec notre exemple, C et ¬C. Considérons les suites $D_0, D_1, ..., D_n$ de décisions et $e_1...e_n$ de nouvelles où :

D_0 est soit C, soit ¬C choisi de façon aléatoire.

D_1 est soit C, soit ¬C selon que V(C) est supérieur ou égal à V(¬C) en tenant compte de la nouvelle e_1, qui est que l'agent fait D_0.

⋮

D_n est soit C, soit ¬C selon que V(C) est supérieur ou égal à V(¬C) en tenant compte de la nouvelle e_n que l'agent fait D_{n-1}.

⋮

Selon Eells, le processus peut osciller, c'est-à-dire que l'on peut avoir

$$\begin{array}{cccc} D_0, & D_1, & ..., & D_n, ... \\ \| & \| & & \| \\ C, & \neg C, & ..., & C, ... \end{array}$$

mais rapidement l'une des deux options devient nettement plus désirable et le demeure. La raison en est que les nouvelles subséquentes neutralisent rapidement les corrélations stochastiques dont l'agent sait qu'elles n'ont pas de corrélat causal.

L'idée est attrayante, mais le postulat qu'il existe toujours un point fixe correspondant à ce que prédisent les théories causales est-il justifié ? Sobel a tenté de montrer que non.

D. L'EFFET POPCORN

Originellement, le problème dit « du popcorn » a été proposé par Sobel (1988) comme contre-exemple à la théorie standard : dans ce problème, accomplir l'acte qui maximise la désirabilité est, intuitivement, irrationnel.

La scène se passe au cinéma. Le film vient de débuter et j'ai une grande envie de grignoter du popcorn, que l'on vend dans le hall du cinéma. Mon envie de manger du popcorn est très forte, bien plus que celle de ne pas manquer une partie du film. Je n'ai pas pris ma décision quand quelqu'un descend l'allée en maugréant : « C'est un scandale ! Un cinéma qui n'a plus de popcorn ! »

La probabilité subjective Pr(P) qu'il y ait du popcorn devient tout à coup : Pr(P) = ε et Pr(¬P) = 1 - ε avec ε ≅ 0.

Le problème provient de ce que je suis convaincu des choses suivantes :

a) dans ce cinéma, lorsqu'il y a du popcorn, et seulement dans ce cas, un message subliminal apparaît à l'écran : «POPCORN»;

b) je suis extrêmement réceptif aux messages subliminaux, de sorte que si je me lève pour acheter du popcorn c'est que le message en question est diffusé;

c) je demeure pratiquement sûr qu'il n'y a pas de popcorn.

Nous avons la matrice de désirabilité suivante : (L : je me lève, P : il y a du popcorn) :

	P	¬P
L	10	1
¬L	2	5

(les valeurs précises importent peu, seul l'ordre de grandeur intervient).

Compte tenu de ce dont je suis convaincu, nous avons la matrice de probabilité suivante :

	P	¬P
L	1 - ε'	ε'
¬L	ε"	1 - ε"

où ε' et ε" sont très petits.

En effet, bien que la probabilité qu'il y ait du popcorn soit faible, la probabilité qu'il y ait du popcorn *si je me lève* est très grande. Appliquée à ce problème, la tactique de Eells conduit à la mauvaise décision, à savoir se lever pour avoir du popcorn.

Nous avons ici un cas où la bonne nouvelle que constitue la prise de décision est telle que cette décision devient la plus désirable. Pour paraphraser Sobel, «Pense de cette façon et t'auras du popcorn!» Cette conclusion est, pour Sobel, inacceptable. L'est-elle vraiment?

E. DEUX TYPES DE RATIONALITÉ

L'une des prémisses universellement admise, que ce soit dans les problèmes de Newcomb ou celui du popcorn, est que l'agent est rationnel. L'aspect paradoxal des situations décrites provient de ce que l'action que prédit la théorie standard est jugée irrationnelle. Il est irrationnel de congédier quelqu'un uniquement pour se prouver que l'on possède un caractère qui a déjà fait l'objet d'une mesure. D'une manière générale, il est irrationnel de faire l'autruche. Nous avons ici une première notion de rationalité liée au concept même de décision. La théorie de la décision suppose que les agents ont des croyances qu'on exprime en attribuant des probabilités aux propositions. Prendre une décision, c'est effectuer un calcul de maximisation de l'utilité.

Que l'on soit naturaliste ou non, on doit admettre que si la notion de prise de décision a un sens, le fait que les agents décident d'accomplir les actes qui maximisent l'utilité attendue est une vérité *a priori*! En ce sens, les agents sont nécessairement rationnels : cesser d'être rationnel, c'est cesser d'être un agent ; prendre une décision irrationnelle, c'est ne pas prendre une décision.

Le problème pour la théorie standard est que l'acte qui maximise l'utilité attendue selon cette théorie n'est pas celui qui maximise l'utilité attendue selon notre intuition, alors qu'il semble bien que ce soit le cas pour la théorie causale.

Dans les problèmes que nous avons évoqués, il y a un autre concept de rationalité qui intervient et qui est beaucoup moins explicite. Il concerne l'attribution de probabilités et de désirabilités au point de départ et les liens entre probabilités basés sur les liens entre propositions.

La théorie de la décision a peu de choses à dire sur la façon dont les probabilités et désirabilités sont attribuées au départ, son rôle est de décrire la gestion des actions une fois les probabilités et les désirabilités attribuées. Si vous aimez la caresse de la flamme sur votre main, la théorie de la décision vous prescrira de mettre votre main au feu bien qu'intuitivement l'autodestruction semble irrationnelle.

La source du malaise dans les problèmes de Newcomb provient de ce que l'on admet que dans certains cas l'agent pourrait faire ce que prédit la théorie standard mais que nous avons tendance à considérer ce comportement comme irrationnel, par exemple Dupond congédiant Durand. C'est, à mon avis, mal comprendre le problème : si Dupond est assez stupide pour que congédier Dupond le rassure, la décision rationnelle à prendre est de congédier Durand.

J'arrive à mon argument contre Sobel. Si vous prenez vos désirs pour la réalité, la théorie standard de la décision vous prescrira d'agir selon vos désirs. Si vous *croyez* que le fait de vous lever constitue un indice quasi certain qu'il y a du popcorn et que vous *désirez* qu'il y ait du popcorn, alors si votre croyance est vraie levez-vous et il y aura du popcorn ! Ce n'est pas la prise de décision qui est irrationnelle, mais la croyance. La notion de rationalité qui est ici en jeu n'a cependant rien à voir avec le mécanisme de prise de décision.

L'intérêt des théories causales de la décision est de ramener la notion de résultat d'un acte à celui de conséquence. Cela nous semble «rationnel» mais cette rationalité est «idéologique» et n'a rien à voir avec la prise de décision. Ainsi l'avantage risque de se retrouver du côté de la théorie standard qui, elle, peut aménager des liens plus ou moins bizarres.

Le problème du popcorn n'est pas un problème de Newcomb car il n'y a pas dominance. La croyance que telle ou telle action constitue un signe de tel ou tel état du monde, par ailleurs désirable, lié au fait qu'il y a un lien entre mon action et la satisfaction de mon désir (si je ne me lève pas, je ne mangerai pas de popcorn ; si je me lève et qu'il y a du popcorn, j'en mangerai), justifie tout à fait l'action de se lever pour avoir du popcorn.

L'exemple du popcorn ne constitue donc pas une objection sérieuse à la défense par le titillement. Mais mon argument ne constitue pas par lui-même une défense de l'approche de Eells. Pour que Eells ait raison, il faudrait montrer que son approche donne toujours les bonnes solutions. C'est à mon avis le cas.

F. LES PARADOXES LIMITES DE NEWCOMB

L'exemple de problème de Newcomb que nous avons présenté n'est pas le problème de Newcomb tel que Robert Nozick (1969) l'a présenté originellement. Voici sa version originale et assez radicale.

On a deux boîtes, l'une opaque, l'autre transparente. Dans la boîte transparente il y a $1 000. Dans la boîte opaque il y a $1 000 000 ou rien, selon qu'un prédicteur extrêmement fiable les y a mis ou non.

L'agent a le choix entre deux actions :

A_1 : Prendre le contenu de la boîte opaque.

A_2 : Prendre le contenu des deux boîtes.

Le problème est que le prédicteur, extrêmement fiable répétons-le, a placé le million ou rien, selon qu'il a prédit que l'agent ferait A_1 ou A_2. L'agent sait tout cela : est-il rationnel de prendre uniquement le contenu de la boîte opaque ?

La théorie causale prédit A_2.

Qu'en est-il de la théorie standard ? Il n'y a pas de réponse unique. Qu'en serait-il si le prédicteur est non pas extrêmement fiable mais infaillible ? Supposons que le prédicteur ait la capacité de voir l'avenir. Il va voir ce que fait l'agent et selon l'action accomplie par l'agent place le million ou non. Évidemment, le lien entre l'action de l'agent et le fait qu'il y ait un million ou non sous la boîte est purement contingent, il n'est pas causal ni ne procède d'une cause commune. Cette situation est totalement invraisemblable. Nous nous retrouvons avec deux événements de type temporel liés rigidement, mais dont le plus tardif détermine l'autre. Il faut être passablement tordu pour croire une telle chose.

Dans ce cas, la théorie causale (à moins d'admettre des causes qui remontent le temps) prescrira quand même A_2. Mais, aussi absurde que soient les hypothèses, la théorie de Eells prescrira de ne prendre que la boîte opaque. Et c'est, à mon avis, la bonne solution : quelles que soient les raisons qui font que je crois que l'action A est liée au résultat B, il est rationnel, au premier sens, de faire A pour obtenir B. Et cela, même s'il est totalement irrationnel, au deuxième sens, de croire à un lien entre A et B.

Je terminerai en invoquant un appui inattendu de Donald Davidson. Dans son texte sur la faiblesse de la volonté, Davidson (1970) essaie de nous convaincre (en ce qui me concerne, il a réussi) que les actions incontinentes sont quand même le résultat de décisions rationnelles. Je ne reprendrai pas son argumentation et on m'excusera de la simplifier à l'extrême.

Selon Davidson, des désirs et des croyances incompatibles peuvent cohabiter. Lorsqu'une action incontinente — c'est-à-dire une action dont l'agent admet qu'elle n'est pas la meilleure qu'il ait à faire — est accomplie, en tant qu'elle est une action rationnelle elle résulte d'un processus de délibération. Tout se passe comme si plusieurs agents aux désirs et croyances plus ou moins compatibles, dont certains sont plus ou moins avouables, cohabitaient sous un même crâne. Les problèmes de Newcomb sont des problèmes d'incontinence. Dans la mesure où nous acceptons que certains agents accomplissent des actes jugés irrationnels, dans la même mesure nous devons admettre que ces agents ont atteint les limites de leurs croyances envers les liens causaux. Un agent même rationnel est prêt à faire le pari du lien magique ou inexplicable contre le lien causal s'il a de bonnes raisons. La réussite systématique d'un prédicteur est indiscutablement une bonne raison. Ensuite, il suffit de mettre le prix. Mais l'idée même que l'on puisse rendre compte d'un comportement de prime abord déviant suppose qu'un agent peut en cacher un autre, car rendre compte d'un comportement, c'est justement chercher et prêter une rationalité. Cela ne s'oppose pas, bien au contraire, à ce que tous les agents soient rationnels au sens de la théorie standard.

Une telle conception suggère qu'il faille aller vers une dynamique de la prise de décision. Je reste convaincu que l'approche de Eells est capable d'asseoir une telle dynamique.

NOTES

[1] C'est Gibbard et Harper qui attribuent à Jeffrey la paternité de cette idée (*«This is our understanding of a proposal made by Jeffrey...»*). Cette idée sera développée par Lewis (1986) avec la notion de *full pattern*.
[2] Cette défense a été développée en plusieurs étapes. On trouvera les principales dans Eells (1980, 1984a, 1984b, 1986).
[3] Cette idée a été inspirée par Skirms (1982).

Omniscience logique et frictions cognitives

par Jacques DUBUCS
CNRS, Institut d'histoire des sciences

Il existe une distinction importante entre les comportements, comme le tremblement parkinsonien, auxquels nous sommes capables d'assigner une *cause* physiologique, et ceux à propos desquels nous nous contentons d'invoquer des *raisons*, en disant que les individus qui les adoptent les croient susceptibles de conduire à la réalisation des fins qu'ils poursuivent. C'est cette distinction qui fonde la séparation entre les « sciences humaines » et les « sciences de la nature ».

A cette explication d'une large classe de comportements humains en termes de croyances et de désirs, il est difficile d'assigner une origine bien déterminée : les explications de ce type viennent si spontanément que, la plupart du temps, nous ne prenons même pas la peine de les formuler de façon détaillée. Elle ne font pas l'objet d'une inculcation systématique et explicite, mais sont plutôt apprises de manière nonchalante, dans le commerce quotidien avec autrui, en même temps que les verbes (vouloir, croire, savoir,...) qui permettent de les énoncer. La force de conviction de cette théorie naïve du comportement est restée intacte jusqu'à nos jours, lors même que les systèmes explicatifs spontanément proposés dans d'autres domaines s'effondraient. Notre conception première du comportement des objets macroscopiques, qui les appréhende en termes de « lourd » et de « léger », de « haut » et de « bas », n'a que très partiellement survécu à l'énoncé des principes de la mécanique rationnelle. De même, l'image que nous formons spontanément des phénomènes chimiques ou biologiques a perdu une grande partie de sa force de persuasion lorsqu'elle a été confrontée à la science des électrons ou à celle des gènes. Mais les individus «éduqués», qui renoncent vaille que vaille à leur vision enfantine du monde des choses et des vivants, semblent persister dans leur conception première lorsqu'il est question d'expliquer les comportements «supérieurs».

Je ne discuterai pas ici la question controversée de savoir si cette anomalie épistémologique est destinée à durer, ou si la psychologie commune est au contraire appelée à être éliminée au profit d'une explication «scientifique» de l'action humaine, qui n'invoquerait plus aucun état mental comme la croyance ou le désir, mais serait au contraire intégralement couchée dans le langage de la physique ou de la neurophysiologie, cessant ainsi de faire exception à l'image moniste matérialiste que la science moderne donne du monde. Je me propose simplement de m'installer dans le domaine délimité par cette psychologie commune et d'en décrire le principe explicatif de manière aussi rigoureuse et systématique que possible.

1. Le premier objectif à atteindre consiste à donner un sens rigoureux à la proposition suivante, qui est la clé de voûte de la théorie (commune) de l'action : «les individus entreprennent les seules actions dont ils *croient* qu'elles peuvent aboutir à la satisfaction de leurs *désirs*.»

On peut expliciter ce principe en en proposant une formalisation en termes de «mondes possibles». Considérons, pour simplifier, l'exemple d'un automobiliste qui appuie sur la pédale médiane de son véhicule, et décrivons les diverses éventualités en jeu dans un langage rudimentaire, réduit aux énoncés suivants :

— p («la pédale médiane commande les freins»)

— q («la pédale médiane commande le ralentisseur» (il s'agit d'un dispositif de décélération électro-magnétique, distinct du système de freinage)

— r («la pédale médiane commande l'admission des gaz»)

— ⓪ («le véhicule est à l'arrêt»)

— ⑤⓪ («le véhicule roule à 50 km/h»)

— ⑩⓪ («le véhicule roule à 100 km/h»)

— ⑮⓪ («le véhicule roule à 150 km/h»)

(on suppose que les trois premiers énoncés sont deux à deux incompatibles, et les quatre derniers également).

Dans le cas considéré, l'ensemble des mondes possibles est donc l'ensemble W suivant :

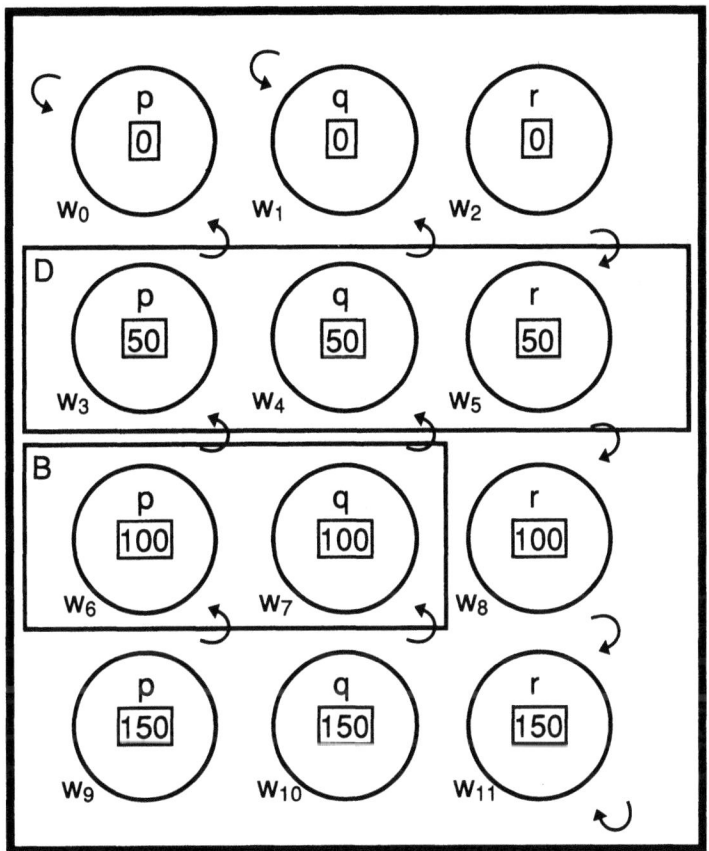

Admettons que l'automobiliste en question croie rouler à 100 km/h, et que son opinion sur le rôle de la pédale médiane coïncide avec celle de la majorité des usagers : son enfoncement déclenche, quel que soit le processus en jeu, un ralentissement du véhicule. Ces croyances peuvent être représentées par l'ensemble des mondes possibles compatibles avec elles, soit B = {w_6, w_7}. Admettons par ailleurs que l'automobiliste veuille ralentir (sans pour autant s'arrêter). Ce souhait peut être représenté par l'ensemble des mondes possibles compatibles avec lui, soit D = {w_3, w_4, w_5}.

Le résultat d'une action dépend du monde où elle prend place. Dans un monde où la pédale médiane commande l'admission des gaz, l'enfoncement de cette pédale a une accélération pour effet. Dans un monde où elle commande les freins, il en résulte au contraire une décélération. De manière générale une action peut être vue comme une transformation de l'ensemble des mondes possibles. Ainsi l'action consistant à appuyer sur la pédale médiane peut-elle être représentée comme l'application A de W dans lui-même vérifiant $A(w_0) = w_0$, $A(w_1) = w_1$, $A(w_2) = w_5$, $A(w_3) = w_0$, $A(w_4) = w_1$, etc.

L'action ainsi définie est optimale pour l'individu considéré car elle transforme chaque monde compatible avec ses croyances en monde compatible avec ses désirs. De manière générale une action A est *optimale* pour un agent dont les croyances et les désirs sont respectivement définis par deux parties B et D de l'ensemble W des mondes possibles si :

(1) $\forall w \in W[w \in B \rightarrow A(w) \in D]$

Ce que la psychologie commune appelle *explication* d'une action A (représentée par une transformation de l'ensemble W des mondes possibles en lui-même) est la donnée de deux parties B et D de W relativement auxquelles A est optimale.

2. La théorie commune de l'action est à la fois normative et explicative. Normative parce qu'elle précise à quelles conditions l'action entreprise par un individu aux désirs et aux croyances donnés peut être considérée comme optimale. Explicative parce qu'elle considère que les actions entreprises par les individus *sont* en général optimales, et que les états cognitifs relativement auxquelles ces actions sont optimales constituent justement les raisons de ces actions.

Considérée sous son aspect normatif, cette théorie commune de l'action coïncide avec la théorie contemporaine de la rationalité économique, laquelle n'en constitue en définitive qu'une reformulation métrique.

Selon les économistes, la détermination du choix rationnel entre plusieurs actions envisageables devrait en effet suivre le cours suivant :

a) Le décideur doit d'abord préciser le degré $pr(w)$ auquel chaque éventualité w lui paraît crédible.

b) Il doit, de même, expliciter le degré $u(w)$ auquel ses désirs seraient satisfaits dans l'éventualité w.

c) L'«utilité espérée» $\sum_{w \in W} pr(w).u(A(w))$ de chaque action A envisageable doit alors être calculée.

d) L'action retenue doit être celle dont l'utilité espérée est maximale[1].

Dans le cas où les croyances et les désirs sont parfaitement tranchés, c'est-à-dire lorsque pr et u prennent leurs valeurs dans la paire {0,1} et non dans l'intervalle réel [0,1] tout entier, la définition (1) de l'action optimale coïncide visiblement avec l'action rationnelle qui vient d'être définie en termes de maximisation de l'utilité espérée. Car pr et u peuvent être alors considérées comme les fonctions caratéristiques de B et de D respectivement, si bien que l'utilité espérée de A se réduit à $\sum_{w \in B} u(A(w))$, élément dont le maximum est atteint lorsque
$\forall w \in W[w \in B \rightarrow A(w) \in D]$.

La théorie contemporaine de la rationalité est donc un avatar de la théorie commune de l'action.

3. L'explication de l'action proposée par la théorie commune ne requiert pas que l'on identifie, parmi les éventualités en jeu, celle qui est effectivement réalisée. Elle ne requiert pas non plus que l'on identifie, parmi les mondes possibles, celui qui est objectivement le mieux approprié au bien-être de l'agent. La théorie commune de l'action est donc de nature *solipsiste* : les raisons avancées pour rendre compte de l'action d'un agent ne se réfèrent ni à la réalité que l'agent s'apprête à transformer ni à l'objectif qu'il serait bien avisé de vouloir atteindre.

Le concept d'optimalité utilisé par la théorie commune, celui d'optimalité faible — ou : relative à un état cognitif donné —, est donc essentiellement distinct du concept absolu (non solipsiste) d'optimalité, sous lequel tombe chaque action A vérifiant $A(W^*) = W_P$, W^* désignant le monde réel et W_P le monde «panglossien», le plus adapté à la survie de l'individu qui agit et à la reproduction de l'espèce à laquelle il appartient.

4. L'objectif de la théorie commune de l'action est de spécifier l'état cognitif «responsable» des actions d'un individu. Mais il n'existe aucune garantie qu'une explication guidée par le principe d'optimalité faible doive converger vers un état cognitif bien défini. Car la tâche du théoricien (les actions étant données, spécifier les états relativement auxquels ces actions sont optimales) n'est pas du tout de même nature que celle de l'individu qu'il étudie (les états étant donnés, calculer les actions optimales). Le problème auquel est confronté l'individu est parfois difficile mais toujours bien défini. C'est celui, B et D étant donnés, de déterminer (un élément de) l'ensemble des applications A de W dans lui-même vérifiant A(B) ⊂ D. Le problème du théoricien (étant donné A, spécifier deux ensembles B et D vérifiant A(B) ⊂ D), n'admet généralement pas, quant à lui, de solution unique. Les théories cognitives sont donc sous-déterminées par les données de l'observation comportementale : comment distingueraient-elles entre l'individu qui appuie sur le frein parce que ses croyances en matière d'automobiles sont correctes et qu'il veut freiner et son «dual cognitif» qui fait la même chose parce qu'il veut accélérer et que ses croyances en la matière sont incorrectes[2]?

5. Parmi les théoriciens disposés à adopter le principe d'optimalité faible, et même parmi ceux qui sont sincèrement convaincus de l'adopter pour leur propre compte, bien peu s'y conforment effectivement. Car l'explication la plus fréquente du comportement n'est pas celle qui a été définie jusqu'à présent, et qui consiste à associer à un individu les deux classes de mondes qu'il envisage sans défaveur, à savoir la classe B de ceux qui ne soulèvent de sa part aucune objection doxastique, et la classe D de ceux qui ne soulèvent de sa part aucune objection «prohaïrétique». Le format explicatif le plus habituel consiste plutôt à spécifier l'état cognitif de l'individu en avançant des phrases vraies dans chaque membre de ces deux classes et à affirmer, pour chaque phrase 'p' de ce genre, que l'individu croit que p, ou qu'il désire que p.

Enchâsser une phrase 'p' dans le contexte «a croit que [...]» équivaut donc à asserter que 'p' est vraie dans B. Ou encore, si l'on convient de désigner par I(p) l'ensemble des mondes où 'p' est vraie, à affirmer que tout élément de B est un élément de I(p), c'est-à-dire que B ⊂ I(p). L'explication verbalisée du comportement consiste donc à spécifier l'état doxastique de l'individu en dressant la liste $P_B(L) = \{'p' \in L ; B \subset I(p)\}$ des phrases du langage L de l'«attributeur» qui sont vraies dans B, et à spécifier son état «prohaïrétique» par une liste de phrases $P_D(L)$ construite de la même façon.

Le corpus des énoncés «a croit que p», pour $p \in P_B(L)$, équivaut dans son ensemble à l'affirmation $B \subset \bigcap_{'p' \in P_B(L)} I(p)$. Ce corpus approche donc *par excès* l'ensemble B des éventualités qu'il s'agit de cerner : rien n'assure que B soit *égal* à $\bigcap_{'p' \in P_B(L)} I(p)$, puisqu'il n'y a aucune raison de supposer que le langage L de l'observateur est assez riche pour que chaque classe de mondes puisse être décrite par une conjonction de phrases de L^3. L'explication verbalisée ne coïncide donc généralement pas avec l'explication brute qui s'énonce directement en termes de mondes possibles. De sorte que la notion d'optimalité faible effectivement utilisée par le psychologue, à savoir $A\left[\bigcap_{'p' \in P_B(L)} I(p)\right] \subset \bigcap_{'p' \in P_D(L)} I(p)$, est une notion relative au langage utilisé dans la description du comportement, et qu'elle est, comme telle, tout à fait distincte de l'optimalité faible « absolue » $A(B) \subset D$ définie en (1). En particulier, plus le langage dans lequel est décrite la situation doxastique des individus est pauvre, plus la rationalité de leurs actions est sous-estimée. Car si L' est une extension de L, $B \subset \bigcap_{'p' \in P_B(L')} I(p) \subset \bigcap_{'p' \in P_B(L)} I(p)$: la classe des mondes doxastiquement tolérés est plus vaste lorsqu'on la décrit dans L que lorsqu'on la décrit dans L' et, toutes choses égales par ailleurs, certains actions apparaissent alors, bien à tort, comme des actions (faiblement) sub-optimales[4,5].

6. Dans le cas de la croyance, ce passage de l'explication « brute » à l'explication « verbalisée » fait apparaître une anomalie : l'ensemble des « croyances » de a (l'ensemble $P_B(L)$ des phrases 'p' telles que a croit que p) est déductivement clos. En d'autres termes, cet ensemble

(i) contient toutes les phrases déductibles de 'p' s'il contient 'p'

(ii) contient toutes les vérités de la logique et des mathématiques

(iii) contient n'importe quelle phrase s'il en contient deux qui se contredisent.

On appelle cette anomalie le paradoxe de l'omniscience logique : notre explication du comportement, en tant qu'elle repose sur le principe d'optimalité faible, suppose que les individus sont de parfaits logiciens. Et ce n'est pas l'impression qu'ils donnent.

C'est un problème difficile et proliférant, qui affecte notamment la psychologie cognitive, la sémantique des langues naturelles (quelle est la signification des phrases du type « a croit que [...] »?, la théorie de la décision et la philosophie des mathématiques. Le reste de cet exposé sera consacré à une discussion systématique de cette difficulté.

Le paradoxe — sous sa forme (ii) — naît de la contradiction entre les trois énoncés suivants :

(a) Il existe une phrase 'p' du langage de l'attributeur telle que (a.1) $W \subset I(p)$ ('p' est «nécessaire») et (a.2) l'individu |a étudié ne croit pas que p.

(b) |a croit que p exactement si $B \subset I(p)$.

(c) $B \subset W$.

Soit en effet 'p' vérifiant (a.1). Alors $W \subset I(p)$. Donc, d'après (c), $B \subset I(p)$. Donc, d'après (b), |a croit que p. Ce qui contredit (a.2).

Je me propose ici de décrire l'espace de toutes les solutions possibles au paradoxe. Elles sont obtenues par négation de l'un des énoncés dont la réunion conduit à la contradiction.

6.1. Personne n'a jamais vu de guenon se comporter comme si 1729 n'était pas le premier entier pouvant s'écrire de deux façons distinctes sous la forme d'une somme de deux cubes. En revanche il n'existe vraisemblablement qu'un seul individu (Ramanujan[6]) à avoir énoncé spontanément la phrase « 1729 est le premier entier pouvant s'écrire... ». D'où nous retirons l'impression que Ramanujan en savait plus qu'aucune guenon en matière d'entiers naturels : les capacités logico-mathématiques semblent attestées par l'émission de phrases, non par le comportement brut.

Le paradoxe de l'omniscience n'a pas d'autre origine : il naît de la dissonance entre le corpus C des phrases émises par un individu et le corpus $P_B(L)$ des phrases que nous serions prêts, en vertu de la théorie «verbalisée» du comportement, à enchâsser dans le contexte «cet individu croit que [...]». La différence entre les deux corpus n'est pas celle qui sépare la compétence doxastique de l'individu (disons : l'ensemble des phrases qu'il serait éventuellement *disposé* à énoncer) de sa réalisation phonique (la sous-classe des phrases qu'il énonce effectivement, lorsque les conditions contextuelles de cette énonciation sont remplies). D'une part parce que la quasi-totalité des individus qui ont l'occasion de prononcer une phrase comme celle de Ramanujan, par exemple en réponse à une sollicitation directe ou à une question, restent muets. D'autre part parce que les individus émettent aussi des phrases qui *contredisent* directement celles qu'ils devraient prononcer s'ils étaient logiquement omniscients.

Puisque les deux types de données susceptibles de fonder l'attribution de croyances — les «actions» et les «aveux» — sont en conflit ouvert, il faut réviser ou bien notre façon de dériver les croyances sur la base du comportement non verbal, ou bien notre façon de les dériver sur la base du comportement verbal[7]. La première stratégie consiste à réformer l'analyse spontanée du comportement verbal. Selon cette stratégie[8], que je qualifierai d'«héroïque» pour des raisons qui vont de soi, *les individus sont* bel et bien *omniscients*, et nous n'avons l'impression contraire que parce que nous ne comprenons pas ce qu'ils disent. La stratégie héroïque consiste donc à récuser la prémisse (a.2) du paradoxe.

Son objectif est de protéger l'adage «rien de nécessaire ne saurait être ignoré» contre les données de l'observation linguistique. L'énoncé

(2) $12^3 + 1^3 = 1729$

est nécessairement vrai : la proposition exprimée par cet énoncé est la classe des mondes dans lesquels l'entier désigné par '$12^3 + 1^3$' est identique à l'entier désigné par '1729', et cette classe contient tous les mondes possibles car un entier ne peut pas différer de lui-même. La classe des mondes tolérés par un individu quelconque en fait donc partie, si bien que

(3) la croit que $12^3 + 1^3 = 1729$

est toujours vrai. Impossible, par conséquent, d'expliquer comment un individu la peut affirmer que

(4) $12^3 + 1^3 = 1728$

en disant qu'il croit que $12^3 + 1^3 = 1728$, puisque $12^3 + 1^3$ n'est 1728 dans aucun monde. La seule explication consiste à supposer que dans la bouche de la '1728' fait référence à 1729. Dans ces conditions, la proposition exprimée par la à l'aide de la phrase (4) coïncide avec la proposition que *nous* exprimons par la phrase (3). On préserve la compétence logique des individus au prix de leur compétence linguistique : ils apparaissent comme d'impeccables logiciens, dès lors que l'on renonce à traduire leurs phrases de manière homophone. La tension entre l'omniscience présumée des individus et les témoignages verbaux de leur incompétence se résout au profit de la première par une simple application du principe de charité : «Ne jamais prendre à la lettre les propos d'autrui, si cela peut éviter de lui imputer des croyances absurdes». Celui qui asserte (4) n'ignore donc qu'une vérité *contingente*, à savoir que nous n'employons pas '1728' pour désigner 1729. Il a besoin d'apprendre, mais seulement pour être capable de dire ce qu'il sait déjà.

Cette solution à la question de l'omniscience logique soulève de nombreuses difficultés. Le principal grief qu'elle encourt concerne ses conséquences détestables sur la philosophie des mathématiques.

Admettons en effet que ce qu'un individu ignore lorsqu'il ignore que p coïncide avec ce qu'il saurait s'il savait que p. Un individu qui ignore que $12^3 + 1^3 = 1729$ ignore non pas l'identité de l'entier dénoté par '$12^3 + 1^3$' et de celui dénoté par '1729', mais l'interchangeabilité des deux assemblages de symboles '$12^3 + 1^3$' et '1729' : il ignore seulement certaines des conventions qui règlent l'usage des symboles arithmétiques. A l'inverse, un individu qui sait que $12^3 + 1^3 = 1729$ ne manifeste donc que sa maîtrise des conventions d'écriture. Plus généralement, la connaissance d'un théorème mathématique 'p' se résume à la maîtrise de l'ensemble des règles linguistiques qui régissent l'usage des symboles qui y figurent, et aux termes desquelles 'p' apparaît comme vrai *ex vi terminorum*. L'information extra-linguistique véhiculée par 'p' est donc nulle : 'p' parle des symboles qui font occurrence dans 'p', et ce que 'p' en dit, tout comme ce que 'il fait beau' dit du temps qu'il fait, pourrait être faux.

La solution héroïque au problème de l'omniscience logique conduit ainsi à une philosophie conventionnaliste des mathématiques[9] : tout ce qui peut être connu, y compris en mathématiques, est contingent. Parmi les prémisses du paradoxe, celle que cette solution récuse n'est donc pas (a.2) mais plutôt (a.1) (l'existence de vérités nécessaires).

6.2 La conjecture de Goldbach n'a été ni prouvée ni réfutée. Elle est peut-être vraie, et peut-être fausse. Admettons (paix aux wittgensteiniens !) qu'elle soit vraie ou fausse, bien que nous n'en sachions rien à l'heure actuelle. Si elle est vraie elle ne peut pas être fausse et si elle est fausse elle ne peut pas être vraie. Donc la phrase «elle est peut-être vraie, et peut-être fausse», si elle est vraie, ne peut pas signifier qu'elle peut être vraie et qu'elle peut être fausse : «la conjecture de Goldbach est peut-être fausse» signifie non pas que la conjecture de Goldbach *peut* être fausse, c'est-à-dire qu'il y a un monde «réellement» ou «métaphysiquement» possible dans lequel elle est fausse, mais qu'un monde où elle serait fausse *nous* paraît possible. Au cas où la conjecture de Goldbach serait vraie, ce monde doxastiquement tolérable serait un monde métaphysiquement possible. Rien de moins inattendu, si nos capacités cognitives ne nous permettent pas de déceler l'impossibilité réelle de certaines des éventualités que nous envisageons.

Selon cette ligne d'argumentation (qui consiste donc à récuser la troisième prémisse (B ⊂ W) du paradoxe de l'omniscience), les modalités «métaphysiques» devraient être découplées des modalités «épistémiques». A côté des mondes (réellement) possibles, il faut donc supposer une classe W* de mondes «impossibles» où certains énoncés nécessairement vrais sont faux et où d'autres, nécessairement faux, sont vrais. Ce sont ces mondes «imaginairement possibles» que tolèrent les individus qui ne sont pas logiquement omniscients.

L'incompétence logique des individus ne se réduit donc plus à leur incompétence linguistique : la peut ignorer que p ('p' étant une phrase nécessairement vraie) sans pour autant se méprendre sur la signification de 'p'. Ceci a une conséquence *sémantique* remarquable : dans les contextes d'attitudes propositionnelles ('la croit que [...]'), il faut renoncer ou bien à identifier la signification des phrases à leurs conditions de vérité, ou bien à supposer que la signification d'une phrase ne dépend que de la signification de ses constituants (hypothèse de «compositionnalité»). Admettons en effet (*) que les conditions de vérité d'une phrase — telles qu'elles peuvent être spécifiées en indiquant la valeur de cette phrase dans tout monde possible — en déterminent la signification. Et considérons deux énoncés arithmétiques 'p' et 'q' prouvablement équivalents (ayant donc les mêmes conditions de vérité), mais tels que la preuve de cette équivalence ne soit pas à la portée de l'individu la. Alors 'la croit que p' et 'la croit que q' n'ont pas les mêmes conditions de vérité, donc (*) pas la même signification; donc (par compositionnalité) 'p' et 'q' n'ont pas la même signification, bien qu'ils aient les mêmes conditions de vérité.

La stratégie que nous examinons suggère que les conditions de vérité d'une phrase ne contribuent que *partiellement* à la détermination de sa signification, et que la signification de 'p' (la proposition I(p) qu'elle exprime) est la classe des mondes, *possibles ou impossibles*, dans lesquels elle est vraie, alors que ses conditions de vérité se limitent à la classe I(p) ∩ W des mondes *possibles* dans lesquels elle est vraie. Les deux énoncés arithmétiques de l'exemple précédent ont donc les mêmes conditions de vérité (I(p) ∩ W = I(q) ∩ W) mais une signification différente. C'est pourquoi la peut croire que p et ne pas croire que q (B ⊂ I(p)), mais B ⊄ I(q)) sans pour autant commettre le moindre malentendu linguistique : il tolère un monde impossible dans lequel 'p' est vrai mais pas 'q'.

La définition de la classe W* de ces mondes doxastiquement envisageables quoique logiquement impossibles est une entreprise difficile. Deux contraintes s'exercent ici en sens opposé :

— *Une contrainte sémantique.* La contribution des constantes logiques à la signification des phrases dans lesquelles elles figurent est définissable par certaines applications entre classes de mondes possibles. En présence des seuls mondes «ordinaires», la définition de ces applications est fort simple : $I(\neg p)$ est obtenue à partir de $I(p)$ par complémentation, $I(p \vee q)$ est obtenue à partir de $I(p)$ et de $I(q)$ par réunion, etc. Lorsque des mondes impossibles sont en jeu, les applications correspondantes ne sont plus aussi simples. Et plus il y en a, plus elles sont complexes. Pour que la sémantique des constantes logiques reste intelligible, il convient donc de ne pas multiplier les mondes impossibles sans nécessité, donc de *réduire* leur écart avec les mondes ordinaires.

— *Une contrainte «cognitive».* Chaque fois que nous supposons qu'une phrase 'p' vraie dans tous les mondes possibles le reste dans tous les mondes impossibles, nous supposons que la fausseté de 'p' est non seulement impossible mais encore «inimaginable». Et comme l'expérience la plus superficielle montre qu'il est difficile d'assigner des limites à l'incompétence logique et à l'«imagination» dont sont capables les individus dont nous pouvons avoir à rapporter les attitudes, la sagesse recommande de ne dispenser les hypothèses de ce genre qu'avec la plus grande parcimonie, donc de laisser place à des mondes impossibles arbitrairement exotiques, et par là même d'*augmenter* leur écart avec les mondes ordinaires.

Pour l'essentiel, W* peut être caractérisé «négativement», par l'ensemble Ω des phrases métaphysiquement nécessaires qui restent doxastiquement nécessaires. La contrainte sémantique suggère que Ω doit être assez étendu (et, à la limite, contenir toutes les phrases métaphysiquement nécessaires). La contrainte cognitive suggère que Ω doit être assez restreint (et, à la limite, vide).

Il semble raisonnable d'admettre que si l'analyse des «frictions cognitives» rencontrées dans le comportement inférentiel parvenait à isoler les facteurs objectifs qui contribuent le plus à la difficulté du raisonnement déductif, on devrait considérer le système logique le plus étendu parmi ceux qui ne comportent pas ces facteurs comme un candidat plausible pour Ω. Quant aux individus se montrant, à l'occasion, incapables de maîtriser ce système, leurs contre-performances seraient justiciables du genre d'analyse que la stratégie «héroïque» prétendait appliquer à *toutes* les contre-performances logiques, c'est-à-dire mises au compte d'une incompétence linguistique. Mais il faut se résigner à reconnaître que, dans le domaine aujourd'hui proliférant des «logiques non classiques», aucun système n'apparaît encore comme assez «robuste» pour supporter une distinction aussi tranchée entre l'incompétence bien compréhensible de celui qui n'a pas vu la preuve et l'incompétence plus énigmatique de celui qui n'a pas compris l'énoncé [10].

6.3 La dernière stratégie de résolution du paradoxe de l'omniscience consiste à récuser la prémisse (b), selon laquelle a croit que p exactement si $B \subset I(p)$. L'argument avancé ici est d'inspiration naturaliste, c'est-à-dire qu'il se fonde sur l'impossibilité de transactions directes entre un organisme et une entité abstraite comme un ensemble de mondes possibles : les conditions de vérité précédemment proposées pour la phrase 'a croit que p' ne font aucune référence au fait en vertu duquel cette phrase est vraie, si elle l'est, à savoir que a traverse actuellement un épisode mental d'un certain type. Or c'est cet état mental qui doit jouer un rôle dans l'explication du comportement de a. Et la classe B des mondes tolérés par a n'a, quant à elle, aucun rôle à y jouer, puisqu'ils n'exercent aucune influence causale sur l'individu considéré. Cette sémantique semble donc destinée, au mieux, à formaliser rigoureusement le discours par lequel un observateur extérieur *rapporte* les croyances qu'il impute à un agent : sa place est en méta-psychologie, non en psychologie.

On ne saurait donc tenir les attitudes propositionnelles comme des relations *directes* entre individus et propositions sans renoncer aussitôt à les invoquer dans l'explication du comportement. Aussi se propose-t-on de les considérer comme des relations indirectes ou, plus exactement, composées : la relation «intentionnelle» évoquée par la phrase 'a croit que p' se verra assigner la décomposition canonique suivante (Field 1978, pp. 78-114) :

– une relation anodine, «inintentionnelle», la croyance#, reliant l'individu a et une entité *matérielle* S;

– une relation de «représentation» reliant S (en tant que type) à la proposition exprimée par 'p'.

«Croire#» est à «croire» ce que «dire» (proférer) est à «dire» (dire que). La cible de la relation de «croyance#» étant donc matérielle, aucune infraction au naturalisme n'est plus commise : cette relation, par laquelle peuvent transiter des déterminations causales, peut figurer décemment dans l'explication du comportement.

Une telle théorie « représentationnaliste » résout parfaitement la question de savoir comment un individu peut croire que p sans croire que q alors que 'p' entraîne 'q' : si les croyances# se rapportent à des représentations opaques ou, selon l'expression de Pylyshyn, « cognitivement impénétrables », l'inférence de 'la croit que x < 3' à 'la croit que x < 4' n'est pas plus justifiée que celle de « 'x < 3' est écrit sur cette page » à « 'x < 4' est écrit sur cette page ».

Mais cette solution a l'inconvénient d'être, en un sens, trop convaincante : on explique si bien pourquoi la consécution des croyances ne peut pas *toujours* suivre les relations inférentielles entre leurs contenus que l'on devient incapable d'expliquer pourquoi ce parallélisme s'observe *fréquemment*. Le risque est désormais de *sous-estimer* les capacités inférentielles des individus, et d'être empiriquement réfuté comme le serait toute théorie atomisant l'architecture cognitive en une infinité d'états non relationnels (la croyance-que-p, la croyance-que-q, etc.). Dans sa seule version défendable, la thèse représentationnaliste doit donc postuler que la structure combinatoire des représentations est capable de « refléter » les relations entre le contenu des sous-représentations, en bref postuler que les représentations sont compositionnelles, c'est-à-dire de nature linguistique ou quasi-linguistique. Mais *cette* version du représentationnalisme n'est plus immunisée contre la paradoxe de l'omniscience. Il incombe donc à ses défenseurs de répondre à la question suivante : à quelles conditions sur la relation R entre deux représentations phrastiques S et S' les deux états « croire# S » et « croire# S' » sont-ils cognitivement équivalents ? D'une part la relation R doit être moins stricte que la pure et simple identité typique entre S et S'. Car si la transition de « la croit# S » à « la croit# S' » exigeait cette identité, le bénéfice de la compositionnalité des représentations serait perdu et l'on sous-estimerait les compétences logiques de la. D'autre part la relation R doit être plus stricte que l'équivalence intensionnelle de S et S'. Car si les représentations de deux propositions prouvablement équivalentes jouaient le même rôle cognitif les individus seraient, à nouveau, logiquement omniscients.

Une taxinomie hyper-intensionnelle des représentations est donc exigible, qui tiendrait compte de différences assez fines pour n'avoir aucun effet sur les propositions représentées : la différence entre 'A' et '(A et B) ou (A et non B)' est de cet ordre, puisque le traitement cognitif de la seconde phrase est plus coûteux quoique les propositions représentées soient identiques [11].

De ce bref aperçu des solutions possibles à la question de l'omniscience émergent, me semble-t-il, trois conclusions :

— En raison de ses implications pernicieuses sur la philosophie des mathématiques, la stratégie «héroïque» doit être réservée aux cas d'incompétence pathologique qui échapperaient de toute manière aux deux autres, plutôt destinées à décrire la compétence logique «moyenne».

— La stratégie qui fait appel aux mondes impossibles manque de vraisemblance ontologique (elle enfreint l'exigence naturaliste). Mais on peut la considérer comme une version «heuristique» de la stratégie représentationnaliste.

— En l'état actuel, il est difficile de prétendre que l'une des deux dernières stratégies ait véritablement triomphé du problème de l'omniscience logique, bien qu'elles se soient avérées capables d'«encadrer» rigoureusement leurs objectifs respectifs (la formulation d'un système non vide d'inférences plus faible que la logique classique; la définition d'une relation d'équivalence moins stricte que l'identité typique et plus stricte que l'équivalence intensionnelle). Mais il est d'ores et déjà possible d'évaluer la difficulté philosophique de ces objectifs en désignant leur «classe de réduction»: le premier est aussi difficile que la question de savoir à partir de quel moment les énoncés d'autrui doivent être considérés comme tellement absurdes qu'il devient préférable de supposer que ses mots ont changé de sens; le second, manifestement corrélatif du premier, est celui de définir en toute généralité la relation de synonymie entre phrases.

Le fait que cette classe contienne les problèmes réputés les plus difficiles de la philosophie ne devrait ni nous décourager ni nous inciter à croire que la signification de la phrase 'a croit que p' dépend inassignablement des diverses circonstances de son énonciation.

NOTES

[1] Ce précepte de maximisation soulève au moins trois questions :
(i) Est-on fondé à supposer que la fonction pr (de «probabilité subjective») est conforme aux axiomes de la théorie mathématique des probabilités ?
(ii) Le postulat de transparence sur lequel repose la possibilité d'accéder aux fonctions pr et u par simple introspection est-il justifié ?
(iii) Les agents réels disposent-ils bien des ressources computationnelles requises par le calcul et la comparaison des utilités espérées afférentes à chaque action possible ?
La dernière partie de la présente étude est consacrée (dans un cadre non métrique) à l'examen de la question (iii).

[2] Soit p une probabilité subjective dégénérée, et u une fonction d'utilité dégénérée. p et u sont des applications de W dans $\{0,1\}$, qui peuvent être vues respectivement comme les fonctions caractéristiques de B et de D, spécifiant à elles deux l'état cognitif (p, u) d'un individu. L'action A est (faiblement) optimale relativement à l'état (p, u) exactement si $p \leq u \circ A$. Mais il existe une infinité d'autres états relativement auxquels A est optimale. En particulier A est optimale relativement à (1 - p, u') pour n'importe quelle application u' vérifiant $u' \circ A \geq 1 - p$. Chaque individu possède donc au moins un «dual doxastique» dont les croyances sont exactement opposées aux siennes mais dont les comportements (optimaux) sont indiscernables des siens...

[3] Des arguments fort simples de cardinalité suffiraient à montrer que c'est même l'«ineffabilité» qui est la règle (cf. Lewis 1973, p. 90 n.*).
La plupart des philosophes (à la notable exception de Lewis lui-même), préfèrent se prémunir «par construction» contre cette éventualité en définissant un monde possible comme (l'entité exprimée par) un ensemble *maximal* de phrases de L. C'est la notion carnapienne de «description d'état», c'est-à-dire de scénario cohérent et complet indiquant, pour chaque individu *nommable* dans L, sous quel prédicat *définissable* dans L il tombe.

[4] La chose est bien connue des anthropologues, qui savent que le fondement de la plupart des imputations d'irrationalité ou de «pré-logicité» réside dans la pauvreté du langage de l'observateur. La référence canonique est ici Claude Lévi-Strauss (1969, chap. I) : vous n'avez pas la moindre chance de comprendre le comportement des Wik Munkan si vous ne savez pas distinguer l'*Eucalyptus papuana* de l'*Eucalyptus tetrodonta*...

[5] Il convient toutefois d'ajouter que la richesse relative du langage de l'observateur n'est pas susceptible d'introduire de «biais» *systématique* dans l'évaluation de la rationalité des agents, puisque son incidence sur la description de leur état prohaïrétique a l'effet exactement inverse : plus le langage est pauvre, plus les mondes prohaïrétiquement tolérés sont nombreux, et plus les actions sont réussies !

[6] En réponse à Hardy qui mentionnait devant lui, incidemment, le numéro du taxi qui l'avait pris en charge (Hardy 1940).

[7] Il existe évidemment une troisième échappatoire : les croyances atteintes ne seraient pas du même type dans les deux cas, et il y aurait finalement deux concepts homonymes de la croyance. Je n'évoque cette «solution» que pour mémoire, puisqu'elle consiste à déclarer insoluble le problème de l'omniscience.

[8] Dont le plus brillant défenseur est probablement Stalnaker (1987).

[9] Cf. Russell : «Toutes les propositions des mathématiques et de la logique sont des assertions relatives à l'usage correct d'un petit nombre de mots» (*Is Mathematics purely Linguistic?* (1950-1952), in Russell 1973, p. 306.)

[10] L'une des directions les plus prometteuses semble reposer sur la mise en évidence des objets requis par une preuve. La preuve d'un énoncé relatif à n objets est difficile si elle demande la construction «auxiliaire» d'autres objets, et facile sinon. Ce point de vue a

été développé par Hintikka (1973), qui mesure la difficulté d'une preuve par le nombre d'objets nouveaux qu'elle introduit, c'est-à-dire par la taille des domaines de Herbrand qui y sont explorés. Il est probablement préférable de prendre en compte également le nombre des concepts nouveaux introduits dans la preuve ; auquel cas la complexité est mesurée par le *produit* de la complexité computationnelle (nombre d'individus) par la complexité conceptuelle (nombre de prédicats) qui, lui, est invariant. Cf. Dubucs (1988, pp. 83-112).

[11] La tentative fondatrice en ce domaine est celle de Carnap, qui suggérait de ne considérer comme cognitivement indiscernables (il disait : « synonymes ») que les phrases *intensionnellement isomorphes*, c'est-à-dire non seulement prouvablement équivalentes mais encore constituées de composants prouvablement équivalents agencés de la même manière (exemple : « le ciel est bleu » et « der Himmel ist blau ». L'ouvrage de Cresswell (1985) en donne une formalisation particulièrement convaincante, inspirée des grammaires de Montague.

Connaissance et croyance : pour une épistémologie dualiste

par Gabriele USBERTI
Université de Sienne, Italie

A. INTRODUCTION

1. Styles de définition

Pour définir une relation, on peut adopter deux styles différents. D'une part, on peut se demander entre quels objets elle opère, quelles sont ses caractéristiques structurales, etc.; d'autre part, on peut se demander quelles sont les conditions de vérité des propositions qui la décrivent (adéquatement). Prenons par exemple la relation ≥ : dans le premier style, nous aurons défini la relation quand nous serons capables d'affirmer une proposition de la forme :

a est supérieur ou égal à b si seulement si...

et dans le second style, quand nous serons capables d'affirmer une proposition de la forme :

« a est supérieur ou égal à b » est vraie si et seulement si...

Dans les deux cas, nous pourrons mettre les mêmes conditions à la place des points de suspension.

Apparemment le premier style est préférable, dans la mesure où il permet de parler directement « des choses elles-mêmes », tandis que le second entraîne un détour linguistique inopportun.

Mais considérons la situation de plus près. Dans le premier cas, nous utilisons «supérieur ou égal» comme un prédicat de notre langage, nous en connaissons le signifié, nous savons quelle relation il dénote, et nous donnons une définition de cette relation. Dans le second cas, «supérieur ou égal» ne fait pas partie, en principe, de notre langage, mais d'un langage *dont* on parle, et nous définissons son signifié en spécifiant les conditions de vérité des propositions dans lesquelles il apparaît.

Donc, s'il est vrai que dans le premier style, on parle des choses elles-mêmes, c'est seulement parce qu'on suppose qu'on connaît le signifié, dans le langage utilisé, des mots employés pour les dénoter. Dans le second style, on ne fait pas cette supposition; celui-ci est donc préférable chaque fois qu'il y a de bonnes raisons de douter que le signifié d'une certaine expression est réellement clair.

Or, il y a justement de bonnes raisons de douter que le signifié des expressions «s croit que A» et «s sait que A» soit clair, même s'il est radicalement délimité, comme je le soutiendrai dans la section suivante. Je n'en citerai qu'une : l'ambiguïté d'une attribution de croyance entre l'interprétation opaque (ou *de dicto*) et l'interprétation transparente (ou *de re*) nous met dans l'impossibilité de parler *du* signifié de l'attribution.

C'est pour ces raisons que j'adopterai le second style de définition. Les questions auxquelles j'essaierai de répondre peuvent donc être formulées de la manière suivante :

(i) sous quelles conditions une proposition de la forme «s croit que A» est-elle vraie?

(ii) sous quelles conditions une proposition de la forme «s sait que A» est-elle vraie?

Le processus d'interprétation sémantique d'un fragment de langue naturelle est aujourd'hui couramment articulé en trois phases, selon le modèle théorique introduit par Montague :

(i) formulation d'un système de règles syntaxiques capables de générer le fragment;

(ii) traduction des propositions du fragment en propositions (formules closes) d'un langage formel adéquat;

(iii) interprétation sémantique du langage formel.

Il n'est pas possible d'examiner ici les problèmes que poserait un traitement conforme à ce modèle. Je serai donc contraint de faire des simplifications drastiques. Je négligerai complètement le problème de la traduction, et j'emploierai comme langue logique un langage du premier ordre, bien qu'il soit inadéquat pour la traduction des attributions de croyance, en particulier parce qu'il ne permet pas de représenter formellement la distinction opaque / transparent (DOT). Je remédierai à ce manque en employant les étiquettes «dans l'interprétation opaque», «dans l'interprétation transparente», et je m'occuperai plutôt de la représentation sémantique de la DOT. Les mérites d'un langage du premier ordre sont, par ailleurs, évidents : il est bien connu, il est simple et il est facile d'en imaginer des traductions. De plus, aucune des solutions que je vais proposer n'empêche en principe un traitement adéquat des problèmes tant syntaxiques que de traduction.

2. Les sens de «croire» et de «savoir»

Comme je l'ai annoncé, je commencerai par une limitation radicale du champ d'application de ma définition, et donc des sens de «croire» et de «savoir» dont je vais m'occuper.

La proposition «s croit que A» peut être employée (au moins) en trois sens différents :

(1) (i) s croit actuellement que A

(ii) s a des justifications pour croire que A

(iii) s a des justifications pour croire que A et croit actuellement que A.

Par exemple, si Louis est un mathématicien, qu'il est en train de sortir de chez lui en courant et qu'il porte un parapluie, il est probable que les deux phrases :

(2) Louis croit qu'il va pleuvoir

(3) Louis croit qu'il y a une infinité de nombres premiers

sont vraies dans cette situation, mais seulement si l'on attribue à «croit» le sens (1) (i) dans (2) et le sens (1) (ii) dans (3).

Il y a plusieurs différences entre les deux premiers sens distingués en (1). Selon le premier, (i), la croyance peut être raisonnablement conçue comme un état mental conscient, selon le second, (ii), comme un état cognitif non nécessairement conscient. De ce point de vue, la différence entre (1) (i) et (1) (ii) ressemble à celle, classique en philosophie de l'esprit, entre *occurent belief* et *dispositional belief*.

En adoptant un autre point de vue, on peut faire apparaître un autre style de différence. D'abord, s peut avoir des justifications pour croire que A sans le croire ni actuellement ni dispositionnellement. Ensuite — et c'est, à mon avis, l'aspect essentiel — la croyance actuelle et la croyance dispositionnelle sont toutes deux des états mentaux entretenant des relations causales avec d'autres états ou événements, tandis qu'avec la croyance au sens (ii), ce qui est décisif, c'est le lien *déontique* entre le sujet et les justifications qu'il a : une justification pour A *autorise* un sujet s à croire que A. L'étude de la croyance au sens (i) concerne donc des faits empiriques et relève de la psychologie, tandis que l'étude de la croyance au sens (ii) concerne un système de lois déontiques et relève à ce titre de l'épistémologie.

Comme je pense qu'une clarification de certaines questions épistémologiques constitue un préalable nécessaire à l'étude de problèmes psychologiques, je m'occuperai ici seulement du sens (ii). J'ajouterai donc au langage L du calcul des prédicats de premier ordre un prédicat B (s, [A]), qui se lira «s a des justifications pour croire que A», et qui dénotera une relation entre sujets et propositions.

Passons maintenant à «savoir». Selon l'analyse traditionnelle, «s sait que A» est vraie si et seulement si :

(4) (i) s croit que A

(ii) s a des justifications pour croire que A

(iii) A est vraie.

En admettant que les conditions (4) soient, au moins, nécessaires[1], on devra distinguer — au moins — deux sens de «s sait que A» :

(5) (i) s sait actuellement que A

(ii) s a des justifications conclusives pour A[2],

le premier sens (5) (i) correspondant à :

«s croit actuellement que A, il a des justifications pour le croire, et A est vraie»,

et le second (5) (ii) à :

«s a des justifications pour croire que A, et A est vraie».

La différence essentielle entre les sens (5) (i) et (5) (ii) semble consister en ce que selon le premier sens, s non seulement sait que A, mais il sait aussi qu'il le sait, ce qui n'est pas le cas avec le second sens; les deux acceptions semblent concerner aussi bien l'épistémologie, en tant qu'étude des *lois* de la connaissance, que la psychologie, en raison de l'évidente analogie entre (5) (i) et connaissance consciente d'une part, (5) (ii) et connaissance inconsciente d'autre part.

Je me limiterai ici à l'étude du sens (5) (ii); j'ajouterai donc encore à L un prédicat, K(s[A]), qui se lira «s a des justifications conclusives pour A», et qui dénotera une relation entre sujets et propositions. J'appellerai L_{BK} le langage L enrichi par les prédicats B et K.

3. Une approche inductive

A mon avis, le défaut principal de plusieurs analyses de la croyance et de la connaissance tient à ce qu'elles essaient de définir les relations «s croit que A» et «s sait que A» *sans analyser la structure interne de A*. La notion de connaissance, parce qu'elle est structurellement suffisamment «complexe», est une des seules qui puisse remplacer la notion de vérité, en jouant par exemple le rôle de pivot d'une théorie du signifié. Certes, on peut ne pas être d'accord avec celui qui proposerait un tel remplacement; pourtant, il est clair qu'il s'agit d'une proposition raisonnable qu'on ne peut rejeter *a priori*.

Un des mérites essentiels de Tarski a été de tenir compte de l'intuition correcte présente dans la conception traditionnelle de la vérité comme correspondance, pour donner une définition du concept de vérité bien plus attentive à sa complexité réelle — une définition qui justement pour cette raison ne pouvait pas être explicite mais devait être *inductive*, c'est-à-dire sensible aux différents modes de composition des propositions. Je pense qu'entre (4), qui correspond à l'analyse traditionnelle de la connaissance, et une définition adéquate de la connaissance, il doit donc y avoir la même relation qu'entre la caractérisation aristotélicienne de la vérité et la définition tarskienne : pour être adéquate, une telle définition doit sauver l'intuition présente dans l'analyse traditionnelle, tout en étant assi une définition inductive.

En observant (4), on peut voir que c'est plus particulièrement la notion de justification pour (croire que) A que je propose de définir inductivement[3]. Et puisque je ne m'occuperai ici que du sens (1) (ii) de «croire», la notion «s croit que A» sera, elle aussi, définie inductivement.

B. CROYANCE

1. La notion intuitive de justification

Qu'est-ce qu'une justification ? Elle peut être donnée à un sujet sous les formes les plus différentes, d'information comme d'argument, de constatation d'un fait comme de démonstration, ou encore de méthode, de procédure ou de donnée. Un trait commun à tous les types de justification est sûrement leur *intentionnalité*, car cela n'aurait pas de sens de parler d'une justification tout court : on peut seulement parler d'une justification *pour (croire que) une certaine proposition (est vraie)*.

Pour pouvoir jouer ce rôle, une justification doit être reconnaissable comme telle par le sujet qui en dispose : une justification pour une proposition qui ne peut pas être reconnue comme telle par le sujet qui l'a *n'est* tout simplement *pas* une justification pour cette proposition.

Considérons par exemple deux propositions mathématiques A et B, et deux mathématiciens s_1 et s_2, tels que seul s_2 connaît une méthode M pour *réduire* B à A, c'est-à-dire pour obtenir une démonstration de B à partir d'une démonstration de A. Imaginons qu'ils trouvent, le même jour, indépendamment l'un de l'autre, la même démonstration P de A. A ce point, les deux mathématiciens ont une justification pour croire que A est vraie, mais s_2 a en plus une justification pour B, parce qu'il sait qu'en appliquant à P la méthode M qu'il connaissait déjà, il peut obtenir une démonstration de B ; en effet, il serait absurde de dire que s_1, qui ne connaît pas cette méthode, a une justification pour B. Donc, une même chose peut être une justification de B pour un sujet, et pas pour l'autre. Cela signifie que les justifications n'ont pas une existence en elles-mêmes, mais seulement pour le sujet qui les a. Par conséquent, il est naturel d'imposer à la définition de la justification la condition d'adéquation suivante :

(6) Une justification pour A doit être reconnaissable par le sujet qui l'a.

Les justifications ne doivent pas être conçues comme les motivations psychologiques qu'un sujet empirique a effectivement pour croire une proposition, mais comme les raisons qui pourraient autoriser n'importe quel sujet, dans des conditions cognitives données, à croire que A. Un étudiant en logique peut croire que si $A \supset B$ alors $B \supset A$, mais la motivation de sa croyance, quelle qu'elle soit, n'est pas une raison qui pourrait autoriser n'importe quel étudiant en logique à la croire, et n'est donc pas une justification. Le rapport entre les motivations psychologiques et le sujet de la croyance est factuel, tandis que la relation entre les justifications et le sujet est essentiellement déontique, comme je l'ai déjà rappelé.

Il s'ensuit que le fait qu'un sujet soit autorisé à croire une proposition ne dépend pas de ses particularités psychologiques, mais seulement de la structure de la proposition et de la justification. Par conséquent, l'état cognitif d'un sujet peut être identifié à un ensemble de justifications de propositions, et un sujet, tout simplement, à une suite temporelle d'états cognitifs.

Enfin, la notion intuitive de justification est typiquement faillible, en ce sens qu'il peut arriver qu'un sujet s ait des justifications pour croire une proposition qui, en fait, est fausse. On pourrait objecter que ce qui autorise un sujet à croire une proposition fausse ne peut pas être une véritable justification, mais seulement une pseudo-justification : il faut s'entendre sur l'usage des mots. Selon la terminologie que j'adopterai, un sujet s peut avoir de véritables justifications pour croire une proposition A qui est fausse — même s'il est probable que, s'il venait à reconnaître que A est fausse, il n'accepterait plus ce qu'il regardait auparavant comme une justification pour A; c'est dire seulement que les justifications sont relatives aux états cognitifs du sujet, et non que la notion de justification n'est pas faillible.

J'appellerai *conclusive* une justification pour A qui garantit la vérité de A. Un exemple typique de justification conclusive est la démonstration mathématique, qui non seulement nous autorise à croire qu'une proposition est vraie, mais aussi nous garantit sa vérité en tant qu'elle la constitue, ou du moins en est la seule voie d'accès possible.

2.1. *Justifications formelles*

2.2.1. *Le cas atomique*

Jusqu'ici, je n'ai parlé que des justifications intuitives. Celles-ci doivent être clairement distinguées de leurs substituts formels que je vais définir maintenant; afin de ne pas surcharger la terminologie, je continuerai pourtant à parler de justifications dans les deux cas.

Comme je n'entends analyser la structure interne des justifications que dans la mesure où elle influence la forme logique des propositions qu'elles autorisent à croire, une justification pour une proposition logiquement atomique restera complètement inanalysée, et sera donc conçue comme un objet abstrait quelconque.

2.2.2. Le cas de la conjonction

Les conjonctions ne posent pas de problèmes : on a une justification pour B ∧ C quand on a à la fois une justification pour B et une justification pour C.

2.2.3. Le cas de la négation

La situation est bien plus complexe dans le cas de la négation. Si l'on identifie, comme cela est raisonnable, la vérité de ¬A et la fausseté de A, la question qui se pose peut être formulée ainsi : qu'est ce qu'une justification pour croire que A est fausse ?

Classiquement, on idntifie la fausseté de A et la non-vérité de A ; pourtant, le fait que s n'ait pas de justifications pour A ne suffit pas à l'autoriser à croire que A est fausse : il faut encore que s soit en mesure d'exclure la possibilité qu'il pourrait trouver une justification pour A dans un futur par lui concevable.

Dans le domaine mathématique, il y a une solution bien connue à ce problème : c'est la réponse de Brouwer, selon laquelle avoir une preuve de ¬A revient à avoir une méthode pour déduire une contradiction de l'hypothèse que A est vraie.

La réponse de Brouwer peut-elle être appliquée hors du domaine mathématique ? Est-il plausible, par exemple, de soutenir qu'on a une justification pour la proposition « Louis n'est pas venu à l'école » quand on a une méthode pour déduire une contradiction de l'hypothèse que Louis est venu à l'école ? Franchement, je ne le crois pas ; pourtant, cela serait une conséquence directe du programme de Dummett qui propose d'étendre aux domaines extra-mathématiques l'explication intuitionniste des constantes logiques. Je pense, quant à moi, qu'il faut chercher dans une direction différente.

La solution que je propose est fondée sur l'idée que nous n'avons pas une intuition claire de ce qu'est une justification pour la fausseté de A, sauf dans le cas où A est une proposition logiquement atomique ; dans tous les autres cas, nous ne faisons que réduire le plus complexe au plus simple en employant des procédures de réduction. Par exemple, si quelqu'un veut établir si la proposition : « Tous les hommes parlent français » est vraie ou fausse, il ne se jugera autorisé à la croire fausse qu'après avoir trouvé un homme qui parle, par exemple, seulement l'italien. A mon avis, la raison pour laquelle on juge correcte cette manière de procéder est qu'on identifie le signifié des propositions de la forme ¬∀xA avec le signifié des propositions de la forme ∃x¬A ; et cette identification équivaut à une procédure de réduction, car A, la proposition sur laquelle agit l'opérateur de négation dans le second cas, est *logiquement moins complexe* que la proposition sur laquelle agit ce même opérateur dans le premier cas, c'est-à-dire $\forall xA$. Mon hypothèse est que nous mettons en action cette stratégie systématiquement, c'est-à-dire dans tous les cas où la proposition niée est logiquement complexe.

Par contre, quand la proposition niée, A, est atomique, la notion de justification pour la fausseté de A est aussi primitive que la notion de justification pour sa vérité. Par exemple, constater que deux nombres ne sont pas identiques, c'est constater qu'ils sont différents, et une constatation de différence est aussi primitive qu'une constatation d'identité ; d'une manière analogue, une constatation de présence est aussi primitive qu'une constatation d'absence, etc.

Il est donc naturel de définir les justifications pour $\neg A$ par induction sur la complexité de A. Je n'essaierai pas ici de justifier en détail chacune des clauses de la définition que je vais proposer (qui sera énoncée au § B.4). L'idée générale sur laquelle je me fonde est que les procédures de réduction dont j'ai parlé doivent être complètement classiques, c'est-à-dire codifiées par des propositions classiquement valides comme les lois de de Morgan ou d'autres lois analogues. Par exemple, les justifications pour $\exists xA$ seront identifiées aux justifications pour $\neg\forall x\neg A$, comme le suggère la logique classique. Il y a pourtant une différence substantielle par rapport à la logique classique, qui concerne la raison de cette identification : dans la logique classique, elle dépend, en quelque sorte, de la «faiblesse» du quantificateur existentiel, alors qu'elle dépend ici de la «force» de la négation.

Et précisément, le type de négation que je vais définir est celui qu'on trouve dans la littérature sous le nom de *négation forte* ou de *fausseté constructible* (Nelson 1949 et Thomason 1969).

2.2.4. *Le cas de la quantification existentielle*

Considérons la proposition :

(7) s croit que quelqu'un est entré dans la chambre

et demandons-nous sous quelles conditions elle est vraie, c'est-à-dire ce que serait une justification pour la proposition existentielle :

(8) Quelqu'un est entré dans la chambre.

On rencontre ici un premier cas d'ambiguïté : (7) peut décrire soit la situation cognitive d'un sujet qui a vu quelqu'un entrer dans la chambre et pourrait le reconnaître, qui en tout cas a en tête une personne donnée, soit la situation d'un sujet qui, revenant dans sa chambre après une absence, trouve les tiroirs ouverts et un désordre épouvantable, et en tire des conséquences.

L'ambiguïté porte sur l'interprétation, *spécifique* ou *non spécifique*, qu'on peut donner de (7). La distinction spécifique / non spécifique (DSN) est souvent confondue avec la distinction opaque / transparent (DOT), dont je m'occuperai plus loin (§ B.3).

Ces deux distinctions sont pourtant profondément différentes. En premier lieu, comme Bonomi (1983, pp. 97-100) l'a remarqué, une même attribution de croyance, par exemple (7), peut être vraie dans quatre types de situations bien différents, correspondant aux quatre combinaisons possibles d'interprétations : S + O, S + T , N + O, N + T.

En second lieu, la DOT ne concerne que les contextes intensionnels, tandis que la DSN concerne aussi les contextes extensionnels. A dire vrai, cette thèse peut être mise en question, mais je ne m'occuperai pas ici de la soutenir.

Considérons un contexte extensionnel, par exemple (8). Quand on affirme (8) dans le sens spécifique, on veut dire, à propos d'une personne spécifique, qu'*elle* est entrée dans la chambre; par contre, quand on affirme (8) dans le sens spécifique, on fait une affirmation *générale* concernant la classe des personnes qui sont entrées dans la chambre. La différence entre les deux interprétations de (8) renvoie donc aux deux sens différents qu'on peut attribuer au syntagme «quelqu'un».

Le point de départ de mon analyse[4] est l'observation d'une analogie très étroite entre ces deux sens de «quelqu'un» d'une part, et les deux intreprétations du quantificateur existentiel, respectivement dans la logique classique et dans la logique intuitionniste, d'autre part. En fait, d'un point de vue intuitionniste, l'affirmation de $\exists xA$ n'est pas légitime si on ne sait pas affirmer $A(t/x)$, pour au moins un objet spécifique t, tandis que du point de vue classique il suffit qu'on sache démontrer l'impossibilité que $A(x)$ soit fausse pour tous les x. Comme on peut le voir, l'analogie est absolument exacte, et peut donc être utilisée pour représenter sémantiquement la DSN. Mais comment?

Mon idée est d'exploiter le fait, observé par Gödel et Kolmogorov, que la logique classique peut être traduite dans la logique intuitionniste. En conséquence de quoi, la situation peut être décrite de la façon suivante : le cadre conceptuel de la logique intuitionniste permet d'analyser d'une manière plus fine le signifié des propositions existentielles des langues naturelles, parce qu'il dispose de deux quantificateurs existentiels : le constructif $\exists$, selon lequel $\exists xA$ a le même signifié que $A(t/x)$, pour au moins un objet spécifique t, et le classique $\exists$', selon lequel $\exists'xA$ a un signifié beaucoup plus faible, qui dans la logique intuitionniste est le même que celui de $\neg \forall x \neg A$.

L'idée, c'est donc d'associer au langage L une sémantique *constructive*, dans laquelle les deux quantificateurs existentiels $\exists$ et $\exists$' auront des sens différents, et de donner à (8), par exemple, deux traductions :

(9) (i) dans l'interprétation spécifique : $\exists xA$

(ii) dans l'interprétation non spécifique : $\exists'xA$.

Considérons maintenant une attribution de croyance, par exemple (7). Il est évident que la double traduction de la proposition crue par s donne lieu à une double traduction de l'attribution, qui à mon avis représente très bien le sens de la DSN dans les contextes de croyances. En fait, quand on affirme (7) dans le sens spécifique, on veut dire que s croit, à propos d'une personne spécifique, qu'*elle* est entrée dans la chambre ; s a donc une croyance *singulière* qui le met en rapport avec une certaine personne. Par contre, quand on affirme (7) dans le sens non spécifique, on attribue à s une croyance *générale* concernant la classe des personnes qui sont entrées dans la chabre.

Que serait donc une justification pour la proposition (8) dans chaque interprétation ? La réponse dépend du signifié exact des deux quantificateurs existentiels, donc de la sémantique constructive choisie.

Selon l'explication que donne Heyting du signifié des constantes logiques, une démonstration de $\exists xA$ est une démonstration de $A(t/x)$, pour au moins un objet t. On peut se demander si ce n'est pas là une exigence trop forte. Imaginons par exemple que s, avant de partir, ait laissé en marche une caméra braquée sur la porte de sa chambre ; il sait donc qu'il n'a qu'à regarder la bande vidéo pour savoir qui est entré, mais il ne l'a pas encore regardée. On pourrait soutenir que, dans ce cas aussi, s a une justification pour croire que (8) est vraie dans l'interprétation spécifique parce que, même si s n'a pas de justification pour croire d'une certaine personne qu'elle est entrée dans sa chambre, il connaît quand même une *méthode* pour obtenir, dans un laps de temps fini, une telle justification.

Je n'examinerai pas cette question ici, puisqu'il est clair que dans les deux cas la sémantique reste constructive. Je m'en tiendrai donc, pour les définitions formelles que je vais donner, à l'explication de Heyting, à cause de sa plus grande simplicité.

Passons au quantificateur classique. Dans la sémantique intuitionniste, $\exists'xA$ peut être défini à l'aide de $\forall$ et $\neg$, comme $\neg\forall x\neg A$. Puisque dans la sémantique qui m'occupe, caractérisée par la négation forte, $\neg\forall x\neg A$ est équivalent à $\exists xA$, la définition intuitionniste ne peut pas être adoptée ; il faut donc chercher dans une autre direction.

Ma proposition est d'ajouter à L un opérateur T, et d'associer à L_T un calcul logique (constructif) S, dans lequel T soit interprétable comme un opérateur de vérité classique, c'est-à-dire tel que :

(10) $\vdash_S T(A)$ si et seulement si $\vdash_{CPrC} A$

où CPrC est le calcul classique des prédicats. Grâce à (10), dans le calcul S le quantificateur existentiel classique peut être défini comme $T(\exists x)$.

Cette proposition a été développée dans Miglioli, Moscato, Ornaghi et Usberti (1989), auquel je renvoie le lecteur intéressé. Ici, je m'occuperai seulement de l'interprétation sémantique de l'opérateur T.

Dans le cadre conceptuel constructif que je suis en train d'établir, un sujet s sera autorisé à affirmer une proposition A s'il a une justification pour la croire ; par contre, pour qu'il soit autorité à affirmer T(A), il suffira qu'il sache qu'une telle justification *existe*.

Par exemple, je *ne sais pas* si Napoléon avait lu Arioste, parce que je ne connais de méthode ni pour vérifier que N avait lu A, ni pour vérifier que N n'avait pas lu A, mais je sais qu'*il est vrai* que Napoléon avait lu ou n'avait pas lu Arioste, parce que je sais qu'une telle méthode pourrait sûrement être découverte.

La seule justification que j'aie pour croire que A est vraie est donc l'information qu'une justification pour A existe. Or, cette information est normalement transmise par la proposition A elle-même ; il est donc naturel d'assigner, comme justification à T(A), précisément la proposition A.

2.2.5. Le cas de la disjonction

Dans le cas de la disjonction, on trouve une ambiguïté strictement identique à la DSN, et également significative ; elle n'a pourtant jamais été remarquée. Imaginons les situations suivantes. Dans la première, s sait que pour aller de Cerisy à Paris, il y a seulement deux trains, l'un arrivant à 11 heures et l'autre à 12 heures 30 ; il sait aussi que Hélène va arriver demain, mais il ne sait pas quel train elle va prendre : par conséquent, quand Louis lui téléphone pour s'informer il lui dit :

(11) Hélène arrivera demain à 11 heures ou à 12 heures 30.

Dans la seconde situation, s sait que Hélène arrivera à 11 heures, mais quand Louis l'appelle il lui dit encore (11) parce qu'il ne veut pas que Louis, qui est son rival en amour, aille la chercher à la gare.

Dans les deux situations, on peut affirmer :

(12) s croit que Hélène arrivera demain à 11 heures ou à 12 heures 30,

mais dans la première, l'affirmation n'est adéquate que si on lui donne une interprétation non spécifique, alors que dans la seconde, il faut une interprétation spécifique. En effet, dans la seconde situation, s est dans un état cognitif qui lui permettrait de faire l'affirmation plus précise : « Hélène arrivera demain à 11 heures » ; les raisons qu'il a pour ne pas le faire ne sont pas cognitives, on peut (ou plutôt on doit) donc les négliger. Par contre, on n'a pas cette possibilité dans la première situation.

Or, tout ce qui vient d'être dit à propos du quantificateur existentiel s'applique aussi, *mutatis mutandis*, à la disjonction. Je propose donc de donner à (11), par exemple, deux traductions différentes :

(13) (i) dans l'interprétation spécifique : $A \vee B$

(ii) dans l'interprétation non spécifique : $A \vee' B$

où $\vee$ et $\vee'$ sont les deux opérateurs de disjonction dont on dispose dans une sémantique constructive. Comme précédemment, je définis la disjonction classique $\vee'$ en termes de $\vee$ et de l'opérateur de vérité classique.

2.2.6. Le cas de l'implication

S sait que les numéros de téléphone de Milan ont été changés, par substitution aux deux premiers chiffres du nombre 248 ; il veut appeler son ami Jacques, dont le numéro lui paraît être 495806, mais il n'en est pas vraiment sûr. Dans cette situation, la proposition suivante est sûrement vraie :

(13) s croit que, si le numéro précédent de Jacques était 495806, son numéro actuel est 2485806.

Quelle est la justification qu'a s pour croire la proposition conditionnelle ? C'est l'information que les numéros de Milan ont été changés selon une *règle*. Cela suggère que, pour être autorisé à croire que A ⊃ B, il faut connaître une procédure, une règle ou plus généralement une *méthode*, qui ait la propriété de transformer chaque justification pour A en une justification pour B. Compte tenu de la condition d'adéquation (6), il ne suffit pas que la méthode ait *en fait* cette propriété : il est nécessaire qu'elle soit reconnaissable par le sujet de la croyance comme capable de transformer chaque justification pour A en une justification pour B.

Nous arrivons ainsi à l'explication intuitionniste de l'implication; la seule différence est que Heyting parle d'une *preuve* de A ⊃ B, tandis qu'ici je définis la notion (faillible) de justification. Quoi qu'il en soit, l'explication classique ne nous aiderait pas, puisque, dans le sens classique, A ⊃ B est vraie si A est fausse ou bien si B est vraie; or, l'exigence qu'une justification pour A ⊃ B soit une justification pour ¬A ou bien une justification pour B serait évidemment trop forte, comme notre exemple, où s n'a de justification ni pour ¬A ni pour B, le montre bien.

A ce stade, nous avons déjà deux raisons pour associer à notre langage formel L une sémantique constructive : d'abord, la sémantique constructive permet une analyse plus fine du signifié de certains syntagmes quantifiés, donc de représenter la DSN; ensuite, elle permet de satisfaire la condition d'adéquation que j'ai imposée à la définition des justifications. L'analyse du cas universel va nous fournir une troisième raison.

2.2.7. *Le cas de la quantification universelle*

Partons encore d'un exemple. Cette fois, s est un étudiant en mathématiques qui a remarqué que les nombres de la forme $2^{2n} + 1$ sont premiers; il l'a vérifié sur une grande quantité de cas et n'a jamais trouvé de contre-exemple. Peut-on dire que la proposition :

(14) s croit que tous les nombres de la forme $2^{2n} + 1$ sont premiers

est vraie, c'est-à-dire que s a une justification pour croire la proposition universelle ?

Sûrement, s a une forte motivation psychologique pour la croire, mais il n'a pas une raison qui l'y autorise. La seule justification qu'il pourrait trouver serait une *méthode* qui, pour un nombre arbitraire de la forme en question, fournirait une preuve que ce nombre est premier — bien entendu, une méthode qui puisse être reconnue comme ayant cette propriété. De nouveau, nous retrouvons l'explication intuitionniste du signifié du quantificateur universel; de nouveau, l'explication classique ne nous serait d'aucune utilité, puisqu'elle demanderait à un sujet fini de contrôler un nombre infini de cas.

On pourrait objecter qu'on ne peut généraliser à tous les cas possibles à partir d'un exemple mathématique. Considérons donc la proposition :

(15) s croit que tous les corbeaux sont noirs.

Même dans ce cas, ce n'est pas l'explication classique du quantificateur universel qui peut nous aider à caractériser une justification pour la proposition universelle : celle-ci est vraie si une multiplicité de faits sont vérifiés, mais pour être autorisé à la croire, il faut moins et plus que le simple contrôle de tous ces faits. On a besoin de connaître une définition de l'espèce des corbeaux, ou bien, si on préfère, le stéréotype du corbeau. C'est pour cette raison que si s rencontrait un corbeau blanc, il ne se sentirait pas *eo ipso* autorisé à croire qu'il soit *faux* que tous les corbeaux sont noirs : les définitions et les stéréotypes sont essentiellement des *lois* (qui associent certaines propriétés aux individus d'une certaine classe), et, comme toutes les lois, présupposent une idéalisation des phénomènes.

3. La distinction opaque / transparent

Maintenant que nous avons défini la notion de justification, nous devrions être en mesure de formuler les conditions de vérité de « s sait que A ». Mais on rencontre à ce point une difficulté d'un genre nouveau.

Considérons la proposition :

(16) s croit que Shakespeare fut le plus grand philosophe anglais

et imaginons que s soit un partisan de la théorie, aujourd'hui définitivement réfutée, selon laquelle « Shakespeare » n'était qu'un pseudonyme de Francis Bacon. Dira-t-on que (16) est vraie si s croit que le plus grand philosophe anglais fut Bacon, ou bien s'il croit que ce fut Shakespeare (celui qu'aujourd'hui on sait avoir été Shakespeare) ?

Evidemment, la réponse à cette question n'existe pas, et cela suffit, à mon avis, à démontrer que (16) est effectivement *ambiguë* : elle admet une interprétation *opaque* selon laquelle l'objet de la croyance de s est Bacon, et une interprétation *transparente*, selon laquelle c'est Shakespeare[5].

J'ai déjà souligné quelques différences entre la DOT et la DSN. Mais la différence essentielle, à mon avis, est que la DSN, dans un contexte de croyance, concerne deux types de rapport intentionnel qu'un sujet peut avoir avec l'objet de sa croyance, tandis que la DOT concerne deux manières de *décrire* le même rapport intentionnel.

Mon point de départ est l'observation que, dans l'interprétation opaque, (16) est vraie à cette seule condition : que s lui-même emploierait, pour formuler sa croyance, la proposition

(17) Shakespeare fut le plus grand philosophe anglais

ou bien une proposition *pour lui* équivalente, par exemple : «L'auteur du *Novum Organum* fut le plus grand philosophe anglais»; tandis que dans l'interprétation transparente, (16) est vraie à cette seule condition : que s emploierait, pour formuler sa croyance, une proposition équivalente à (17) *pour l'attributeur* (mais pas nécessairement pour lui), par exemple : «Le fils du tanneur de Stratford-on-Avon fut le plus grand philosophe anglais».

Cette remarque suggère une approche de la DOT fondée sur la distinction de deux perspectives épistémiques complémentaires et irréductibles : *le point de vue du sujet* de la croyance et *le point de vue de l'attributeur* qui décrit la croyance, ou bien *de la communauté* qui écoute cette description, ou encore *l'observateur externe* (dans la mesure où tant l'attributeur que les auditeurs sont des observateurs externes de la situation cognitive du sujet).

Comment caractériser ces deux perspectives épistémiques? Je ne pourrai répondre à cette question qu'après avoir analysé la connaissance. A ce point, je me bornerai à remarquer que l'observateur est omniscient — non pas dans l'absolu, mais en ce qui concerne la situation qu'il observe — en ce sens qu'il dispose de toutes les informations pertinentes. Pour représenter son point de vue, il nous suffira donc, pour le moment, de disposer de la notion classique de vérité, définie à partir d'une interprétation classique. Par ailleurs, le point de vue du sujet sera représenté à l'aide de la notion de justification.

4. Les conditions de vérité de «s croit que A»

Nous pouvons maintenant définir les conditions de vérité de «s croit que A». Rassemblons d'abord les analyses précédentes du concept de justification en une définition rigoureuse.

Une *assignation* pour L_T est une fonction J qui assigne à chaque formule atomique close A de L un ensemble fini arbitraire d'objets J(A), à la négation de cette formule, $\neg A$, un ensemble fini $J(\neg A)$, disjoint de $J(A)$, et à chaque formule de la forme $T(B)$, pour B arbitraire, l'ensemble $\{T(B)\}$. La fonction J est étendue d'une manière univoque à toutes les formules closes de L_T par les clauses inductives suivantes :

(18)   POSITIVES   NÉGATIVES

$J(A \text{ \S } B) = J(A) \ddot{o} J(B)$[6] $J(\neg(A \wedge B)) = J(\neg A) \cup J(\neg B)$
$J(A \vee B) = J(A) \cup J(B)$[7] $J(\neg(A \vee B)) = J(\neg A) \times J(\neg B)$
$J(A \supset B) = J(B)^{J(A)}$[8] $J(\neg A \supset B)) = J(A) \times J(\neg B)$
$J(\forall x\ A) = \Pi_{t \in D} J(A(t))$[9] $J(\neg(\forall x\ A)) = \Sigma_{t \in D} J(\neg A(t))$
$J(\exists x\ A) = \Sigma_{t \in D} J(A(t))$[10] $J(\exists x\ A) = \Pi_{t \in D} J(\neg A(t))$

$$J(\neg\neg A) = J(A)$$

Les éléments de $J(A)$ seront appelés *justifications pour* A. Un *sujet* peut être conçu comme une fonction s ayant comme domaine un ensemble d'indices de temps et comme valeurs des états cognitifs. Un *état cognitif* est un ensemble (fini) de justifications pour des propositions.

Un *modèle* de L_T est un couple $M = <D, d>$, où D est un ensemble non vide et d une fonction de dénotation. La notion « A est vraie dans le modèle M » ($\models^M A$) est définie comme d'habitude pour les formules de L ; de plus, $\models^M T(A)$ si et seulement si $\models^M A$.

Nous pouvons maintenant donner les conditions de vérité de « s croit que A » :

(19) (i) dans l'interprétation opaque : $\models_i^M B(s,[A(t)])$ ssi il existe un j tel que $j \in J(A(t)) \cap s(i)$

(ii) dans l'interprétation transparente : $\models_i^M B(s,[A(t)])$ ssi il existe t' et j tels que $j \in J(A(t')) \cap s(i)$ et $\models_i^M t = t'$.

C. CONNAISSANCE

1. Le premier problème de Gettier et ses variantes

Pour contrer l'analyse traditionnelle de la connaissance, résumée par (4) (§ A.2, *supra*), Gettier a formulé deux célèbres contre-exemples. Le premier peut être résumé schématiquement de la manière suivante.

(20) Smith croit que Jones est celui qui va occuper le poste :
⊨ B (s, [g = j])[11]

(21) Smith croit que Jones a dix pièces dans sa poche : ⊨ B (s, [D(j)])

(22) Jones n'est pas celui qui va occuper le poste : ⊭ g = j

(23) Celui qui va occuper le poste a dix pièces dans sa poche : ⊨ D(g).

Rappelons que Gettier fait référence à une notion de croyance qui satisfait la condition suivante :

(24) Si s croit que A, si A entraîne B, si s déduit B de A et accepte B comme résultat de cette déduction, alors s croit que B

c'est-à-dire à une notion de croyance très proche de celle qui m'occupe ici.

De (20) et (21), il s'ensuit que ⊨ B(s, [D(j) ∧ g = j]); de ce fait et du fait que D(j) ∧ g = j ⊨ D(g), il s'ensuit grâce à (24) que

(25) ⊨ B(s, [D(g)]).

Donc, la proposition : « Smith croit que celui qui va occuper le poste a dix pièces dans sa poche » est vraie, et pourtant Smith ne *sait* pas que celui qui va occuper le poste a dix pièces dans sa poche.

Pourquoi ? Je suggérerai que c'est parce Smith *identifie incorrectement* Jones à la personne qui va occuper le poste; par conséquent, (25) est vraie dans l'interprétation opaque, mais elle est *fausse* dans l'interprétation *transparente*.

Il suffit donc, pour neutraliser le contre-exemple de Gettier, d'exiger que « s croit que A » soit vraie dans l'interprétation transparente. Faut-il exiger aussi qu'elle soit vraie dans l'interprétation opaque ? Oui.

Pour nous en convaincre, considérons la variante suivante du contre-exemple de Gettier. Smith et Jones concourent pour un emploi; mais cette fois, Smith a des raisons de croire qu'il est destiné à prendre le poste. De plus, il croit n'avoir pas un sou en poche, et croit que Jones, par contre, a dix pièces dans sa poche. Et pourtant, les choses sont différentes de ce qu'il croit : celui qui est destiné à prendre le poste est Jones, pas lui. Dans cette situation, Smith croit, à propos de celui qui va en fait occuper le poste, qu'il a dix pièces dans sa poche, donc (25) est vraie dans l'interprétation transparente ; il ne s'agit pourtant pas d'un cas de connaissance, parce que (25) n'est pas vraie dans l'interprétation opaque.

On pourrait donc penser que la définition suivante de «s sait que A» est adéquate :

(26) $\models K(s, [A])$ ssi

(i) $\models {}^M B(s, [A])$ dans l'interprétation opaque

(ii) $\models {}^M B(s, [A])$ dans l'interprétation transparente

(iii) $\models {}^M A$.

Mais il existe des variantes aux contre-exemples de Gettier qui font apparaître une difficulté beaucoup plus sérieuse[12].

Considérons la situation suivante : s croit que Charles est marié, parce qu'un ami digne de foi le lui a dit, ami qui ne sait pas que la femme de Charles est morte depuis longtemps. Un an après, Charles se remarie. A ce point, la croyance que s continue à avoir, justifiée par l'information de l'ami, est devenue vraie; mais sûrement, on ne peut pas dire que s *sait* que Charles est marié. Pourquoi? Intuitivement, parce que la raison qui autorise s à croire que la proposition «Charles est marié» est vraie n'est pas la même que celle pour laquelle la proposition *est* vraie.

On touche ici un trait fondamental de la notion de connaissance : afin que la croyance soit connaissance, il faut qu'il y ait quelque forme de *raccordement* entre ce qui rend vraie la croyance et les raisons qui la justifient. Mon idée est de caractériser ce raccordement comme une correspondance biunivoque entre les *raisons de la vérité* de A et un sous-ensemble de J(A), les justifications pour A. A cette fin, il sera nécessaire de donner une représentation formelle non seulement aux justifications pour A, mais aussi aux raisons de la vérité de A.

Revenons à notre exemple. Imaginons que parmi les justifications que s a pour croire que Charles est marié il y ait, outre l'information de l'ami digne de foi, le fait qu'il a vu un récent certificat de mariage de Charles (évidemment relatif à son deuxième mariage). Du point de vue de s, les deux justifications sont sur le même plan, en ce sens que les deux sont en mesure d'autoriser sa croyance et que les deux sont faillibles (le certificat pourrait être faux). Mais du point de vue d'un observateur omniscient en ce qui concerne la situation donnée, c'est-à-dire qui aurait à sa disposition *toutes* les informations pertinentes, seule la deuxième justification est *conclusive* et correspond donc à une des raisons de la vérité de la proposition en question.

Il s'agit donc de définir d'abord la notion de justification conclusive en faisant appel au point de vue de l'observateur externe.

2. Justifications conclusives et définition de la connaissance

La définition, comme on peut s'y attendre, sera inductive. Je la donnerai d'abord, j'en commenterai ensuite quelques aspects.

Soit une assignation J. Par «$\underline{A}$» je dénoterai un élément de J(A). Une *discrimination* relative à J est une fonction h qui à chaque élément de J(A) $\cup$ J($\neg$A), ou A est une formule atomique close de L, associe un élément de $\{1,0\}$, avec la restriction que s'il existe une justification $\underline{A}$ telle que h ($\underline{A}$) = 1, alors il n'existe pas de justification $\underline{\neg A}$ telle que h($\underline{\neg A}$) = 1.

Nous pouvons définir, par induction sur A, la valeur $|\underline{A}|_{J,h}$ d'une justification $\underline{A}$, pour A relativement à J et h :

(27) — $|<\underline{B}, \underline{C}>|_{J,h} = 1$ ssi $|\underline{B}|_{J,h} = |\underline{C}|_{J,h} = 1$

— $|<\underline{B}, 0>|_{J,h} = 1$ ssi $|\underline{B}|_{J,h} = 1$

$|<\underline{C}, 1>|_{J,h} = 1$ ssi $|\underline{C}|_{J,h} = 1$

— si j $\in$ J(B $\supset$ C), $|j|_{J,h} = 1$ ssi,

$\forall\ \underline{B} \in J(B)$, si $|\underline{B}|_{J,h} = 1$, alors $|j(\underline{B})|_{J,h} = 1$

— si j $\in$ J ($\forall$ x B), $|j|_{J,h} = 1$ ssi, $\forall\ t \in D$, $|j(t)|_{J,h} = 1$

— $|< t, \underline{B}(t)>|_{J,h} = 1$ ssi $|\underline{B}(t)|_{J,h} = 1$

— $|T(B)|_{J,h} = 1$ ssi $\exists\ \underline{B}$ tel que $|\underline{B}|_{J,h} = 1$

Les clauses négatives pourront être reconstituées facilement. On dira qu'une justification $\underline{A}$ pour A est *conclusive* (relativement à J et h) si $|\underline{A}|_{J,h} = 1$.

Je peux maintenant enfin donner les conditions de vérité de «s sait que A» relativement à J et h, et à un instant i :

(28) $\models^J K(s, [A(t)])$ ssi $\exists\ t'\ \exists\ j$ tel que

j $\in$ J(A(t')) $\cap$ J(t = t') $\cap$ s(i) et j est conclusive.

Voici quelques remarques concernant ces définitions. On aura noté que (28) entraîne que l'attribution de croyance B(s, [A(t)]) est vraie *autant dans l'interprétation opaque que dans l'interprétation transparente*, comme (26) le demandait déjà. De ce fait, mon approche prévoit que la DOT ne s'applique pas à la connaissance — ce qui me paraît correspondre aux faits. Par contre, elle prévoit que la DSN *s'applique* aussi à la connaissance, et cela me paraît de nouveau confirmé par les faits. Par exemple, considérons la phrase :

(29) s sait que quelqu'un va vaincre ;

elle peut être vraie soit dans une situation où s sait que son ami Pierre va vaincre, ce qui force donc l'interprétation spécifique, soit dans une situation où s assiste à une partie de dames sans savoir qui sera le vainqueur.

Apparemment, on a complètement éliminé de la définition de la connaissance toute référence aux modèles, et donc à la notion de vérité. Comment les conditions (28) peuvent-elles alors prétendre définir la connaissance, qui est tellement liée à la notion de vérité ?

C'est le moment de réfléchir à un aspect essentiel de l'approche que j'ai proposée. Comme on l'a vu, l'exigence fondamentale est de développer un cadre conceptuel dans lequel il soit possible de représenter aussi bien le point de vue du sujet que celui de l'observateur. Une manière intuitivement plausible de le faire pourrait être la suivante :

– interpréter L au moyen des modèles classiques, dont chacun serait une représentation possible du monde tel qu'il est ;

– concevoir les sujets connaissants comme détenteurs de «perspectives», ou bien de «modèles épistémiques» du monde, et caractériser ces modèles d'une manière quelconque (par exemple comme des sous-modèles d'un modèle classique) ;

– définir les conditions de vérité de «s croit que A» et «s sait que A» en termes du rapport entre modèle classique et modèles épistémiques.

Cependant, cette approche ne permettrait pas d'appliquer aux contextes extensionnels la solution que j'ai proposée pour la DSN, car dans une sémantique classique, il n'y a de place que pour un seul quantificateur existentiel. C'est pourquoi j'ai adopté une stratégie différente :

– interpréter L par des assignations, dont chacune est une représentation de tous les états cognitifs (ou bien de tous les modèles épistémiques) possibles, définis comme classes de justifications pour des propositions ;

– identifier une représentation du monde avec un ensemble de propositions déclarées vraies par l'observateur externe, qui est en mesure de discriminer, parmi les justifications pour croire une proposition, celles qui sont conclusives ;

– définir les conditions de vérité de «s croit que A» et «s sait que A» en termes du rapport entre justifications et justifications conclusives.

Pour que cette stratégie fonctionne, il est nécessaire que les justifications conclusives pour A puissent être plausiblement conçues aussi comme les raisons de la vérité de A. Et, en effet, étant donné une assignation J, il y a bien une correspondance biunivoque entre discriminations et évaluations classiques : si h est une discrimination relative à J, l'*évaluation* v *associée* à h est définie par

(30) $v(A) = A$ ssi $\exists \underline{A}$ tel que $|\underline{A}|_{J,h} = 1$,

où A est une formule atomique close de L. On peut vérifier facilement, par induction sur A, que v est une évaluation classique.

La vérité classique est donc présente dans ce cadre conceptuel grâce à la notion de discrimination qui, à son tour, représente le point de vue de l'observateur. Par conséquent, les justifications conclusives peuvent également être considérées comme les raisons de la vérité.

A ce point, on peut aussi mieux comprendre le signifié épistémique de l'opérateur T. En effet, il y a un lien profond entre cet opérateur et le point de vue de l'observateur externe. D'une part, l'observateur est quelqu'un qui, parce qu'il est en mesure d'établir quelles justifications sont conclusives, peut déterminer la valeur de vérité de chaque proposition. D'autre part, une proposition de la forme T(A) a pour seule justification la proposition A elle-même, ce qui, dans la sémantique que j'ai illustrée, revient au fait qu'une proposition qui se trouve dans la portée du T doit être interprétée classiquement, c'est-à-dire en termes de conditions de vérité. Par conséquent, on peut dire que dans la portée du T le point de vue de l'observateur est pertinent.

Les rôles du sujet et de l'observateur sont irréductibles l'un à l'autre. Mais le fait qu'ils soient des rôles distincts n'empêche pas qu'un sujet puisse jouer les deux. En effet, je pense que la capacité que nous avons, en tant que sujets connaissants, de jouer les deux rôles est essentielle pour que notre monde cognitif se structure d'une manière articulée.

Considérons par exemple la situation d'un sujet qui regarde un petit bâton à demi immergé dans un verre d'eau : il le voit tordu, mais il *sait* qu'il est droit. La situation cognitive que nous décrivons dans ces termes est bien entendu le résultat d'un processus extrêmement complexe dont des facteurs importants ont vraisemblablement été des expériences tactiles antérieures et une sorte de « choix » inconscient d'attribuer un caractère de réalité aux données tactiles mémorisées plutôt qu'aux données visuelles présentes, probablement parce qu'il est beaucoup plus facile d'expliquer le fait que le petit bâton semble tordu sur la base des lois de la réfraction et du fait qu'il *est* droit, que sur la base du fait qu'il est tordu et sur d'hypothétiques lois de distorsion tactile.

Or, au moment où le sujet *oublie*, pour ainsi dire, ce processus, et regarde comme une *donnée* le résultat du processus lui-même (dans notre exemple, l'articulation de l'expérience perceptive en deux niveaux : le tactile, réel, et le visuel, purement phénoménique), ce moment peut être identifié au moment où le sujet adopte, par rapport à ses vécus perceptifs, le point de vue de l'observateur externe.

Plus généralement, donc, ce point de vue est celui depuis lequel le sujet oublie les (ou fait abstraction des) justifications et prend en considération exclusivement la valeur de vérité des propositions : c'est exactement ce qu'il faut faire pour interpréter une proposition de la forme T(A).

3. Applications

Voyons maintenant comment la définition (28) nous permet d'analyser quelques cas intéressants.

3.1. Le deuxième contre-exemple de Gettier peut être transposé et schématisé de la manière suivante :

(31) Smith croit que Jones possède une Ford : $\models B(s, [F(j)])$

(32) Jones ne possède pas de Ford : $F(j)$

(33) Jones est à Paris : $\models P(j)$.

De (31) et du fait que $F(j) \models F(j) \vee P(j)$, il s'ensuit, grâce à (24), que

(34) $\models B(s, [F(j) \vee P(j)])$;

de (33), il s'ensuit que $\models F(j) \vee P(j)$. Les conditions (4) sont donc remplies, mais il est faux que $K(s, [F(j) \vee P(j)])$.

La raison peut être facilement diagnostiquée sur la base de la définition (28). En fait, il faut remarquer que la seule interprétation possible de (34), dans la situation décrite par Gettier, est l'interprétation spécifique ; par conséquent, d'après (28), s sait que Jones possède une Ford ou bien Jones est à Paris si et seulement si il sait que Jones possède une Ford ou bien il sait que Jones est à Paris, c'est-à-dire s'il a une justification conclusive pour l'un ou l'autre des deux disjoints. Mais ce n'est pas le cas : s a une justification pour croire que Jones possède une Ford, mais elle ne peut être conclusive puisque Jones ne possède pas de Ford; par contre, il est vrai que Jones est à Paris, mais s n'a pas de justification pour le croire[13].

3.2. Nous avons déjà analysé le premier problème de Gettier. Il faut pourtant remarquer que si l'on accepte la théorie des descriptions de Russell, l'attribution :

(35) Smith sait que celui qui va occuper le poste a dix pièces dans sa poche

ne rentre pas dans le cas atomique mais dans le cas existentiel; elle devrait par conséquent admettre non seulement une interprétation spécifique, mais aussi une interprétation non spécifique. C'est justement ce qui se passe, comme on va le voir maintenant, et la théorie des descriptions de Russell semble donc préférable.

Imaginons la variante suivante du premier problème de Gettier. Smith et Jones concourent pour un certain emploi. L'examinateur, les ayant trouvés de mérite égal sous tous les aspects, décide de laisser le choix au hasard : prendra le poste celui qui a dix pièces dans sa poche (si les deux les ont — ou ni l'un ni l'autre —, le poste restera vacant). Dans cette situation, la seule interprétation plausible de (35) est l'interprétation non spécifique. Remarquons aussi qu'on *n'a pas* ici un contre-exemple à l'analyse traditionnelle : il suffit que Smith croie la proposition et que la proposition soit vraie pour que Smith *sache* que la proposition est vraie. Pourquoi? Sur la base de ma définition, la réponse est immédiate : la traduction de (35) dans l'interprétation non spécifique est de la forme :

(36) $K(s, T[\exists xA])$

et, d'après (27) et (28), (36) est vraie simplement si *la proposition* : « Celui qui va occuper le poste a dix pièces dans sa poche » fait partie de l'état cognitif de s et est vraie.

3.3. Considérons enfin l'exemple de Charles. Sur la base de ma définition, il est évident que s ne sait pas que Charles est marié, parce que la justification qu'il a pour croire la proposition n'est pas conclusive, tandis que la raison de la vérité de cette proposition n'est pas une information dont il dispose.

D. POUR UNE ÉPISTÉMOLOGIE DUALISTE

Au problème de la caractérisation des relations intentionnelles, on donne aujourd'hui des réponses qu'on peut répartir en deux grandes catégories : les théories externalistes et les théories internalistes. Deux exemples significatifs sont fournis, respectivement, par les théories *causalistes* et les théories que Kim a appelées *théories de la satisfaction* (Kim 1977, p. 608).

Considérons la connaissance. J'ai déjà parlé de la nécessité, pour qu'il y ait connaissance, d'un raccordement entre ce qui rend vraie la croyance et les raisons qui la justifient. L'exigence de ce raccordement est partagée, d'une manière ou d'une autre, par toutes les théories; ce qui est typiquement différent est la caractérisation conceptuelle qu'elles en donnent.

Selon les théories causalistes, pour que s sache que A(t), il faut qu'il y ait un *lien causal* entre ce qui rend vraie A(t) et la croyance de s. Le raccordement est donc essentiellement conçu comme *causation* de la croyance par un fait ou par une suite de faits [14].

Selon les théories de la satisfaction, par contre, il faut que s accepte comme cognitivement évidente une assertion de la forme : «Le tel et tel est A», où t est le tel et tel. Celles-ci conçoivent donc le raccordement essentiellement comme *détermination* d'un fait par les raisons qui justifient la croyance [15].

On voit apparaître ici de la manière la plus claire le propos *réductionniste* qui est commun à ces deux conceptions philosophiques antithétiques. D'un côté, le causaliste, qui est un réaliste, prétend expliquer la connaissance sans faire référence aux raisons qui la justifient, mais seulement aux faits extérieurs au sujet et éventuellement aux processus psychiques qui l'engendrent. De l'autre côté, le tenant d'une théorie de la satisfaction, qui est un antiréaliste, prétend éliminer chaque référence aux faits, dans la mesure où il les conçoit comme déterminés par les raisons qui justifient la croyance. Plus généralement, on pourrait dire que chacun privilégie *un* des deux points de vue que j'ai distingués : le réaliste le point de vue de l'attributeur, pour lequel les justifications du sujet n'ont pas d'intérêt, mais seulement les faits et les états psychiques; l'antiréaliste le point de vue du sujet, pour lequel les faits ne sont que des propositions qu'il est autorisé à croire en vertu de justifications.

On peut ainsi comprendre pourquoi les théories causalistes (réalistes) et internalistes (antiréalistes) de la connaissance sont exposées à des difficultés complémentaires.

Les théories causalistes fonctionnent très bien dans le domaine empirique, mais elles perdent presque toute leur plausibilité quand elles sont appliquées à la connaissance des objets mathématiques ou plus généralement des entités abstraites. Par exemple, je sais que tout nombre naturel est pair ou impair, mais quel est le lien *causal* entre les faits qui rendent vraie la proposition en question et ma croyance ? Il est significatif, à mon avis, qu'on ne trouve pas dans un ouvrage de portée systématique comme *Epistemology and Cognition* (Goldman 1986) de réponse à ce problème — pas même une formulation du problème [16]. La seule chose qu'on y trouve, c'est la mise en évidence de l'importance de la perception dans les processus qui amènent à la découverte et à la compréhension d'une preuve mathématique, selon la conception hilbertienne des mathématiques comme fondées en dernière analyse sur l'évidence perceptive. Mais ce n'est pas dans cette direction qu'une solution peut être trouvée, car une preuve est une justification pour croire une proposition mathématique, tandis que l'explication causaliste demande un lien causal entre la croyance et *ce qui la rend vraie*; et sûrement un réaliste comme Goldman ne voudrait pas souscrire à la thèse intuitionniste que la preuve est aussi ce qui rend vraie la proposition. Pour un réaliste, ce qui rend vraie la proposition : « Tout nombre naturel est pair ou impair » est l'infinité de faits singuliers exprimés par les propositions : « 1 est pair ou impair », « 2 est pair ou impair », etc. Et l'exigence qu'il y ait un lien causal entre la totalité de ces faits et ma croyance paraît vraiment peu éclairante.

Par contre, les théories internalistes trouvent dans les mathématiques leur domaine naturel, mais elles perdent presque toute leur crédibilité quand elles sont appliquées à la connaissance empirique. La difficulté typique à laquelle elles sont exposées est celle de la satisfaction fortuite, dont j'ai déjà parlé.

La raison de ces difficultés complémentaires est simple : d'une part, la référence à un royaume de faits indépendants du sujet connaissant est problématique pour les entités abstraites, et d'autre part la thèse que les justifications de la croyance sont constitutives des faits qui la rendent vraie n'est pas convaincante dans le domaine empirique, où les justifications sont typiquement faillibles.

A mon avis, il y a une analogie entre la situation que j'ai décrite et le débat entre platoniciens et intuitionnistes sur les fondements des mathématiques et de la logique. Dans ce cas aussi deux théories s'opposaient, chacune privilégiant un point de vue : celui du mathématicien entendu comme sujet connaissant épistémiquement limité pour lequel les entités mathématiques sont des constructions, et par lequel les vérités mathématiques sont créées, et celui d'un mathématicien omniscient auquel l'infini est « donné » comme les objets perceptifs sont donnés aux hommes. Dans les deux cas, il s'agissait de *monismes épistémologiques* rivaux, visant chacun à nier la légitimité — ou du moins l'intérêt — du point de vue privilégié par l'autre.

Je crois qu'aujourd'hui on peut affirmer non seulement qu'aucune théorie n'a prévalu sur l'autre, mais aussi que la tentative de trouver des arguments en faveur de l'une contre l'autre paraît moins intéressante et prometteuse que le programme de représenter les deux modalités cognitives qu'elles privilégient dans un cadre conceptuel unifié [17].

La morale qu'on peut tirer de l'analogie est importante : pourquoi devrait-on penser que pour expliquer les relations intentionnelles il faut privilégier un des deux points de vue que j'ai distingués au détriment de l'autre ? En fait, si on est prêt à renoncer au monisme épistémologique que partagent les théories réalistes et antiréalistes, on peut caractériser un pôle au détriment de l'autre — comme on l'a vu — et donner une définition de la connaissance plausible aussi bien dans le domaine mathématique que dans le domaine empirique.

De plus, et c'est là un point essentiel, on peut se rendre compte que pour expliquer la connaissance et les autres relations intentionnelles, l'appel réaliste à la causalité et l'appel antiréaliste à l'*acquaintance* sont tous deux complètement inutiles. Par exemple, en analysant les exemples proposés par Goldman (1967 et 1986), on peut se convaincre que l'exigence causaliste d'un lien causal entre la croyance et le fait qui la rend vraie est correcte en ce qui concerne le *lien*; par contre, concevoir ce lien comme causal n'est que le résultat d'un choix philosophique réaliste qu'on a bien sûr le droit de faire, mais qui n'est pas du tout justifié par l'exigence d'expliquer la connaissance. Selon mon explication, le lien consiste simplement dans le fait que, quand il y a connaissance, *la même chose* a fonction de justification pour croire une proposition et de raison de sa vérité; que la raison de la vérité soit une cause de la justification est hors de question.

Je conclurai avec une citation extraite d'un article de Nicholas Goodman :

> On peut donc considérer l'opposition entre les positions classique et intuitionniste en matière de fondement des mathématiques comme un désaccord entre deux monismes opposés, mutuellement exclusifs (...). Il est évident qu'une telle opposition a peu de chances d'être fructueuse. L'avancée fructueuse en physique a consisté à développer une conception dualiste qui soulignait à la fois le rôle de l'observateur et celui de la réalité observée. (...) Il est à la fois possible et souhaitable de développer une conception dualiste similaire relative aux fondements des mathématiques (Goodman 1984, p. 26).

J'ajouterai seulement qu'une conception dualiste similaire des fondements de l'épistémologie est possible autant que souhaitable.

NOTES

[1] On verra que les problèmes de Gettier mettent en question la suffisance des conditions traditionnellement imposées à la connaissance, non pas leur nécessité.

[2] J'emploie «justification conclusive» dans une acception technique, que je définirai plus loin, selon laquelle si s a une justification conclusive pour A, alors A est vraie.

[3] Je continue à postuler que les conditions (4) sont nécessaires pour que «s sait que A» soit vraie.

[4] Je résume ici les idées fondamentales d'un ouvrage en préparation (Usberti, en préparation).

[5] C'est à dessein que je prends ici un cas où la DOT s'applique à un nom propre («Shakespeare») et non à une description, ceci afin d'éviter les confusions, fréquentes dans la littérature, avec d'autres distinctions courantes, comme la DSN et la distinction référentiel / attributif.

[6] $X \times Y$ est le *produit cartésien* de X par Y, c'est-à-dire $\{<x,y> \mid x \in Y\}$.

[7] $X \cup Y$ est l'*union disjointe* de X et Y, c'est-à-dire $(X \times \{0\}) \cup (Y \times \{1\})$.

[8] X^y est : $\{f \mid f$ est une fonction effective telle que pour chaque $y \in Y, f(y) \in X\}$. La notion de fonction effective est considérée ici comme une notion primitive.

[9] $\prod_{x \in X} Y(x)$ est le produit cartésien de la famille d'ensembles $Y(x)$ sur X, c'est-à-dire $\{f \mid f$ est une fonction effective telle que pour chaque $x \in X, f(x) \in Y(x)\}$.

[10] $\Sigma_{x \in X} Y(x)$ est l'union disjointe de la famille d'ensembles $Y(x)$ sur X, c'est-à-dire $\{<x, y> \mid x \in X$ et $y \in Y(x)\}$.

[11] Cette formule ne doit pas être comprise comme une traduction dans L_{TBK}, mais comme une abréviation commode. En particulier, je n'entends pas me prononcer sur le problème des descriptions.

[12] Que Kim a appelée «*The difficulty of fortuitous satisfaction*» (1977, p. 610). Mais le prototype de ce genre de contre-exemples remonte peut-être à Saunders et Champawat (1964, pp. 8-9) qui ne professent pas une position causaliste.

[13] Observons que cette analyse du problème de Gettier est permise même si on définit une justification pour une disjonction comme une *méthode* pour obtenir une justification pour un des disjoints.

[14] Par exemple, Goldman analyse ainsi le deuxième problème de Gettier : «Observons que ce qui rend p vrai est le fait que Brown est à Barcelone, mais que ce fait n'a rien à voir avec la croyance de Smith relative à p. En d'autres termes, il n'y a pas de connexion causale entre le fait que Brown soit à Barcelone et la croyance de Smith relative à p» (Goldman 1967, p. 358).

[15] Par exemple, un intuitionniste pourrait soutenir que le fait qu'il y a une quantité infinie de nombres premiers est *déterminé* par l'existence d'une preuve (constructive) de cette proposition.

[16] D'ailleurs, dans un article bien connu, Goldman (1967) avait explicitement dit que son analyse causaliste des problèmes de Gettier concernait «seulement la connaissance des propositions empiriques, puisque à mon avis l'analyse traditionnelle vaut pour la connaissance des vérités non empiriques» (p. 357). A tort, comme on peut le remarquer à l'aide de l'exemple suivant. Imaginons que s croit que 3 est le premier nombre premier; par conséquent, il croit aussi que le premier nombre premier est un diviseur de 18, ce qui est vrai (parce que 2 est un diviseur de 18); mais évidemment, s ne sait pas que le premier nombre premier est un diviseur de 18.

[17] Une position de ce type a été exprimée par Nicholas Goodman (1984) à propos du débat sur les fondements des mathématiques.

//
CHAPITRE 4

LA COGNITION AU-DELÀ DE L'INDIVIDU

Scepticisme et épistémologie externaliste

par Thomas BALDWIN
Cambridge University

L'objet de cette étude est la relation entre l'épistémologie nouvelle, liée aux sciences cognitives, et l'épistémologie traditionnelle. Je m'attacherai particulièrement à la relation entre le scepticisme — problème classique de l'épistémologie traditionnelle — et les conceptions «externalistes» du savoir. Expliciter le contenu de la relation entre externalisme et internalisme dépasserait le cadre de cet article; je m'en tiendrai donc, car elle constitue un point de départ suffisant pour mon propos, à la remarque d'Armstrong (1973, p. 157; voir aussi Goldman 1986) selon laquelle, pour l'externaliste, ce qui transforme une croyance véritable en élément du savoir est «une relation naturelle qui s'établir entre l'état de croyance (...) et la situation qui vérifie la croyance. Il s'agit d'une certaine relation entre celui qui croit et le monde.» Armstrong remarque que les théories fiabilistes du savoir, de même que les théories causales, sont externalistes en ce sens, ce qui nous suffira pour continuer.

Plusieurs raisons peuvent nous pousser à adopter une conception externaliste du savoir. D'abord, une telle conception s'accorde bien avec la naturalisation de l'épistémologie. On peut soutenir aussi que la conception externaliste évite la régression qui menace toute approche envisagée sous l'angle de la «croyance justifiée véritable». De plus, cette conception facilite la résolution de problèmes du type Gettier. Enfin, je trouve dans la conception externaliste une vraisemblance intuitive assez forte, fondée sur le fait que l'on peut imputer un certain savoir à un tiers (par exemple, un enfant), sans que celui-ci sache qu'il possède le savoir que l'on veut lui imputer. Il me semble que ce sont là des raisons assez convaincantes, qui justifient de manière suffisante une conception externaliste du savoir. Je m'intéresserai à la signification de cette conception par rapport aux arguments sceptiques.

En ce qui concerne le savoir, considéré comme « une certaine relation entre celui qui croit et le monde », il semble d'abord que les arguments du scepticisme doivent donner lieu à des doutes quant à la viabilité de cette relation entre celui qui croit et le monde qui l'entoure. Il est par exemple possible que celui qui croit soit victime d'une hallucination, et que ses croyances perceptuelles ne se conforment pas à une relation appropriée au monde. Cependant, le contexte dans lequel il nous est possible d'estimer qu'un tel doute est justifié n'est pas de prime abord clairement défini. Toute croyance peut être mise en doute — la neige est-elle par exemple véritablement blanche? Mais, à moins d'avoir en tête une thèse sur les qualités secondaires, un doute de ce type, face à une forte présomption, tiendrait du sophisme et de l'obstination. De même, on peut se demander si celui qui croit se situe ou non à l'intérieur d'une relation au monde appropriée; mais, dans ce cas, face à une forte présomption, un tel doute n'est pas plus légitime que l'autre. Si, comme l'affirme l'externaliste, le savoir est simplement la relation naturelle entre celui qui croit et le monde qui l'entoure, alors les doutes sur ce savoir ne semblent ni plus ni moins légitimes que des doutes sur tout état naturel des choses, quel qu'il soit.

Cette conclusion n'est pas favorable aux arguments sceptiques; mais en fait, l'externaliste peut donner aux doutes sceptiques une interprétation plus intéressante. Il peut soutenir que, même si tout savoir n'est constitué que par la relation naturelle qui lie celui qui croit au monde qui l'entoure, décrire cette relation comme un type de savoir n'en revient pas moins à dire que celui qui croit est en droit d'agir comme si cette croyance était fondée. Cet aspect normatif du concept de savoir fait partie intégrante de l'analyse traditionnelle qui en fait une croyance *justifiée* véritable; et même lorsque l'externaliste envisage cette justification dans le cadre d'une relation naturelle appropriée entre celui qui croit et le monde qui l'entoure, il peut continuer de penser que cette relation doit avoir la même signification normative propre à l'analyse traditionnelle. Ce n'est pas pour rien que l'on parle d'« autorité » à la fois pour qualifier les détenteurs du pouvoir politique et les détenteurs du savoir.

Le caractère normatif du concept de savoir implique deux choses. La première, c'est qu'il existe un élément contextuel nécessaire à l'application du concept : ce qui peut être considéré comme un savoir dans le cadre de circonstances données n'est pas forcément en mesure d'être justifié dans d'autres circonstances, où les normes seraient fixées plus haut. Les normes applicables dans un café, par exemple, ne le sont pas dans un tribunal de grande instance. C'est là un point que les externalistes acceptent facilement. Si quelqu'un qui sait est quelqu'un dont les croyances ont été produites suivant un processus d'ordinaire fiable, alors il nous est permis de nous demander jusqu'à quel point ce processus doit être fiable, et il est clair que la norme sera fonction du contexte. La seconde implication découlant de la thèse « normative » est que l'on peut légitimement remettre en question la revendication du savoir sur le simple fait que des normes incorrectes ont été appliquées. De fait, l'externaliste peut interpréter le doute sceptique comme étant le produit d'un doute légitime quant à la norme exigée par la revendication du savoir. Par conséquent, il existera une différence entre le doute lié à un état des choses ordinaire et un doute lié à la revendication du savoir. C'est parce que le savoir est un concept normatif que l'on peut sensément douter du savoir même en présence de fortes présomptions, alors que, en revanche, douter de la blancheur de la neige est le fruit d'un raisonnement pervers.

Une telle argumentation suffit, je pense, à rétablir l'intelligibilité du doute sceptique du point de vue externaliste. Cependant, il me semble qu'elle ne rend pas suffisamment justice au scepticisme philosophique. En effet, elle présente le sceptique comme quelqu'un qui a élevé les normes du savoir à un niveau idéal excluant toute possibilité d'erreur, et en conclut que l'être humain possède tout au moins un savoir extrêmement réduit. Cette représentation du sceptique pose problème, car le but visé par une telle élévation des normes du savoir n'est pas explicité, pas plus que ne l'est le contexte présupposé rendant légitime ce type de démarche. En principe, il est facile de voir qu'un contexte « absolu » est nécessaire ici, au sein duquel seule la certitude absolue peut prétendre au rang de savoir. Mais il reste à déterminer ce qui motive ce contexte. Il existe sans nul doute une série de contextes à l'intérieur desquels nous sommes fondés à exiger des normes élevées de savoir, par exemple les grands procès. Mais dans de telles situations, les normes sont élevées parce que nous reconnaissons que les enjeux sont considérables. La tentative de présenter le scepticisme philosophique comme le résultat de cette élévation des normes du savoir devrait donc exiger que des conséquences plus sérieuses soient impliquées par les conclusions des discussions philosophiques sur les limites du savoir humain. Cependant, comme nous le savons tous, l'avenir de l'humanité, ou de l'univers, ne dépend pas de l'issue de ces discussions. De fait, bien que compréhensible, le scepticisme philosophique demeure paradoxal de ce point de vue, car il utilise un contexte absolu afin de justifier des doutes sur le savoir qui n'ont pas leur place dans le monde réel.

Telle est la conclusion de Goldman (1986, chap. 2), Dretske (1981) et Stine (1976). Mais elle ne me convainc pas, et je vais essayer maintenant d'expliquer comment le scepticisme peut se rétablir à l'intérieur d'une épistémologie externaliste. Un des éléments distinctifs du scepticisme philosophique traditionnel est que les doutes dont il s'occupe sont avant tout des doutes à la première personne. Le philosophe sceptique me conduit à me demander si je sais ou non que je ne rêve pas, si je sais ou non qu'il y a une main devant moi, si je sais ou non que le soleil se lèvera demain, etc. Cela est important, car s'il existe un doute concernant la revendication du savoir d'un tiers, par exemple un doute sur le fait que Moore sait ou non qu'il y a une main devant lui, la question est alors de savoir si ce que croit Moore rentre dans le cadre d'une relation naturelle et appropriée à la situation en question, c'est-à-dire la présence d'une main devant lui. Il n'est pas nécessaire de douter que les choses soient réellement telles que Moore pense qu'elles sont. Mais une fois qu'un doute est émis à la première personne, l'étendue du doute n'est plus aussi restreinte. Si je doute de mon savoir qu'il y a une main devant moi, mes doutes portent non seulement sur le fait que je me situe dans un rapport correct à la présence d'une main devant moi, mais également sur la présence réelle de cette main devant moi. Si j'ai quelque raison de mettre en doute la fiabilité de mes croyances, alors je dois douter de leur véracité.

Cet élargissement du doute est important parce qu'il accroît la possibilité d'offrir à un tel doute une réponse qui présume la vérité de ce qui est en question. Si j'ai des raisons de douter de ma connaissance du monde extérieur, j'ai également des raisons de douter de l'existence de ce monde extérieur, et je ne peux faire appel à mes croyances sur le monde extérieur et à la place que j'y occupe afin d'apaiser mon doute initial concernant mon savoir. Ainsi, parce que l'étendue des doutes à la première personne ne concerne pas seulement la nature de ma relation cognitive au monde, mais également la nature du monde même, les informations permettant d'apaiser le doute sans fausser le problème sont réduites d'autant.

Mais pourquoi devrions-nous douter de notre savoir ? Notre expérience de notre propre faillibilité soulève certainement de tels doutes dans la vie courante. Nous les écartons habituellement par souci de cohérence, en introduisant d'autres croyances portant à la fois sur le monde et sur la place que nous y occupons, et grâce auxquelles nous sommes en mesure de présenter le doute comme déraisonnable. Cependant, comme je l'ai déjà indiqué, si se fait jour un doute fondé sur une possibilité dont les implications sont d'ordre suffisamment général (par exemple la possibilité que je sois maintenant en train de rêver, ou que le futur soit en rupture avec le passé), cette procédure devient problématique, car les croyances par référence auxquelles nous pouvons chercher à écarter le doute sont alors elles-mêmes remises en cause par ce même doute. Mais que se passerait-il si je ne nourrissais pas de tels doutes généraux ? Que doit postuler le sceptique s'il veut légitimer ses doutes à la première personne dans le contexte d'une épistémologie externaliste ? A mon sens, le sceptique doit rappeler à l'externaliste que sa propre formulation d'une conception externaliste du savoir fait partie d'une entreprise plus vaste, visant à atteindre une compréhension réflexive et critique de notre situation dans le monde. En effet, cette entreprise exigerait de nous que nous considérions avec sérieux la nécessité de rendre légitime à nos propres yeux la possession d'une forme de savoir que nous supposons acquise, car même l'externaliste a besoin de reconnaître la légitimité d'une évaluation réfléchie de ses propres revendications de savoir. Mais une fois cette tâche accomplie, il lui faudra encore se concentrer sur les doutes à la première personne concernant l'étendue de son savoir, y compris sur les doutes alimentés par les possibilités sceptiques.

L'externaliste qui veut les rejeter au nom de leur excentricité n'est qu'un dogmatique qui refuse de prendre part à l'évaluation critique de ses propres revendications de savoir. Certes, il peut répondre qu'une telle argumentation montre seulement qu'un élément internaliste persiste à l'intérieur du projet philosophique visant à atteindre cette auto-compréhension réfléchie et cohérente d'un point de vue critique, et que cet élément doit être éliminé. Mais il me semble que nous pourrions — et que nous devrions — résister à cette volonté d'abandon pur et simple de la dimension réflexive de l'entendement philosophique, tout au moins jusqu'à ce qu'une alternative non réflexive (une neuro-philosophie?) satisfaisant les besoins de l'enquête réflexive traditionnelle soit établie de manière convaincante.

A la thèse externaliste réduisant le scepticisme au désir excentrique d'une certitude absolue, je réponds donc que le scepticisme devrait être considéré comme une philosophie fondée sur des doutes généraux à la première personne, et que ces doutes, une fois exprimés, ne peuvent être immédiatement écartés par l'argumentation externaliste. Certes, il peut sembler que l'adoption d'un point de vue à la première personne produise une situation qui, dans une perspective réflexive, ne saurait être distinguée des conséquences de l'adoption d'une conception internaliste du savoir. Cela n'est, en fait, pas le cas (bien que la proximité de ces deux positions explique l'attrait d'une conception internaliste), pour des raisons qui se font jour si l'on prend en considération la nature de l'enjeu des arguments sceptiques dans les deux cas. L'internaliste pose comme condition à la légitimité d'une revendication de savoir le fait que l'on devrait être capable d'écarter tous les doutes la concernant. De fait, à moins de pouvoir étouffer ces doutes, lorsque je réfléchis à ma propre situation, je dois avouer que je ne sais rien. L'externaliste, au contraire, ne juge pas cette condition indispensable. Pour lui, la légitimité de cette revendication dépend du fonctionnement de la relation naturelle et appropriée au monde. Ici, le doute sceptique atteint son but en justifiant la croyance qu'après tout nous ne fonctionnons peut-être pas à l'intérieur de cette relation. Dans un tel contexte, il n'est pas nécessaire d'être capable de rejeter de manière probante ces hypothèses sceptiques : il suffit de pouvoir démontrer que le doute est, en fait, déraisonnable. Ainsi, l'externaliste n'a pas besoin de prouver de manière définitive qu'il ne rêve pas, il lui faut simplement prouver que, à la lumière de sa propre expérience, cette hypothèse est extrêmement improbable.

Cela montre que l'externaliste, en revendiquant le savoir, se fixe une tâche moins lourde que celle de l'internaliste, et aussi que l'adoption d'une conception externaliste du savoir est un élément essentiel d'une stratégie de réfutation du scepticisme. Mais compte tenu de l'étendue des hypothèses sceptiques, établir que les doutes sceptiques sont déraisonnables n'est pas chose aisée. Parce que ces hypothèses remettent en question toutes les preuves contraires évidentes, il n'est guère facile de définir ce à quoi l'on peut faire appel sans entrer pour autant dans le rang de ceux qui répondent aux sceptiques par de faux arguments.

Comment dès lors devrait-on réagir face au scepticisme philosophique ? Il me semble que la thèse de Hume selon laquelle beaucoup de nos croyances relevant du sens commun sont, en premier lieu, spontanées, constitue le point de départ essentiel d'une critique du type de scepticisme sur lequel je me suis penché. Le jaillissement constant et involontaire, à l'intérieur de nous-mêmes, de croyances sur le monde extérieur, sur le futur, etc., nous fournit un moyen de repousser les limites de la discussion. Je peux définir l'ensemble des conjectures relatives au fait que je suis en train de rêver, que le futur peut être très différent du passé, et je peux reconnaître qu'en aucune manière je ne peux établir pour moi-même de manière satisfaisante le fait que ces possibilités soient erronées. Mais le fait que je crois moi-même, malgré moi, que je suis assis à mon bureau, attendant mon déjeuner, etc., implique qu'il m'est impossible de soutenir le caractère raisonnable de ces conjectures sceptiques. Mes croyances actuelles me fournissent autant de nouvelles raisons de rejeter ces conjectures, et bien que le sceptique en moi-même, c'est-à-dire mon «surmoi cognitif», puisse chercher à écarter ces croyances nouvelles comme fallacieuses, le fait qu'elles soient spontanées implique que je n'ai pas initialement la possibilité de le faire. Ainsi, le caractère initialement spontané des croyances participant du sens commun lance un défi au doute sceptique en nous donnant des croyances qui nous fournissent des raisons de rejeter les hypothèses sceptiques sans que notre adoption de ces mêmes croyances soit fondée sur le modèle de l'argument que ces hypothèses mettent en doute.

Nous pouvons, bien sûr, modifier nos croyances par le biais de la réflexion, et le caractère initialement spontané de nos croyances participant du sens commun ne suffit pas en lui-même à établir le caractère déraisonnable du doute sceptique. C'est ici que des considérations de cohérence entrent en jeu, et rejeter le doute sceptique requiert un degré important de cohérence. Il nous faut être capables d'inclure nos croyances issues du sens commun dans une conception de notre relation au monde et de la place que nous y occupons, une conception qui soit cohérente du point de vue de la réflexion, cela même si elle demeure inévitablement incomplète. Nous devons tout particulièrement nous attacher à comprendre les causes de nos erreurs, afin de pouvoir inclure une compréhension de notre propre faillibilité dans notre compréhension du monde. Néanmoins, les considérations de cohérence ne suffisent pas en elles-mêmes à réfuter le scepticisme. Si, à la lumière d'une hypothèse sceptique, nous étions en mesure de suspendre notre jugement sur tout ce dont cette hypothèse sceptique nous donne des raisons de douter, il n'y aurait plus aucune incohérence dans la situation cognitive qui en résulterait. L'incohérence n'est présente que lorsque nous découvrons que, malgré tous nos efforts pour suspendre notre jugement, nous ne pouvons empêcher l'arrivée de nouvelles croyances entrant en conflit avec l'hypothèse sceptique.

Un tel rejet du scepticisme peut sembler plutôt dogmatique. En fait, il concède un certain nombre de points au scepticisme. Il admet qu'en dépit de tout ce que nous pouvons avancer en faveur du contraire, il est possible, tout bien réfléchi, que nous soyons complètement dans l'erreur. Tout ce que j'ai démontré jusqu'à présent, c'est que l'admission réfléchie de cette possibilité ne doit pas nous déconcerter ni nous conduire à la conclusion que nous ne savons pas ce que nous pensons savoir. A la lumière de la conception externaliste du savoir, ce dernier point n'est pas, je pense, litigieux. Il reflète le fait que pour l'externaliste, il est seulement nécessaire de présenter la position sceptique comme déraisonnable, et non de prouver de manière concluante qu'elle est erronée.

Ce qui est plus frappant encore, c'est que les arguments sceptiques devraient nous conduire à reconnaître que nous n'avons aucune raison à alléguer pour justifier nos présomptions générales quant à la fiabilité de nos sens, l'uniformité de la nature, l'existence du passé et d'autres esprits, etc., sinon des croyances dont l'acceptation nous forcerait à tenir pour vraies ces présomptions mêmes, dussions-nous les acquérir suivant un processus de raisonnement. La tentative de justifier nos croyances concernant le futur à partir de preuves inductives nécessite des raisons à l'acceptation du fait que le futur puisse ressembler au passé et, comme le fait observer Hume dans le *Traité de la nature humaine* (I, 3, VI), les preuves inductives n'apportent pas par elles-mêmes de raisons à cette présomption. Ainsi, le mieux que nous puissions faire est de dire que la véracité de ces croyances générales, qui ne sont pas spontanées, est corrélée avec la véracité de croyances particulières qu'initialement nous acceptons sans raison.

On peut évaluer mon argumentation en la comparant à la défense du sens commun que propose Moore. Certes, ma présentation humienne du rôle de notre sens commun spontané s'accorde bien avec les affirmations célèbres de Moore (1959, pp. 227-228), quand il dit par exemple qu'il est parfaitement absurde que son auditoire en face de lui puisse douter du fait qu'il porte des vêtements; en effet, Moore s'appuie ici sur le caractère inévitablement spontané de nos croyances en de tels faits. En revanche, ma position est en complet désaccord avec ce que dit Moore du statut des truismes généraux, qu'il décrit dans «Une Défense du sens commun» (*ibid.*). Il y affirme la certitude objective de ces truismes, alors que les croyances de ce type devraient nous apparaître comme des postulats sans fondement. Ainsi, même si je pense que le seul moyen de réfuter les arguments sceptiques est la combinaison de l'externalisme et du sens commun spontané que j'ai présentée ici, le résultat obtenu ne confirme pas l'affirmation de la certitude telle qu'elle est exprimée par Moore.

Jusqu'ici, je ne me suis référé qu'à Moore et à Hume. Mais deux autres philosophes, Reid et Wittgenstein, mettent clairement en évidence la nature de ma position. En dépit du fait qu'il reconnaît le caractère spontané des croyances, Hume demeure une sorte de sceptique à cause de son engagement dans la théorie des idées. Thomas Reid, son grand critique, saisit les implications de la position humienne et nous donne une épistémologie naturalisée, débarrassée de l'engagement de Hume dans la théorie des idées. Le sens commun constitue selon Reid (1970) le fondement *a priori* de cette épistémologie naturalisée, et il l'exprime dans ces termes :

> Ces jugements originaux et naturels sont, ainsi, une partie de l'ameublement qui est donné par la nature à l'entendement humain... Ils servent à nous diriger dans les affaires communes de la vie, où notre faculté de raisonnement nous laissera dans l'obscurité. Ils appartiennent à notre constitution, et toutes les découvertes de notre raison sont fondées sur eux. Ils constituent ce que l'on appelle le sens commun du l'humanité.

Le second philosophe qui ait analysé ces arguments est Wittgenstein, dans *De la certitude*. Cet ouvrage est né d'une réflexion sur le débat entre Moore et Norman Malcolm quant à la signification de la défense du sens commun chez Moore (Malcolm, 1977). Cette réflexion conduisit Wittgenstein à identifier un ensemble de «propositions mooriennes» correspondant aux truismes du sens commun de Moore, à propos desquels Wittgenstein écrit :

> Quand Moore dit qu'il *sait* ceci et cela, il ne fait en réalité qu'énumérer des propositions empiriques que nous affirmons sans les vérifier spécialement, donc des propositions qui jouent un rôle logique particulier dans le système de nos propositions empiriques.

Dans des remarques subséquentes, Wittgenstein développe cette idée d'un «rôle logique particulier». Il suggère que même si la véracité des «propositions mooriennes» n'est pas considérée comme acquise par nos méthodes ordinaires de recherche, ces propositions ne constituent pas des fondements *a priori* à partir desquels nous pouvons raisonner. Au contraire, notre conviction qu'elles sont correctes provient de notre attachement à l'image générale que nous nous faisons du monde, un attachement ancré dans notre mode de vie. Une telle conception s'accorde directement avec mon interprétation humienne du sens commun et de la place qu'y occupent les truismes mooriens. Un compte rendu pragmatique des croyances permet de mettre en relation l'importance donnée par Wittgenstein au mode de vie comme soutien de nos croyances de sens commun, et celle que donne Hume à leur caractère spontané.

Finalement, j'ai cherché à montrer qu'il y a deux espèces de naturalisme : d'une part le naturalisme de Quine et des sciences cognitives — et il est clair que même si j'ai parlé ici d'épistémologie naturalisée, ce naturalisme est au fond un naturalisme métaphysique; d'autre part, le sens commun de Hume, Reid et Wittgenstein, qui constitue un naturalisme épistémologique, et s'exprime dans les croyances spontanées. Ma thèse est que ces deux types de naturalisme sont nécessaires pour assurer l'échec des arguments sceptiques.

La théorie de l'identité «token-token» et l'anti-individualisme [1]

par Michel SEYMOUR
Université de Montréal

Dans son célèbre article, Tyler Burge s'en prend à diverses formes d'individualisme et il range la théorie davidsonienne parmi les cibles qui sont visées par son argument (Burge 1979, p. 111). Mais pour plusieurs raisons, il est clair que la théorie de l'identité «token-token» échappe au filet tendu par Burge (Davidson 1970a). Le débat entre individualistes et anti-individualistes en philosophie de l'esprit concerne essentiellement le problème de l'individuation des contenus de pensée. Plusieurs philosophes de tendances fort différentes peuvent être rangés sous la bannière «individualiste», selon qu'ils admettent un langage de la pensée, une conception bifurcationniste qui implique l'admission de contenus étroits individualistes, ou encore une certaine forme de solipsisme méthodologique. A l'inverse, on range souvent parmi les anti-individualistes autant les philosophes qui affirment les déterminations de l'environnement physique que ceux qui affirment celles de l'environnement social. C'est d'ailleurs sur les déterminations de la communauté linguistique que Burge insiste dans l'article où il s'attaque à la théorie de Davidson. Mais il est évident que Burge ne peut disposer aussi facilement de cette théorie. Je voudrais montrer qu'un argument anti-individualiste requiert beaucoup plus. Je me propose donc d'énumérer la liste des échappatoires (*ways out*) qui s'offrent à Davidson. On verra comment la théorie de l'identité «token-token» nous file constamment entre les doigts. Cela nous permettra par la même occasion de formuler un nouvel argument anti-individualiste. Comme on le verra, un assez grand nombre de prémisses additionnelles sont requises. Mais le nouvel argument nous permet de ratisser plus large et de montrer que la théorie davidsonienne est ou bien fausse ou bien équivalente à l'épiphénoménalisme.

I

Je voudrais en premier lieu écarter de la discussion une option qui s'offre immédiatement à Davidson. Cela me permettra de fixer la terminologie. Je suis prêt à admettre qu'en un sens Davidson pourrait adopter lui-même une position « anti-individualiste ». On peut argumenter en effet que les événements mentaux des agents, en tant que tels et indépendamment de leurs propriétés, sont causés par les événements physiques et que ces derniers jouent par conséquent un rôle causal dans leur individuation. L'idée est que les causes jouent parfois un rôle dans l'individuation de leurs effets. On pourrait même dire que la relation qu'il entretient avec ce qui l'a causé constitue parfois pour un événement mental une de ses propriétés essentielles. Il est à noter ici que cet argument est compatible avec la thèse que les contenus de pensée sont individués de façon individualiste. J'ai bien mentionné que, dans la version considérée, les événements mentaux intentionnels en tant que tels doivent leur existence à l'environnement physique. Cela s'accorde avec le fait que leurs propriétés soient individuées de façon individualiste. Les contenus de pensée peuvent donc être identiques ou dans une relation de dépendance à des états neuro-physiologiques sans que cela ne nuise à l'argument « anti-individualiste ». Le fait est que les événements neuro-physiologiques sont souvent individués de façon individualiste en neuro-physiologie. Mais qu'à cela ne tienne, les événements mentaux peuvent quand même, en tant que particuliers dénudés, être causés par l'environnement physique.

Comme je l'ai dit, il conviendrait peut-être de s'entendre sur la terminologie. L'anti-individualisme est utilisé à toutes les sauces et finit par signifier n'importe quoi. C'est particulièrement le cas lorsque la position considérée est celle que je viens de décrire. L'« anti-individualisme » est alors compatible avec une théorie individualiste des contenus de pensée. Il conviendrait donc peut-être de parler d'externalisme pour caractériser la position selon laquelle les états mentaux sont individués essentiellement en fonction de l'environnement physique. L'anti-individualisme, tel que je l'entends, est la position selon laquelle les états mentaux sont individués en partie en fonction de l'environnement social. Par anti-individualisme, j'entends donc une détermination de l'environnement social. Je prends pour acquis qu'une telle détermination ne se laisse pas réduire, sans prémisses additionnelles, à un réseau de relations causales subsistant entre les membres de la communauté. On ne doit pas présupposer la réduction de concepts comme ceux de communauté, de règle, de norme, d'institution et de convention. L'externalisme peut à la rigueur inclure parmi les déterminations de l'environnement physique celles qui concernent les relations que l'agent entretient avec les membres de la communauté, mais il s'agit alors quand même de déterminations causales.

Davidson ne peut de toute façon pas se satisfaire de la position externaliste selon laquelle les événements mentaux et non leurs propriétés sont individués en fonction de l'environnement physique. Il vise un externalisme beaucoup plus substantiel. Il doit se résoudre à faire jouer un rôle causal aux contenus intentionnels s'il ne veut pas se voir affubler de l'étiquette épiphénoménaliste. La métaphore du coup de soleil qu'il utilise dans un texte récent révèle que telles sont bien ses intentions (Davidson 1989). Non seulement les événements mentaux sont-ils causés par l'environnement physique, leurs propriétés elles-mêmes n'échappent pas à ces déterminations. Selon cette conception, les états mentaux ne sont pas individués de façon interne et sont plutôt partiellement individués en fonction de propriétés relationnelles, mais celles-ci demeurent des propriétés de l'individu. Cela est donc compatible avec le fait qu'ils soient individués indépendamment de l'environnement social. Voilà pourquoi l'externalisme reste compatible avec l'individualisme. Au second sens de l'expression, l'externalisme peut bien encore porter le nom d'«anti-individualisme», mais cette appellation est trompeuse car elle occulte le fait que les contenus mentaux peuvent être individués indépendamment de l'appartenance à une communauté linguistique.

L'anti-individualisme, tel que je le conçois, suppose que les contenus d'états mentaux intentionnels ne sont pas individués seulement en fonction de propriétes appartenant en propre à l'individu, qu'il s'agisse de propriétés internes ou externes. Il est compatible avec la thèse que les états mentaux non-intentionnels, les états mentaux intentionnels et les contenus d'états intentionnels sont en partie individués en fonction de propriétés relationnelles physiques. L'essentiel de la position anti-individualiste est que les contenus intentionnels sont au moins en partie individués en fonction de propriétés de l'environnement social. Un corollaire est que ces propriétés environnementales ne peuvent *dépendre* (*supervene*) de propriétés internes ou externes de l'individu.

Il m'apparaît avantageux de ne pas confondre l'externalisme et l'anti-individualisme comme Burge a tendance à le faire. La raison est tout d'abord que les arguments en faveur de l'un sont très souvent différents des arguments en faveur de l'autre. Par exemple, les expériences de Burge (1979 et 1986a) s'interprètent naturellement à l'intérieur d'un cadre anti-individualiste alors que les expériences de Burge (1982 et 1986b) s'interprètent davantage à l'intérieur d'un cadre externaliste. Mais il y a aussi et surtout le fait que les arguments qui réduisent les déterminations «externes» à de pures déterminations causales sont compatibles avec ce qui apparaît intuitivement comme une position individualiste.

La distinction que je propose est purement d'ordre conceptuel. Elle ne préjuge rien quant à l'issue des débats. Il faut dire aussi qu'il nous sera toujours possible de proposer ensuite la réduction ou la dépendance des propriétés de l'environnement social à des propriétés physiques pourvu qu'il ne s'agisse pas de propriétés de l'individu. La question litigieuse est de savoir si l'environnement physique joue un rôle individuant sur la nature des *contenus* intentionnels et surtout s'il est le seul à être impliqué dans cette détermination. En répondant affirmativement aux deux questions, on reconnaît tout d'abord un pouvoir causal aux contenus d'états intentionnels et on leur confère une réalité. Il s'agit alors d'une position externaliste substantielle par opposition à la thèse plus modeste que les événements mentaux et non leurs propriétés intentionnelles sont individués à partir de l'environnement physique. Mais il s'agit quand même d'une théorie individualiste des contenus intentionnels. Cet individualisme peut à la rigueur s'accorder avec le fait que l'environnement social joue un rôle dans la détermination des contenus d'états intentionnels à condition que cette détermination dépende en dernière analyse de propriétés relationnelles physiques de l'individu.

Dans ce qui suit, je vais présupposer désormais que la question cruciale est de savoir si les contenus d'états intentionnels sont oui ou non partiellement individués en référence à l'environnement social et si les propriétés de l'environnement social dépendent de propriétés d'individus. Il semble à première vue que la théorie de l'identité des «tokens» psychiques et physiques soit incompatible avec l'anti-individualisme au sens où je l'entends. Mais voyons tout cela d'un peu plus près.

II

Notre première remarque est que la théorie de l'identité «token-token» semble nettement aller à l'encontre de la thèse de l'indétermination de Quine. Dans sa version standard, la thèse de Quine ne laisse, comme seules alternatives, que le matérialisme éliminationniste ou le mentalisme (Quine 1960, p. 221) Elle implique non seulement l'irréductibilité conceptuelle et ontologique des états psychologiques, mais aussi leur non-dépendance à des propriétés physiques. Il faut dire à la décharge de Davidson que lui aussi refuse la réduction des concepts psychologiques à des concepts physiques. Selon lui, nos énoncés psychologiques expriment de tels concepts et sont donc irréductibles à des énoncés physiques. C'est en ce sens qu'il s'oppose à l'identité des types d'états psychologiques aux types d'états physiques. Mais, en même temps, ces énoncés rapportent l'existence d'événements mentaux et décrivent des relations que les agents entretiennent avec des événements mentaux. Il admet l'existence d'événements mentaux intentionnels ainsi que leur identité à des événements physiques. Et pour éviter l'épiphénoménalisme, il doit supposer leur dépendance à des propriétés physiques.

A-t-on cependant vraiment raison d'opposer la théorie de l'identité «token-token» à la thèse de Quine? A vrai dire, tout dépend de l'interprétation qu'on en fait. La thèse de l'indétermination se démontre «par le bas» et «par le haut» (Quine 1970). La version plus robuste, «par le haut», repose sur le holisme sémantique. Cette thèse est une conséquence du holisme épistémologique et d'une théorie vérificationniste de la signification. La version faible «par le bas» ne reconnaît qu'une portée méthodologique au vérificationnisme et restreint cette contrainte aux énoncés sémantiques. Elle stipule que les données empiriques peuvent confirmer des hypothèses analytiques incompatibles au sujet de termes isolés. Il faut donc distinguer la thèse de l'indétermination de la traduction d'énoncés complets et la thèse de l'inscrutabilité de la référence des termes (Quine 1990a, 1990b). Seule la version robuste de la thèse de Quine implique la relativité de l'ontologie à des théories empiriques. La version «par le bas» est compatible avec la reconnaissance d'un caractère signifiant aux énoncés ontologiques indépendamment de leur occurrence au sein d'une théorie empirique. Il y a toujours, dans ce second cas, une inscrutabilité des termes et il faut, pour cette raison, parler encore de relativité de l'ontologie. Mais elle est cette fois-ci relativisée seulement à un manuel de traduction et non à une théorie empirique (Quine 1990a).

Il est clair que la théorie de l'identité «token-token» est incompatible avec la version robuste de la thèse de Quine. La version robuste entraîne l'irréductibilité conceptuelle et ontologique des propriétés psychologiques, mais elle suppose en outre que les états psychologiques ne sont dans aucune relation d'identité ou de dépendance à l'égard des états physiques tels que ceux-ci sont décrits dans les théories empiriques actuellement admises. Et puisqu'on accepte le vérificationnisme sémantique, la relation de dépendance ne peut faire sens qu'entre des propriétés de types psychologiques et physiques au sein des théories actuellement admises, et non entre des propriétés de «tokens». Autrement dit, le problème de l'identité ou de la dépendance ne peut se poser par-delà les théories empiriques.

Selon la version robuste, il ne fait pas sens de distinguer la dépendance entre les propriétés des types et les propriétés des «tokens» si, par l'expression «token», on entend la réalisation d'états ou événements qui transcende l'expérience. Comme le prescrit le vérificationnisme sémantique, les énoncés ne peuvent faire sens que s'ils véhiculent une information empirique. Leur caractère signifiant se mesure à la différence que leur vérité entraînerait par rapport à l'expérience possible. En ce cas, il n'y a pas de place pour une thèse d'identité «token-token» et pas de place pour prétendre qu'une relation de dépendance subsiste entre les propriétés psychologiques et physiques des «tokens».

Il est vrai qu'en un sens, Quine peut admettre le monisme anomal de Davidson et la thèse de l'identité «token-token» qui lui est associée, sans renoncer à la thèse forte de l'indétermination (Quine 1990b, p. 71). Mais il incorpore le monisme anomal à un cadre général qui est celui du matérialisme éliminationniste. La science doit ultimement parvenir à se départir des idiomes intentionnels (Quine 1985a). Davidson ne peut se permettre d'être aussi cavalier puisqu'il veut retenir le vocabulaire psychologique. Quine rejette en outre explicitement l'interactionnisme alors que Davidson en fait une prémisse essentielle dans son argument (Quine 1990b, p. 72; Davidson 1970, p. 208). Ensuite, puisqu'il élimine les propriétés intentionnelles, Quine n'a pas besoin de postuler une relation de dépendance entre propriétés psychiques et physiques. Là encore, il s'éloigne de Davidson. En plus, pour Quine, un «token» psychologique ou physique n'est rien d'autre qu'un type associé à des coordonnées spatio-temporelles (Quine 1985b, p. 168). Il s'agit en quelque sorte d'une occurrence au sens de Kaplan, c'est-à-dire d'un type évalué relativement à un contexte (Kaplan 1989, pp. 522 et 584). On ne quitte pas le seuil des descriptions apparaissant dans les discours ordinaire et scientifique. Enfin, en vertu du troisième dogme de l'empirisme, Quine admet la distinction entre expérience sensible et schèmes conceptuels. Si les données phénoménales ne peuvent être invoquées, comme le prescrit le phénoménalisme, pour fonder la vérité de nos énoncés, elles jouent cependant un rôle prépondérant dans la justification des systèmes de croyance (Quine 1981). Davidson, pour sa part, récuse le troisième dogme (Davidson 1974, 1989, 1990a). Pour couronner le tout, les contenus de pensée doivent, selon Quine, être conçus comme «subjectifs» au sens où ils ne se laissent pas déterminer par un environnement physique qui transcende la pensée ainsi que l'externalisme de Davidson le prescrit (Davidson 1989). Ces contenus «subjectifs» peuvent être fondés sur des données phénoménales brutes ou, en exploitant la division du travail linguistique, sur le vocabulaire des experts. Quoiqu'il en soit, Quine n'est pas engagé dans un externalisme comme l'est Davidson. En somme, le monisme anomal de Quine demeure sur des points essentiels totalement incompatible avec celui de Davidson.

Mais il en va tout autrement lorsqu'on se réfère à la thèse de l'indétermination dans sa version faible. On peut admettre alors l'irréductibilité conceptuelle et ontologique des propriétés psychologiques et même admettre la non-dépendance à l'égard de l'évidence empirique telle que caractérisée dans les théories existantes. La question se pose quand même de savoir si les propriétés des «tokens» psychologiques dépendent des propriétés de «tokens» physiques. Il s'agit ici d'une question métaphysique qui excède l'état actuel de nos connaissances et qui va tout droit à la relation que les états psychologiques entretiennent «en fait» avec les états physiques. Autrement dit, sans le postulat vérificationniste, les énoncés ontologiques peuvent faire sens indépendamment du fait d'appartenir à une théorie empirique donnée. L'ontologie n'est plus relativisée à un cadre idéologique particulier, seulement à un manuel de traduction. Quel que soit l'état actuel de nos connaissances, la question se pose donc toujours de savoir si les événements mentaux sont des événements physiques, et si les propriétés des uns dépendent des propriétés des autres.

Davidson peut donc répliquer que sa théorie est compatible avec la thèse de Quine pourvu que cette dernière reçoive l'interprétation faible que j'ai signalée. Il affirme que les événements psychologiques, en tant que particuliers existant indépendamment de nos schèmes conceptuels, sont identiques à des événements physiques. Il peut ensuite reconnaître l'irréductibilité des «propriétés» (prédicats) psychologiques et admettre leur non-dépendance à l'égard des données empiriques. Il prétend seulement que les propriétés de «tokens» psychologiques sont dans une relation de dépendance avec les propriétés de «tokens» physiques (Davidson 1970a, p. 214). La dépendance psycho-physique implique que deux organismes qui ont les mêmes «tokens» d'états physiques ont les mêmes «tokens» d'états psychologiques. Même si, dans le texte cité, Davidson ne fait qu'affirmer la compatibilité de sa théorie avec la dépendance psycho-physique, il se doit d'y souscrire pour éviter l'épiphénoménalisme. Encore une fois, cette échappatoire est autorisée par la version faible de la thèse de l'indétermination.

On retient quand même la thèse faible comme une première prémisse dans notre argument. Il s'agit d'une thèse *a posteriori* qui pourrait, il est vrai, être réfutée par l'expérience. Elle nous permet de justifier une thèse quant à l'irréductibilité conceptuelle et ontologique des prédicats psychologiques. On peut aussi, grâce à elle, prétendre que, dans l'état actuel des connaissances, les données s'accordent avec des attributions d'attitudes propositionnelles qui sont incompatibles entre elles. Le fait qu'une telle dépendance ne puisse être admise dans l'état actuel de nos connaissances constitue une évidence contre la thèse métaphysique de Davidson et un bon point de départ pour notre argument.

III

La prochaine étape de l'argument consiste à invoquer l'expérience de pensée de Tyler Burge. Cette dernière a pour conséquence immédiate de nier la dépendance des contenus d'états intentionnels à l'égard des états physiques internes de l'individu. L'expérience de Burge montre que les types ou occurrences des contenus d'états intentionnels pourraient varier alors que les états internes de l'individu demeurent les mêmes. Il s'agit d'une expérience de pensée qui, en tant que telle, ne se réduit pas à une considération *a posteriori* concernant l'état de nos connaissances.

Cette réplique est appropriée dans les circonstances présentes. On est apparemment parvenu à forcer la théorie davidsonienne dans ses derniers retranchements. Si Davidson est disposé à admettre la thèse de l'indétermination de Quine dans sa version faible, il doit reconnaître l'irréductibilité conceptuelle et ontologique des «propriétés» psychologiques. S'il veut ensuite éviter l'épiphénoménalisme tout en préservant l'interactionnisme, il doit supposer une relation de dépendance entre propriétés psychologiques et propriétés physiques. Tout l'argument ne tient plus que par le fil de la dépendance psycho-physique. Voilà pourquoi on invoque l'expérience de Burge. Celle-ci suppose que les états physiques de l'agent peuvent être fixés alors que des variations sémantiques interviennent au niveau des expressions utilisées dans l'attribution de l'attitude. Intuitivement, il semble qu'on attribue une nouvelle attitude. Sur la base d'une telle expérience, on peut établir une thèse de non-dépendance.

Le davidsonien peut cependant rester calme. Il a encore l'embarras du choix quant aux portes de sortie qui s'offrent à lui. La première et la plus évidente est celle que lui propose Loar (1988). L'expérience de Burge a beau avoir une application au-delà de considérations purement *a posteriori*, il n'en demeure pas moins qu'elle n'a pas de véritable portée ontologique et ne trouve application qu'au niveau de la «psychologie populaire», c'est-à-dire au niveau du discours ordinaire rapportant les attitudes. Et même si l'on accepte la suggestion de Burge à l'effet que son expérience de pensée a une incidence au niveau de la psychologie cognitive proprement dite (Burge 1986c, 1989a), on peut se permettre de douter qu'elle puisse avoir des répercussions ontologiques. A tout le moins, il reste possible d'argumenter à l'effet que, par-delà l'état de nos connaissances et indépendamment de nos attributions d'attitude, les propriétés mentales dependent de propriétés physiques.

IV

La prochaine étape de l'argument consiste à faire intervenir une hypothèse phénoménologique concernant les contenus de pensée. Il s'agit de faire l'hypothèse que les contenus de pensée sont constitués en partie d'énoncés-types. Telle est la prémisse adoptée, par exemple, par Rudder Baker (1987). La thèse affirme que les entités linguistiques n'interviennent que comme *constituants phénoménologiques*. Il n'est pas encore affirmé que ces constituants jouent un rôle essentiel dans l'individuation des contenus de pensée. Ce dernier point constitue plutôt une conclusion à laquelle nous voudrions parvenir. Davidson lui-même croit d'ailleurs que l'acquisition d'attitudes propositionnelles va de pair avec la possibilité de les communiquer dans un langage public (Davidson 1975). Cette thèse n'équivaut pas à la nôtre, mais elle lui est compatible.

La théorie citationnelle prête souvent à la controverse, mais cela ne me semble pas être le cas dans le présent contexte. Tout d'abord, elle reste compatible avec le fait que les constituants linguistiques n'épuisent pas à eux seuls les contenus de pensée. La thèse ne concerne qu'une partie des contenus d'états intentionnels. Elle s'accorde en soi avec l'idée que d'autres constituants ne sont pas de nature linguistique ou qu'il s'agit d'items appartenant au langage de la pensée.

Plus important encore, la théorie citationnelle que je propose est en soi indépendante de l'hypothèse empiriste selon laquelle les croyances se réduisent à des dispositions à acquiescer. Lorsque considérée isolément, elle est même compatible avec le fait que les constituants linguistiques soient dépendants d'états fonctionnels de l'agent, que ceux-ci soient caractérisés comme larges, ainsi que Harman le propose (Harman 1988), ou étroits, ainsi que Fodor le proposait à l'époque (Fodor 1981). Il est vrai que l'expérience de Burge nie la dépendance avec des états fonctionnels étroits, mais elle vient dans le présent contexte s'ajouter à une théorie citationnelle. La théorie citationnelle est donc en soi compatible avec le fonctionnalisme. On peut prétendre aussi que l'expérience de Burge montre seulement qu'il existe au moins un concept d'état psychologique qui reste irréductible au concept d'état fonctionnel étroit. Au sens intentionnel (opaque), les attitudes propositionnelles manifestent une telle irréductibilité. Mais cela est compatible avec le fait qu'au sens matériel (transparent), elles ne sont rien d'autre que des états fonctionnels larges de l'agent.

Il semble que nous soyons maintenant en meilleure posture pour répéter l'expérience de Burge. Un fossé profond subsiste sans doute entre les énoncés qui rapportent les attitudes et les attitudes elles-mêmes. Mais ne pouvons-nous pas appliquer l'expérience de Burge aux attitudes propositionnelles caractérisées phénoménologiquement? Il semble cette fois-ci difficile de prétendre que l'expérience concerne seulement la psychologie populaire ou la psychologie cognitive. Supposons donc que je sois en train de penser que j'éprouve des douleurs arthritiques au niveau de la cuisse. Dans ce cas, selon Burge, je fais montre d'une maîtrise imparfaite de notre concept d'arthrite, mais c'est ce concept qui intervient dans mon contenu de pensée et c'est la raison pour laquelle je crois quelque chose de faux. Aurais-je cependant le même contenu de pensée si on avait stipulé que, contrairement à l'usage courant, l'arthrite est une maladie affectant les muscles et non seulement les articulations? Burge nous recommande de répondre par la négative à cette question. Mais puisque, dans l'expérience, les états physiques de l'individu ont été fixés, il semble que l'on soit à nouveau en mesure de tirer la conclusion à l'effet que les contenus intentionnels ne sont pas dans une relation de dépendance à des états physiques internes à l'individu. On ne peut plus prétendre cette fois-ci que l'expérience de pensée n'a aucune incidence sur les attitudes réelles et qu'elle n'affecte que la psychologie populaire.

La conclusion de l'expérience semble en outre impliquer que les constituants linguistiques contribuent à l'individuation des attitudes. Il s'agit donc de constituants essentiels. Nous ne savons pas encore à quoi correspondent les attitudes propositionnelles dans la réalité, mais il apparaît difficile de prétendre qu'elles peuvent, d'une manière générale, être caractérisées sans référence à des constituants linguistiques.

V

Bien entendu ici, j'ai présupposé que les langues naturelles avaient un caractère social (Burge 1989b). On pourrait à l'opposé prétendre qu'elles n'ont rien de social. Il faut donc faire intervenir une prémisse additionnelle pour bloquer cette voie d'accès. Cela est essentiel pour mener à bien notre argument anti-individualiste. Là encore, il me semble que Davidson ne peut s'opposer à cette thèse.

On ne saurait trop insister ici sur le caractère minimal de la thèse qui est avancée. Il s'agit de prétendre que la grammaire d'un langage est au moins en partie normative. Cela revient à admettre que les critères de grammaticalité peuvent être modifiés d'un groupe à l'autre, d'une communauté à l'autre, ou d'une époque à l'autre, sans que les propriétés inhérentes des marqueurs sonores, graphiques, mentaux, ou neurophysiologiques soient elles-mêmes changées. Bien entendu, ce point est compatible avec la thèse selon laquelle il existerait des règles syntaxiques innées appartenant à une grammaire universelle.

A-t-on épuisé tous les recours de la théorie davidsonienne? Il s'en faut de beaucoup. Nous sommes cependant arrrivés au point où les répliques peuvent constituer une échappatoire que Davidson pourrait réellement envisager. La première est que l'expérience de Burge montre au mieux la non-dépendance des états intentionnels à l'égard des états internes de l'individu. Elle ne peut rien contre une thèse de dépendance à l'égard de ses propriétés relationnelles physiques.

VI

Que répondre à cette réplique du philosophe davidsonien? Il faut admettre en effet que l'expérience de Burge n'impliquait que la considération des états internes (*from the skin inwards*) de l'agent. Il faut reconnaître aussi que plusieurs de ses expériences de pensée visent seulement à montrer que les états intentionnels dépendent de propriétés relationnelles physiques. Il se peut donc que je m'écarte de Burge lui-même. Ce dernier s'est en effet souvent contenté de développer un argument externaliste.

La réponse anti-individualiste est que les propriétés sémantiques des constituants linguistiques ne sont pas dans une relation de dépendance à des propriétés relationnelles de «tokens». Pour se convaincre de la plausibilité de cette thèse, il suffit de considérer la difficulté à laquelle serait confrontée toute théorie causale de la référence. On peut se servir de l'exemple discuté par Gareth Evans mettant en scène Marco Polo et son utilisation du terme «Madagascar» (Evans 1973). Il est possible de se forger une expérience de pensée à partir de cet exemple et de montrer qu'une telle expression pourrait subir une variation de référence (*reference shift*) même si son histoire causale restait la même.

Dans l'histoire, Marco Polo croit que le nom « Madagascar » sert à désigner une île sur la côte est du continent africain. En utilisant le nom pour désigner cette île, il croit se conformer à l'usage instauré par la communauté. Mais, à son insu, la chaîne causale des utilisations précédentes du nom propre « Madagascar » remonte jusqu'à une certaine portion du continent africain et non jusqu'à l'île. Or l'« erreur » de Marco Polo est entrée dans l'usage et elle est à la base de notre propre utilisation du nom. Il serait contre-intuitif de prétendre que nous sommes tous dans l'erreur en ajustant notre propre usage sur celui de Marco Polo. La référence de l'expression est bel et bien maintenant à un autre référent. On exploite désormais l'expérience causale perceptuelle de Marco Polo et non la chaîne des usages des locuteurs qui l'ont précédé. Le changement est peut-être survenu en partie à cause d'une modification dans les intentions de Marco Polo. Il avait une intention primaire de référer à l'île en tant qu'objet d'expérience causale perceptuelle et seulement une intention secondaire de référer en conformité à l'usage courant. Quoiqu'il en soit, on a un cas où la référence d'un terme est changée alors que la chaîne causale reste la même. La conclusion semble être que les changements sémantiques ne sont pas dépendants de propriétés relationnelles physiques appartenant à l'individu.

Il est vrai que, puisque je revendique une thèse concernant le caractère social du langage et que j'accepte l'expérience de Burge, je ne peux admettre que les variations dans les intentions de Marco Polo ou dans ses états physiques internes suffisent à provoquer un changement dans la valeur sémantique du terme « Madagascar ». Tout d'abord, il se peut que des variations dans la référence des termes ne puissent être provoquées par les intentions des locuteurs que si l'on présuppose déjà l'institution du langage. Selon cette hypothèse, les intentions des locuteurs ne pourraient intervenir dans le fonctionnement du langage que si elles s'articulent au départ à l'intérieur d'un médium langagier. Ensuite, il faut sans doute que les contemporains de Marco Polo soient enclins à faire la même erreur que lui. Autrement dit, il faut que la variation sémantique se soit produite dans un contexte public d'utilisation. Il faut enfin que les comportements des locuteurs qui lui ont succédé viennent s'ajuster à son comportement et que ses intentions de signification puissent désormais constituer un étalon de mesure, une norme gouvernant l'usage socialement accepté par les membres de la communauté. L'expérience de pensée devrait par conséquent couvrir l'ensemble des usages du terme depuis l'acte de baptiser l'objet jusqu'à nos jours.

On commence tout d'abord par supposer qu'un tel changement sémantique n'a jamais eu lieu. On fixe ensuite les propriétés relationnelles physiques des locuteurs du langage. Cela inclut les propriétés relationnelles de Marco Polo, mais aussi celles des locuteurs qui l'ont précédé et des locuteurs qui lui ont succédé. On suppose qu'ils ont tous les mêmes expériences perceptuelles et qu'ils sont tous en contact avec les mêmes chaînes d'utilisation de l'expression. Les locuteurs qui ont succédé à Marco Polo et à ses contemporains auraient pu avoir, indépendamment du changement survenu dans les intentions de Marco Polo, l'intention primaire de s'en remettre à son usage de l'expression, fondée sur la croyance qu'il se référait à l'île. Autrement dit, ils peuvent ne pas avoir su que Marco Polo s'était trompé et, si l'histoire de Evans est vraie, il semble que ce soit ce qui s'est effectivement produit. On suppose ensuite que ces locuteurs avaient seulement l'intention secondaire de se référer à l'île. Puisque seule leur intention primaire est déterminante, elle seule entre dans l'histoire causale et contribue à l'individuation des propriétés relationnelles des autres locuteurs. Par hypothèse, les locuteurs qui ont succédé à Marco Polo auraient pu avoir cette intention primaire indépendamment du changement survenu dans les intentions de Marco Polo. Mais puisque des locuteurs ont eu les mêmes intentions primaires et secondaires que Marco Polo et que les autres locuteurs se sont conformés à leur usage, une variation dans la référence du terme a bel et bien eu lieu. L'expérience montre que cela aurait pu se produire même si l'histoire causale était restée la même.

Le changement survenu dans les attitudes de Marco Polo et celles de ses contemporains ne suffit sans doute pas à produire une variation sémantique. Mais le fait que les locuteurs ajustent en plus leur usage sur le sien et le fait qu'ils utilisent le terme « Madagascar » avec une intention secondaire de référer à l'île contribuent à occasionner une telle variation. Evans a développé cet exemple pour mettre en échec une théorie causale de la référence. On voit cependant que, pour que l'exemple fonctionne vraiment, il faut s'en remettre en partie à des chaînes causales d'utilisation. En effet, il ne faut pas faire reposer entièrement sur les épaules de Marco Polo la responsabilité du changement. Il faut que les comportements des locuteurs viennent s'ajuster au sien. Mais si on admettait que l'intention de Marco Polo de se référer à l'île était désormais causalement responsable de nouvelles chaînes d'utilisation, on viendrait d'admettre par le fait même qu'une variation dans les intentions de Marco Polo se traduit par une variation au niveau de l'histoire causale, ce qui confirmerait le point de vue de la théorie causale. Pour mettre en échec cette théorie, il faut à l'inverse supposer paradoxalement que les locuteurs utilisent souvent des expressions seulement avec l'intention de se conformer à la chaîne causale d'utilisation de l'expression sans s'appuyer, par conséquent, sur les intentions de Marco Polo. C'est ainsi que se sont comporté les locuteurs qui ont succédé à Marco Polo et c'est ce fait, conjoint à leur intention secondaire de se référer à l'île, qui contribue à transformer l'erreur de Marco Polo en une nouvelle règle sémantique. On aboutit de cette manière à une nouvelle règle sémantique bien que l'histoire causale ait été fixée, et cela seul suffit pour prendre en défaut une théorie causale.

Par «propriété relationnelle physique», j'entends une propriété qui appartient en propre à l'individu mais qui est individuée à partir des relations causales que l'individu entretient avec l'environnement physique. Un exemple clair de propriété relationnelle physique est un coup de soleil. Je suis prêt à admettre que l'identité des propriétés relationnelles peut être déterminée non seulement à partir des «effets», mais aussi à partir des relations et des termes de la relation. Par exemple, si deux bronzages indiscernables sont causés, pour l'un, par le soleil et, pour l'autre, par une lampe solaire, il s'agit de deux propriétés relationnelles distinctes. Or dans l'expérience, on n'assiste à aucune variation dans les propriétés physiques relationnelles de Marco Polo, parce que son emploi du terme «Madagascar» est d'emblée déterminé par deux chaînes causales distinctes, l'une médiatisée par des usages préexistants qui vont jusqu'au continent est de l'Afrique, et l'autre par l'expérience causale perceptuelle qui va jusqu'à une île.

Le point le plus important de cette expérience de pensée est que l'acte d'introduction d'une règle sémantique associée à une expression n'est pas nécessairement lui-même causalement responsable de l'utilisation que les locuteurs font de l'expression. Cela reste vrai, que la règle ait été inaugurée par une stipulation sémantique ou par une erreur qui s'est immiscée dans l'usage, comme c'est le cas dans l'expérience que nous considérons ici. Admettre la possibilité logique que cela puisse se passer ainsi, c'est admettre qu'une variation dans les règles sémantiques puisse avoir lieu sans que les relations causales ne soient transformées et, par conséquent, sans que les propriétés relationnelles physiques des individus ne soient affectées par le changement. Bien entendu, ces actes peuvent être causalement responsables des usages ultérieurs de l'expression. Les personnes présentes à un acte de baptiser un individu, par exemple, voient leur propre usage déterminé par les événements entourant la cérémonie. J'ai seulement besoin que l'on admette la possibilité logique que ce ne soit pas le cas. Plus précisément, j'ai juste besoin de prétendre que le caractère institutionnel ou normatif de l'acte de baptiser peut ne pas être lui-même inscrit dans la chaîne de relations causales. L'acte lui-même peut avoir un rôle causal à jouer. Pour que l'expérience fonctionne, on a seulement besoin de supposer un cas où la norme qui est inscrite dans l'acte n'a pas elle-même d'incidence causale. On admet, autrement dit, la possibilité qu'une norme différente puisse être associée à une seule et même chaîne d'utilisation. Puisque les chaînes causales d'utilisation restent les mêmes, les locuteurs ont les mêmes propriétés relationnelles physiques. De cette manière, les propriétés sémantiques ne dépendent pas de propriétés relationnelles physiques d'individus.

A vrai dire, j'ai besoin de prétendre encore moins que cela. Telle que je viens de la formuler, l'expérience semble suggérer que les normes sémantiques peuvent parfois n'avoir aucune efficace causale sur les usages d'une expression linguistique. Or il peut sembler évident, pour prendre encore une fois un exemple paradigmatique, que les personnes présentes à une cérémonie de baptême voient leur usage déterminé par la norme linguistique instituée. Il faut cependant distinguer la thèse concernant le pouvoir causal des normes et celle concernant leur rôle individuant. Une norme peut de différentes façons exercer un certain pouvoir causal sur des états physiques des agents sans pourtant contribuer à leur individuation. Je ne suis pas sûr de comprendre en quel sens il faut entendre la thèse selon laquelle les normes auraient en elles-même un pouvoir causal. Mais même si c'était le cas, il ne s'ensuit pas que les états physiques qui en constituent les effets sont eux-mêmes individués à partir de ces normes. Or c'est justement seulement le rôle individuant des normes sur les états physiques de l'individu que l'expérience cherche à nier.

Dans l'expérience, le principal changement est survenu au niveau des intentions de Marco Polo. Je ne suis pas contraint de supposer que celles-ci n'ont pas d'efficace causale et je peux admettre que le changement dans les intentions de Marco Polo s'est traduit par un changement dans sa constitution physique interne. J'ai seulement besoin de prétendre que le changement en question ne contribue pas à l'individuation des propriétés relationnelles physiques de Marco Polo ou des locuteurs qui lui ont succédé.

VII

La dernière voie d'évitement que le davidsonien peut être tenté d'emprunter consiste à proposer un concept particulier de dépendance psychophysique. Il peut se réclamer d'une notion affaiblie de dépendance. L'idée est que l'expérience de Burge n'affecte que la dépendance entendue au sens métaphysique. Or Davidson peut répondre qu'il s'accorde avec la thèse selon laquelle, d'un monde possible à l'autre, les états mentaux intentionnels d'un individu peuvent varier alors que ses états physiques restent les mêmes. Davidson peut se rabattre simplement sur l'idée selon laquelle, à l'intérieur d'un même monde, deux individus ayant les mêmes propriétés physiques ont les mêmes propriétés intentionnelles (Kim 1984).

Tout repose ici sur le sens à donner à la relation de dépendance ainsi comprise. Il ne faut pas, dans une perspective davidsonienne, qu'elle soit entendue seulement en un sens anti-réaliste, car on prêterait flanc de cette manière encore une fois à une accusation d'épiphénoménalisme. La discussion que fait Laurier d'un concept anti-réaliste de dépendance ne manque pas d'intérêt, mais elle ne peut être utilisée pour se porter à la rescousse de Davidson (Laurier 1989). En effet, il ne suffit pas que les concepts psychologiques puissent jouer un rôle dans des explications causales. Encore faut-il que les explications causales psychologiques aient une portée empirique et qu'il y ait des faits dont elles dépendent. Autrement, le fait qu'un individu attribue les mêmes attitudes psychologiques à des agents physiquement indiscernables, comme le prescrit la dépendance anti-réaliste, a pour effet de conférer un pouvoir causal aux attitudes psychologiques de façon purement verbale. Davidson a besoin d'une notion objective de dépendance et non seulement d'une notion subjective.

En d'autres termes, même si l'on n'admet pas de lois psycho-physiques strictes et même si l'on renonce au caractère strictement nomologique des traits causalement pertinents, les propriétés psychologiques ne peuvent acquérir de véritable rôle causal que si elles dépendent objectivement de propriétés physiques. Sinon, les explications causales psychologiques ne seraient que des façons de parler. Et si elles n'étaient que des façons de parler et que l'on voulait malgré tout reconnaître l'existence des états psychologiques, on prêterait flanc à nouveau à l'accusation d'épiphénoménalisme.

L'objectivité des explications physiques est garantie par le fait que les énoncés qui sont le support de ces explications sont satisfaits par des événements physiques. Le monisme de Davidson n'est pas neutre et ne se réduit pas à l'hypothèse qu'il existe une explication unitaire physique de la réalité. Il suppose aussi l'existence d'événements physiques qui transcendent la pensée et qui sont au terme de la relation de satisfaction. C'est ce fait qui garantit l'objectivité des explications physiques. Or, pour garantir une objectivité semblable aux explications psychologiques, il faut qu'il puisse exister une relation de dépendance entre les propriétés psychologiques des événements mentaux et certaines de leurs propriétés physiques. On aurait pu se satisfaire d'une dépendance globale, mais cela n'est plus suffisant lorsqu'un pouvoir causal est conféré aux propriétés mentales comme telles. Dans ce cas, il faut admettre une relation de dépendance entre la propriété mentale et une propriété physique qui la sous-tend.

Maintenant, lorsqu'on dit que les propriétés intentionnelles d'un certain événement psychologique sont dans une relation de dépendance à des propriétés d'un événement physique, il faut supposer que ces propriétés interviennent dans la détermination de la nature des événements en question. Imaginons en effet que des variations sémantiques entraînent un changement dans les propriétés intentionnelles d'un événement mental, et supposons que l'événement physique est un événement neurophysiologique que l'on serait, par hypothèse, parvenu à individuer de façon large. Lorsqu'un changement survient au niveau intentionnel, il ne suffit pas que des propriétés physiologiques de l'agent non pertinentes à l'individuation de l'événement neuro-physiologique apparaissent comme, par exemple, l'apparition d'un bouton sur le bout de son nez, pour que l'on puisse à proprement parler invoquer une relation de dépendance. Il faut que la relation de dépendance subsiste entre des propriétés qui jouent un rôle essentiel dans l'individuation des événements concernés et qui lui sont « essentielles » ou « fondamentales ». Par « propriété essentielle », il est entendu ici une propriété qui contribue à l'individuation d'un objet dans un monde et non une propriété que l'objet a dans tous les mondes. L'idée est que, même lorsqu'il s'agit de parler de la dépendance au sens faible de l'expression, les propriétés concernées doivent jouer un rôle dans l'individuation des événements, et ce, même s'il s'avère que ces propriétés ne sont pas possédées par l'événement dans tous les mondes. Or, Davidson soutient que les événements mentaux sont identiques à des événements physiques. La thèse de la dépendance dit donc que les propriétés mentales d'un événement E sont dépendantes de ses propriétés physiques. Mais puisqu'il s'agit dans les deux cas de propriétés « essentielles » à l'individuation de l'événement, il faut qu'en un sens il existe une connexion « nécessaire » entre elles. La nécessité désigne ici ce qui doit être le cas pour que l'événement advienne à l'existence dans ce monde.

Si on m'accorde ce point, il suffit de lire les clauses modales dans l'expérience de Burge comme des assertions non métaphysiques de ce genre pour que l'argument nous permette de nier la dépendance faible. L'idée est que les états et événements physiques internes et externes à un individu pourraient rester identiques et donc indiscernables même si les états ou événements mentaux changaient. Lue de cette façon, l'expérience montre que les propriétés psychologiques ne sont pas en un sens pertinent dans une relation de dépendance à des propriétés internes ou externes d'individus. On réfute de cette manière la thèse de la dépendance associée à la théorie de l'identité «token-token». La conclusion est que cette dernière est ou bien fausse ou bien équivalente à l'épiphénoménalisme.

NOTE

[1] Un mot pour justifier la présence d'un anglicisme dans le titre ainsi que dans la terminologie adoptée tout au long du texte. Je récuse la conception orthodoxe des «types» et «tokens» selon laquelle un «type» linguistique ne serait rien d'autre qu'une classe de «tokens». Selon cette conception, les «types» sont fondés sur des relations de similarité entre les propriétés de «tokens». Puisque les propriétés sémantiques ne peuvent s'appliquer directement aux «tokens» — pour des raisons fort connues déjà mentionnées par Kaplan (1989, p. 584) —, il faut donc admettre la réductibilité ou la dépendance des propriétés sémantiques de types à des propriétés de «tokens». Le cadre théorique adopté ici suppose, au contraire, que les types sont primitifs et, suivant en cela plusieurs auteurs (Kaplan 1989; Quine 1987, p. 218), je préfère réserver le terme «occurrence» pour parler d'un type évalué relativement à un contexte. Je peux donc difficilement m'en servir pour traduire «token». Les actes de langage particuliers devront eux-mêmes ensuite être définis à partir de la notion d'occurrence entendue au sens d'un type en contexte. Et puisque j'adopte une théorie citationnaliste des contenus de pensée, les remarques précédentes s'appliquent *mutatis mutandis* aux événements mentaux. Là aussi il nous faut distinguer les «tokens» des «occurrences». Le terme «inscription» m'est par ailleurs lui aussi apparu insatisfaisant. Il n'a pas de charge théorique suffisante et ne peut être compris comme un support de propriétés sémantiques comme c'est le cas pour la notion de «token». Pour ces raisons, je me suis résolu à une traduction homophonique en prenant quand même soin d'employer les guillemets pour neutraliser l'anglicisme.

Intention individuelle et action collective

par Pierre LIVET
Université de Provence-Aix-Marseille

Dans un article récent, Michael Bratman (1990) distingue trois théories de l'action collective. (1) Une théorie *individualiste extrême* (par exemple celle de Tuomela 1984), qui ne voit dans l'action collective que l'intention de chacun de jouer son rôle, sa partie, sans avoir à se référer à l'action commune en tant que telle. Il suffit que j'aie l'intention de jouer mon rôle parce que je sais que vous savez que je le jouerai, que vous savez que je sais que vous le savez, etc. L'intention de chacun de jouer son rôle est donc de connaissance mutuelle. (2) Une théorie *auto-référentielle* de l'action collective (par exemple celle de Searle 1990), pour qui chacun fait référence dans son intention d'action individuelle à l'action commune en tant que telle. Bratman refuse la circularité acceptée par cette théorie. Il récuse aussi la théorie individualiste extrême, parce qu'elle conduit à accepter comme action commune une situation bizarre où chacun contraindrait l'autre à agir, même si tous les deux obtiennent par là un but qu'ils partagent; ainsi je vous kidnappe pour aller à New York, vous me kidnappez pour aller au même endroit, et nous allons tous les deux à New York, mais nous n'avons pas voulu agir « en commun ». Bratman propose (3) une théorie d'un *individualisme « modeste »* ou modéré. Mais comme les précédentes, cette théorie fait appel à la construction, au-dessus des intentions d'action individuelles, d'une superstructure d'intentions entrecroisées, et des savoirs de ces intentions entrecroisées. Plus exactement, l'individualisme extrême ajoute la superstructure du savoir mutuel aux intentions d'actions individuelles, Searle résume l'entrecroisement infini des intentions en une auto-référence, et Bratman entrecroise d'emblée les intentions d'actions, et rajoute le savoir mutuel aux intentions entrecroisées.

Nous voudrions montrer que ces approches du collectif par la construction de superstructures de connaissance mutuelle, à moins de nous supposer des capacités cognitives phénoménales, encore plus riches que ne le laisse penser l'infinité du savoir mutuel, ne donnent pas de réponses satisfaisantes à un problème crucial pour une théorie de l'action collective (ou de l'action commune, nous différencierons ces termes dans le cours de l'analyse), celui de la correction mutuelle des erreurs. Pour traiter ce problème, il faut partir d'une théorie des interprétations des types d'action, interprétation et non savoir assuré, théorie qui tienne compte de notre évidente faillibilité et des limites de nos capacités d'investigation et donc de connaissance des intentions d'autrui.

On peut partir de la définition de la notion d'action intentionnellement commune (*joint intentional action*) proposée par Bratman. Il y a entre nous deux actions intentionnellement communes, dit Bratman, si et seulement si :

1) J'ai l'intention 1a que nous ayons l'action commune A en partie sous l'influence de votre intention 1b sur votre action, et sous l'influence de mon intention 1a sur mon action.
1b est définie de manière symétrique.

2) Ces deux intentions 1a et 1b sont de savoir mutuel.
(On voit que 1a englobe 1b qui englobe 1a, etc., et qu'on doit donc calculer des récursivités inter-emboîtées.)

L'exemple pris par Bratman lui-même est celui d'un duo. Prenons pour simplifier un morceau de piano à quatre mains. Tant que personne ne commet d'erreur, cette formule s'applique sans problème : l'action commune est, entre autres, de rester en mesure, mon intention 1a est de rester en mesure avec vous, votre intention 1b est de rester en mesure avec moi, l'influence de 1b sur votre action vous fait rester en mesure, l'influence de 1a sur mon action me fait rester en mesure. Rester en mesure est donc bien le point fixe de ces récursivités qui sont enchâssées réciproquement l'une dans l'autre.

Supposons maintenant que je commette une erreur. Je cesse de jouer en mesure, je prends du retard, et ce précisément parce que je voulais rester coordonné avec vous. J'avais un trait difficile à jouer, mais j'ai voulu en même temps faire attention à votre partie pour savoir où vous en étiez, d'où manque de concentration sur mon propre trait, fausses notes, essai de rattraper les notes manquées, et finalement retard.

Comment pouvons-nous tous les deux revenir au même tempo? Quand on essaie de calculer les récursivités, on s'aperçoit que la formule de Bratman n'est pas complète. Elle ne dit pas comment faire démarrer les récursivités, ni comment les articuler l'une sur l'autre. Sont-elles synchrones dans leur démarrage, les étapes de calcul de chaque agent sont-elles les mêmes, sont-elles aussi synchrones, comment se greffent-elles l'une sur l'autre, il faut préciser tout cela.

On peut distinguer quatre cas de figures. Dans le premier, nous sommes synchrones et nous suivons des programmes d'action exactement similaires. Dans le second, nos fonctions de réaction aux événements passés peuvent éventuellement différer. Dans le troisième, nous avons aussi des fonctions d'anticipation des intentions d'action futures d'autrui, et ces fonctions d'anticipation peuvent éventuellement différer. Dans le quatrième, certains comportements d'autrui peuvent être interprétés non seulement comme des données sur ses intentions d'action futures, mais comme des signes, des informations qu'il me donne sur ses intentions, ou sur ce qu'il pense des miennes.

Le premier cas se divise en deux selon que notre calcul est récursif (on calcule d'emblée les emboîtements infinis des récursivités) ou itératif. Supposons d'abord que le calcul des récursivités inter-emboîtées soit instantané. J'ai du retard, et c'est paradoxalement l'effet de mon intention 1a de rester en mesure avec mon partenaire. Donc je suppose que l'intention 1b de mon partenaire est de ralentir, mais mon intention 1a est de rattraper mon retard donc d'accélérer, donc l'intention 1b, qui prend en compte l'effet supposé de cette intention 1a, est d'accélérer par rapport au ralenti que je lui ai d'abord supposé, et mon intention 1a corrigée, qui prend en compte cette intention 1b, est de ralentir mon accélération, etc. Finalement nos deux intentions 1a et 1b, une fois le calcul (instantané) achevé, sont de jouer tous les deux exactement au même rythme. Mais c'est supposer que l'erreur n'a jamais eu lieu! Sans doute peut-on tenir compte du retard initial dans ce calcul (encore faudrait-il le mesurer avec une précision extrême, puisque c'est par rapport à lui que sont définis les ralentissements et accélérations). Mais surtout, on voit bien que des mécanismes qui sont ainsi couplés ne pourraient jamais développer une erreur significative, puisque le mécanisme de correction fonctionne en quelque sorte trop bien. Donc nous restons ici dans le cadre de ces mécanismes de correction de l'erreur qui ne sont eux-mêmes pas susceptibles d'erreur. L'erreur est considérée comme extrinsèque au mécanisme. Mais nos procédures de coordination ne peuvent avoir de telles propriétés, puisqu'elles sont censées fonctionner dans un système qui se sait capable d'erreurs.

Cette première version exige un calcul récursif (on fait le calcul de tous les niveaux infinis de récursivité avant de donner le moindre résultat). On peut ne vouloir accepter qu'un calcul itératif : à chaque moment, les deux mécanismes vont effectuer une étape d'un calcul qui consiste à réappliquer n fois la même opération. Mon intention 1a à la période actuelle t va donc dépendre de l'effet de votre intention 1b sur votre action à la période précédente $t - 1$ (qui était d'être en mesure) et de l'effet de mon intention 1a à la période précédente (qui était, malheureusement, d'être en retard, puisque mon effort de coordination m'avait conduit à jouer mon trait difficile trop lentement, ou à avoir à rattraper des fausses notes). Donc mon intention 1a actuelle est d'accélérer pour rattraper mon retard.

Votre intention 1b actuelle dépend de l'effet de mon intention 1a à la période précédente, qui est d'être en retard, et de votre intention 1b à la période précédente, qui était d'être en mesure avec moi. Vous ralentissez donc.

Mon intention 1a à la période $t + 1$ va donc être de ralentir mon accélération, en fonction de votre intention 1b actuelle. Votre intention 1b à $t + 1$ va être d'accélérer votre ralentissement, etc. Nous arriverons donc à nous retrouver en mesure.

Mais on aurait pu se trouver dans le deuxième cas de figure, où, bien que synchrones dans les scansions de nos calculs respectifs, il est possible que nous n'ayons pas les mêmes fonctions de réaction aux événements passés et présents. Si, pour calculer votre intention actuelle, vous étiez resté sur mon intention 1a antécédente, qui était d'être en mesure (au lieu de noter aussitôt mon retard), vous continueriez à jouer au même tempo. A la période suivante, soit vous conservez ce délai de réaction : vous notez alors mon retard. Votre intention 1b sera donc de ralentir. Pendant ce temps, ayant constaté mon retard à la période précédente, mon intention 1a sera d'accélérer à cette période $t + 1$. Vous allez constater mon accélération à la période $t + 2$, moi en revanche je vais constater votre ralentissement et décélérer. Nous allons donc osciller. Ou bien peut-être pouvez-vous modifier votre délai de réaction, et tenir compte non de mon intention précédente, mais de l'intention indiquée par l'effet actuel. A la période suivante, vous interprétez donc mon accélération comme un effet de mon intention de jouer en mesure étant donné mon retard, et vous accélererez. Mais moi, constatant que votre intention 1b précédente était de rester en mesure, je ralentirai par rapport à cette accélération, etc. Nous pourrions ainsi osciller sans jamais nous retrouver au même tempo, parce que nous ne tiendrons pas compte seulement des effets observés, mais d'abord des intentions supposées produire ces effets, intentions qui sont ici simplement comprises comme des fonctions de réaction qu'il nous faut chacun deviner.

Bien entendu, nous pouvons arriver à nous coordonner si nous savons chacun quelles sont les *fonctions de réaction* de l'autre (si je sais que vous allez réagir avec un certain délai à mon retard, ou que vous allez d'abord ne pas réagir aussitôt, mais combler votre retard de réaction à l'étape suivante). Mais si nous sommes capables d'erreurs dans notre coordination de base (rester en mesure) on ne voit pas pourquoi nous serions infaillibles dans notre évaluation des fonctions de réactions d'autrui, surtout si nous devons deviner ces fonctions de réactions à partir des comportements d'autrui compris comme effets de ses intentions. De même qu'une distorsion peut s'introduire entre les comportements, elle peut s'introduire entre les interprétations respectives des relations entre effets comportementaux et intentions.

On nous objectera que des animaux, des insectes par exemple, arrivent sans peine à se synchroniser. Ainsi les lucioles qui ont au départ des rythmes d'émission de lumière différents vont après quelques oscillations émettre au même rythme. Oui, mais l'explication de cette synchronisation ne fait justement appel à aucune intention de se synchroniser, mais seulement à une réception du signal lumineux du partenaire, qui recale le rythme de chaque sujet. Les lucioles ne sont pas en train de lire une partition, et elles ne cherchent pas à deviner les fonctions de réaction des autres lucioles en fonction de leurs représentations de la partition et des comportements d'autrui.

Le problème se pose donc dès que nous interprétons les comportements d'autrui comme des indices de ses fonctions de réaction. Il faut que ces fonctions de réaction soient les mêmes (ce qui est peut-être le cas, en gros, chez les lucioles). Il faut que vous soyez immédiatement sensible à mon retard, au lieu de rester sur la lancée de la bonne coordination passée, et donc d'en rester à l'intention antécédente. Ou bien il faut que nous ayons une connaissance mutuelle de nos différentes fonctions de réaction. Il faut aussi que nous tenions compte des effets présents des intentions antécédentes, et de rien d'autre, et donc que nous supposions données et « communes » ces intentions antécédentes, au lieu d'avoir à les interpréter. Mais c'est justement supposer résolu le problème de la coordination des intentions.

Bien entendu, le retour à la normale est possible si on en revient à des intentions « données », « précâblées » en quelque sorte, et si d'une part les mécanismes sont immédiatement sensibles aux différences de vitesses actuelles, si d'autre part, on va le voir, ils ne font pas d'anticipations sur les possibilités futures de correction dont autrui serait capable. Il faut donc des mécanismes dont aucun ne prenne du retard sur l'autre dans son calcul de correction. Mais même au niveau des mécanismes, c'est une hypothèse peu plausible, puisque si l'un des mécanismes s'est révélé capable de ce retard dans la gestion de l'action, pourquoi ne le serait-il pas dans la gestion de la correction, et pourquoi l'autre ne serait-il pas capable d'une erreur semblable ?

Un autre point sur lequel nous différons des lucioles (ce qui nous amènera à notre troisième cas de figure), c'est qu'elles n'ont pas de représentations du rythme futur adopté par autrui, elles n'interprètent pas le changement de rythme des autres lucioles comme des intentions de se recaler sur leur rythme personnel.

Or quand on développe des *anticipations* (au lieu de simplement s'intéresser comme dans le cas précédent à des *réactions* aux effets antécédents ou présents d'intentions supposées) les choses se compliquent encore. Admettons que je sois capable d'anticiper l'effet de votre intention d'action 1b sur mon action. Il n'est pas alors facile de déterminer quel doit être le résultat de mon calcul de correction. Je peux anticiper que vous allez ralentir, puisque l'effet de mon intention 1a antécédente a été d'être en retard. Supposons donc que l'effet de mon intention 1a actuelle soit de ralentir; comme vous aussi vous anticipez cet effet, vous ralentissez, et ainsi de suite. Comme j'anticipe cette suite fâcheuse de ralentissements, et que je veux vous donner la possibilité de revenir au tempo, je pourrais donc avoir des raisons d'accélérer par rapport à mon retard. Mais vous pouvez avoir déjà anticipé que j'accélérerai, et avoir vous-même accéléré. Et nous ne cesserions d'accélérer.

Pour s'en tirer, il faudrait là encore que le pas, le degré d'anticipation de chacun des acteurs, soit d'avance défini. Par exemple j'anticipe que, parce que je suis en retard, vous allez ralentir, je ne ralentis donc pas moi-même. Tout irait bien si je retrouvais alors le tempo initial. Mais en fait, étant en retard, je suis obligé de réaccélérer, n'ayant plus le tempo initial comme repère. Nous nous en sortons si vous réaccélérez votre ralenti, qu'éventuellement je ralentisse mon accélération, etc. Pour cela, il faut d'abord que vous ralentissiez effectivement pour amorcer le processus de coordination, et donc soit que vous n'anticipiez pas cette accélération de ma part, soit que vous anticipiez, à un degré de plus, que votre ralentissement compensera d'avance ma réaccélération compte tenu de mon retard. Ou encore, il faut que j'ai calculé mon accélération pour qu'elle compense exactement mon retard et votre accélération (nous avons en effet éliminé le cas de figure où aucun n'anticipait, et où les réaccélérations et les baisses d'accélération se faisaient en fonction de l'instant antécédent).

On aboutit toujours à la même conclusion : (1) soit il faut qu'un des deux agents (ou les deux) n'anticipe(nt) pas. Mais admettre un mécanisme qui ne fasse pas d'anticipations, c'est très gênant si l'on veut modéliser l'action commune, puisque l'anticipation est un des moyens de passer des effets présents aux intentions futures, et que la coordination d'une action «intentionnellement» commune doit en principe faire référence à ces intentions futures (c'est même la thèse de Bratman, pour qui les intentions d'une action se développent en des plans pour le futur). (2) Soit il faut que les anticipations soient définies de manière extrêmement précise et coordonnée. Mais pourquoi admettre comme mécanisme de compensation d'une erreur un mécanisme au moins aussi fragile que celui qui a conduit à l'erreur en question ? Bref, si nous en restons aux intentions antérieures ou si nous anticipons les intentions à venir, sans être assurés du fonctionnement exact des effets de nos mémorisations et anticipations respectives, rien ne marche.

On peut se demander pourquoi nous ne faisons pas intervenir ici le bon tempo, donné par exemple par un métronome. C'est qu'un métronome ne nous aide pas à nous corriger, ou plus exactement à nous «rattraper» (il continue à battre le temps imperturbablement sans marquer le moindre souci de notre retard), alors que dans une action commune, chacun tend à aider l'autre à se corriger et à corriger l'action commune (c'est d'ailleurs une implication de la formule de Bratman). Pourquoi alors ne pas supposer qu'un des partenaires a encore en tête le bon tempo, et peut servir de référence à l'autre ? C'est effectivement la manière la plus commode de corriger l'action commune, et c'est celle qu'utilisent la plupart des professeurs de piano. Mais il ne faut pas pour autant que l'élève puisse prendre le maître pour un métronome. Sinon il n'y aurait plus justement d'action commune, puisqu'on ne peut prêter une intention d'action commune à quelqu'un qui reste imperturbable devant les fautes de son partenaire, et qui fait donc comme si celui-ci ne jouait aucun rôle dans l'action en question. Il faut donc interpréter les actions d'autrui comme des signes, comme des messages de coordination. Garder le tempo, ce n'est plus alors seulement m'indiquer le rythme commun, c'est aussi me signifier que c'est à moi seul de rattraper mon retard. Conclusion, j'accélère ou je saute quelques notes.

Mais nous sommes alors passé au quatrième cas de figure : nous ne tenons plus alors compte simplement des vitesses, mais nous prenons les accélérations relatives pour des indices, pour des signes, qui nous informent non seulement des intentions d'autrui, mais de ce qu'il anticipe de nos intentions, et de ce qu'il nous indique de ses intentions et de ses anticipations de nos intentions. Aussi tout peut encore se compliquer si on retourne aux récursivités inter-emboîtées de la formule de Bratman. Supposons qu'autrui tienne le tempo. Par rapport à l'accélération que je dois fournir pour récupérer mon retard, je peux par exemple l'interpréter comme un ralentissement. Rajoutons alors les interprétations, qui prennent les comportements non pour des vitesses données, mais pour des indices de vitesses futures, ou même des demandes d'un certain type de réaction. Il ralentit, pensé-je, parce qu'il pense que je vais continuer, malgré mon accélération, d'être en retard. Donc je vais accélérer encore. Je commence à accélérer. Pour lui, ce peut être un indice de ce que j'anticipe que je vais être en retard sur son tempo, donc qu'il va trop vite, donc qu'il lui faut ralentir... et nous allons ainsi osciller sans cesse.

Autrement dit, la conception de l'action collective par ajout d'une superstructure de représentations croisées de niveaux toujours croissants ne semble pouvoir traiter le problème de l'erreur qu'en faisant appel à trois conditions, dont deux au moins doivent être réunies, et qui sont toutes trois peu plausibles; soit (1) les acteurs sont des mécanismes sans interprétation des fonctions de réaction d'autrui, sans anticipation, et identiques dans leur étapes de calcul; soit (2) les acteurs interprètent les fonctions de réaction et anticipent, mais ils le font de façon strictement coordonnée, et connaissent les fonctions de réaction et d'anticipations de leurs partenaires; (3) les acteurs ne surinterprètent jamais les données de base, ne rajoutent pas de niveaux d'interprétations, ou alors ils savent exactement quel est le type de surinterprétation de leur partenaire. Dans notre exemple, ils ne tiennent compte que des vitesses, et construisent ensuite seulement leur superstructure d'anticipations croisées, sans jamais modifier leur interprétation de cette donnée de base de la vitesse, sans jamais y voir un signal de premier ou de n-ième degré qui transmette à autrui nos anticipations de premier ou de n-ième degré sur ce qu'il va faire ou sur les anticipations que nous lui prêtons.

De toute manière, si l'on veut à tout prix garder l'idée de cette superstructure, et rendre compte de ces possibilités de signaux mutuels, il faut alors enrichir la superstructure en question. On y trouvera non seulement le fait observé (mon retard) et l'empilement des savoirs mutuels de ce fait, mais encore les intentions dont ce fait est le signe (intentions de premier degré, je veux accélérer, plus les intentions de second degré, je veux accélérer pour vous signifier de ne pas changer de tempo, etc.), plus l'empilement des savoirs mutuels de cette intention, les anticipations d'un acteur sur les intentions de l'autre, dont ce fait peut être aussi le signe, accompagnées chacune de leur empilement, etc. Sur chaque étage de l'empilement initial va se greffer un nouvel empilement infini. Or, si l'on pouvait trouver plausible de supposer donné le savoir mutuel d'un fait observable, il semble invraisemblable de supposer donnée cette infinité de savoirs mutuels portant sur les sens superposés du même fait compris comme signe à plusieurs degrés. Et il devient impossible de garantir l'absence d'erreurs dans les interprétations de ces signes, donc la validité du savoir mutuel, ce qui rend tout le procédé de construction de la superstructure auto-destructeur. La conception de l'action commune en termes de superstructure de connaissances mutuelles ne semble donc pas pouvoir assurer la correction mutuelle des erreurs, qui apparaît pourtant comme une condition de l'action commune.

Ainsi, les trois conceptions de l'action commune évoquées par Bratman sont disqualifiées. Il a raison de rejeter ce qu'il appelle l'individualisme extrême (puisque, ne comportant pas de référence à l'intention commune nourrie par chacun, celui-ci doit admettre une contrainte mutuelle comme action commune). Il a raison de rejeter la conception anti-réductionniste à la Searle, qui tombe dans le cercle vicieux en admettant que chacun fait référence à une unique intention commune, qui plane ainsi comme un être collectif au dessus des individus (tous les problèmes d'interprétation sont ainsi supposés résolus). Mais sa conception dite «modeste», qui fait appel à des intentions d'action commune entrecroisées, exige de stipuler à l'avance les fonctions de réactions et d'anticipations des acteurs, et ceci à une infinité de niveaux, faute de quoi on ne peut revenir à l'action commune après une erreur que par un heureux hasard. Or cette stipulation doit être exempte d'erreur, alors que le problème de l'action commune est précisément qu'elle doit être relativement robuste et résistante à des erreurs locales des partenaires.

Il nous faut donc aborder de front le problème des erreurs, et le problème plus fondamental qui le rend si gênant, celui des interprétations réciproques. L'action commune doit être définie au terme d'une procédure d'interprétation. Et cette procédure d'interprétation doit être «robuste» par rapport aux erreurs. Elle doit donc accepter que l'on puisse se tromper, tout en voulant rester à l'intérieur d'un même type d'action commune, et en ayant le droit de le faire. Il faut donc ne pas interpréter les erreurs (que l'on peut et que l'on va corriger) comme des changements de type d'action, des ruptures de l'action commune. Cette contrainte impose une limite supérieure à la précision de définition d'un type d'action. Si nos stipulations d'un type d'action sont si exigeantes qu'elles nous conduisent à interpréter un comportement de correction d'erreur (qui permet de demeurer dans le type d'action) comme une sortie du type d'action, alors c'est qu'elles sont trop restrictives. Restons-en à l'exemple du duo : si nous exigeons que le tempo indiqué au métronome soit toujours respecté, alors nous ne pourrons jamais jouer en duo, car nous devrons nous arrêter dès que l'un de nous deux aura eu la moindre défaillance.

Nous n'avons là qu'une limite supérieure de la procédure d'interprétation du type d'action, qui est donnée par l'*indécidabilité* entre erreur et rupture de l'action. Mais il est possible de définir strictement (de manière *décidable* au contraire) des limites inférieures : en l'occurrence, ne pas jouer une autre mélodie (celle d'une autre partition), ne pas chanter au lieu de jouer du piano, ne pas jouer tous les deux la partie supérieure, etc. Bien entendu, de telles limites ne *suffisent pas* à définir l'action de jouer la *Fantaisie* de Schubert à quatre mains. Mais il est *nécessaire* que ces conditions limites soient respectées. Entre ces limites inférieures et supérieures, se situent les marges des erreurs corrigibles, et l'extension des variations possibles du type d'action.

Mais comment définir les erreurs comme telles, objectera-t-on? Pour occuper cet intervalle entre les limites inférieures et supérieures, nous avons en tête des schémas d'action *prima facie* (qui sont plus précis que l'intervalle entre les deux limites, mais qui ne sont pas totalement déterminés). Ces schémas d'action peuvent même dans certains cas être stratifiés. Ainsi il est logiquement plus fondamental dans un duo de jouer au même tempo que de jouer exactement les notes de la partition, et plus fondamental de jouer les notes indiquées que de jouer les intensités indiquées (bien que dans l'apprentissage, il ne soit pas forcément bon de séparer ces composantes). Cela tout simplement parce qu'une erreur de rythme entraîne une erreur sur les notes correspondantes, tandis que l'inverse n'est pas vrai. Au cours de l'apprentissage du duo, chacun de nous va partir de son schéma *prima facie*, qui n'est pas totalement déterminé. Il va être amené à le réviser et à définir peu à peu des sous-types d'action plus spécifiés, qui vont en quelque sorte réduire l'intervalle de variation du type d'action.

Cette spécification se fait tout simplement par réapplication de la procédure précédente de limitation du type d'action. Mon schéma d'action *prima facie*, par exemple, peut être déjà déterminé quant aux intensités (je sens le début de la *Fantaisie* comme nostalgique). Mais en jouant je me trompe de rythme (je démarre trop tard sur la double croche du début du thème). En général, quand on accroche dès le début, on recommence : une erreur initiale sur le rythme est donc considérée comme une nouvelle limite inférieure de l'action commune, comme une sortie hors du type d'action, qu'il faut réengager. En revanche, à ce niveau de déchiffrage, une erreur de note en cours de route sera jugée corrigible. Si j'exigeais donc le respect continuel des notes, du tempo expressif et des intensités que j'ai en tête, je ne pourrais plus distinguer une rupture de l'action commune et une erreur à corriger, donc j'atteindrais la limite supérieure. Le sous-type d'action ainsi limité (apprentissage de base du duo, déchiffrage commun) est donc plus spécifié que le duo simplement enclos dans ses limites initiales (ne pas jouer un autre duo, etc.), mais il reste encore très vague. Il consiste en une plage de variations possibles (non déterminées) enclose par de nouvelles limites inférieures (ne pas se tromper de rythme initial) et supérieures (les intensités ne peuvent encore être spécifiées, pas plus que les changements expressifs de rythme). La procédure d'interprétation du type d'action peut donc bien se réappliquer à l'intérieur d'elle-même.

La suite de l'apprentissage permettra de nouvelles spécifications. On sera plus exigeant envers les erreurs de rythme quand on en commettra moins, puis plus exigeant envers les erreurs de notes. On en arrivera à la phase où il s'agit de mettre au point des modifications expressives de rythmes (ralentendo, accelerendo, etc.) et des modifications expressives d'intensités (crescendo, diminuendo). Pour cela, il faut supposer qu'on ne fait pas d'erreur sur le rythme de base et sur les notes, ni sur les intensités initiales. Une telle erreur indiquerait donc une sortie hors du sous-type d'action : travailler l'expression. Elle en constitue donc une limite inférieure. Mais cette erreur ne remet pas pour autant en cause ni le type général d'action (apprendre le duo) ni même un sous-type d'action plus précis, mais cependant moins spécifié (jouer en mesure le duo). Grâce à cette hiérarchie des types et des sous-types d'action, on peut donc continuer l'action commune du duo une fois commise une erreur qui nous fait pourtant sortir d'un sous-type d'action sophistiqué, parce que l'on peut se rabattre sur un sous-type moins spécifié, ou à la limite sur le type d'action primitif. Pour rattraper l'erreur d'une fausse note, on régresse donc à un sous-type moins sophistiqué que celui du travail de l'expression. Une fois rétablie la justesse des notes, on reviendra au sous-type d'action en le respécifiant (travailler l'expression).

Cela du moins si l'action commune consiste à « apprendre le duo ». Car des interprètes qui jouent le duo en concert auront au contraire tendance à compenser une erreur sur les notes par un raffinement dans l'expression, donc à tenter d'atteindre une spécification encore plus sophistiquée du type d'action. En fait, on peut même dire qu'ils vont détourner l'attention de l'auditeur de leur transgression d'une limite inférieure vers le problème indécidable d'interprétation posé par une limite supérieure (cette légère variation dans l'intensité que nous entendons, est-elle aléatoire, ou bien est-ce une spécification ultime d'un sous-type d'action hypersophistiqué, question qui reste indécidable).

Jusqu'à présent, nous avons seulement défini une procédure d'interprétation du type d'action qui pourrait demeurer purement individuelle. Qu'ajoute l'action commune? Supposons que nous commettions une erreur, et que nous voulions la corriger par régression à un sous-type d'action moins sophistiqué. Il faut, dans le cas d'un duo, que le partenaire qui n'a pas commis d'erreur accepte cette régression. C'est là le critère même de l'action commune. On pourrait parler d'un contrat implicite d'entraide en cas d'erreur, par régression à un sous-type d'action moins spécifié, acceptation de cette régression, et volonté de revenir au niveau de sophistication précédent. Mais la notion de contrat implicite nous obligerait à recourir à un savoir mutuel, et à ses empilements infinis. Nous pouvons là encore réappliquer la procédure d'interprétation, et parler d'une sorte de double pari (pour ne pas parler de «pari mutuel»). Ce pari a des limites inférieures, des conditions qui établissent qu'il a été perdu. En l'occurence, si mon partenaire continue à jouer sans se soucier de mon décalage, le pari de l'action commune est perdu. Il n'y a pas de conditions qui assurent qu'il a été gagné. Même si mon partenaire ralentit, marque le tempo, etc., en cas d'erreur de mesure de ma part, je peux toujours interpréter cela comme un rythme qu'il a choisi pour des raisons personnelles indépendantes de notre action commune. Mais alors j'atteins une limite supérieure, celle de l'indécidabilité de l'interprétation, puisque j'interprète ce qui pourrait être des «erreurs» dues à des intentions de correction comme des ruptures de l'action commune, et je dois donc abandonner ces prétentions excessives d'avoir une garantie de la validité de mon pari.

Il y aura donc action commune lorsque chacun des deux partenaires fait le pari que l'autre, en cas d'erreur, l'aidera à rétablir la situation, en revenant, à l'intérieur du même type d'action, à un sous-type moins sophistiqué (ou, dans le cas d'un concert public, à sauver la face en en montant en sophistication). Chacun fait ce pari pour lui-même, sans pouvoir être pleinement assuré que l'autre fait le même. Mais cette absence de garantie est justement ce qui fait la robustesse du pari, puisqu'il n'est pas mis en question par des soupçons excessifs, et qu'il tolère des erreurs. Ce pari est la plupart du temps sinon explicite, du moins impliqué par un énoncé (on se met rarement à jouer un duo sans engagement verbal). Il peut ne pas être lié à une énonciation, mais alors l'action commune est plus fragile, parce que l'absence temporaire d'un signe d'entraide peut immédiatement être interprétée comme une rupture de l'action commune. Songez à deux joueurs de football qui se font des passes : si l'un d'eux n'accepte pas d'accélérer pour rattraper une passe envoyée trop en avant, l'action commune est rompue — du moins ce sous-type d'action commune qu'est le «une-deux», mais pas le type plus général d'action commune qui est de mener des attaques contre l'équipe adverse, ou même de coopérer entre ailier et avant-centre, actions communes qui sont impliquées par l'énoncé des règles du jeu ou des stratégies proposées à l'équipe. Ou encore, dans une *jam-session* improvisée sans accord explicite préalable, un partenaire qui se trompe de rythme se sentira très vite exclu par sa propre erreur.

Nous pouvons maintenant revenir à notre exemple de l'erreur de rythme et de mesure. Notre pari d'une action commune reste valide tant que notre partenaire manifeste son intention de nous aider à corriger notre erreur, pour rester dans le type d'action. Cette erreur de mesure étant une erreur de base, il faut qu'il accepte de revenir au type d'action de base, et donc qu'il nous redonne le tempo initial. S'il continuait cependant à jouer imperturbablement dans le tempo initial, nous ne pourrions être assuré de son intention d'entraide. Il faut donc qu'il marque par un signe qu'il a tenu compte de notre erreur. Généralement il le fait en accentuant les temps (ce qui marque une transgression par rapport à un sous-type plus sophistiqué, impliquant le respect des intensités, et montre donc son acceptation d'une régression temporaire). Comme il ne s'interrompt pas alors même que soit nous accélérons pour rattraper notre retard, soit nous sautons quelques notes, et frappons nous aussi plus fort les notes repères des temps forts (toutes transgressions par rapport à des sous-types plus sophistiqués d'action commune, qui sont le respect des notes ou celui des intensités), nous en concluons qu'il accepte notre erreur, et les nouvelles erreurs qu'exige la procédure de correction, qu'ils les tient non pour une rupture du type d'action commune, mais pour des déviations temporaires nécessaires au retour à l'action commune à son niveau initial.

Pour corriger mutuellement nos erreurs, il nous suffit donc de prendre appui sur les repères donnés par la procédure d'interprétation du type d'action, et par les raffinements des sous-types d'action que produit l'histoire de notre coopération, qui est elle-même l'histoire de la progression de la procédure interprétative, de la réapplication de cette procédure à ses propres résultats. Une régression dans la spécification des sous-types pourra être interprétée comme une aide à la correction, qui nous maintient ainsi dans l'action commune. Comme la procédure d'interprétation fait d'emblée une place à l'erreur, et qu'elle ne demande jamais des définitions complètement spécifiées des types et des sous-types d'actions, puisqu'elle leur impose seulement des limites marginales, elle reste évidemment robuste par rapport à l'erreur. Certes, je peux toujours mal interpréter tel comportement de mon partenaire (il ralentit dans un but expressif, je crois que c'est une erreur de tempo), mais cette erreur d'interprétation nous fait simplement régresser sans rompre l'action commune. A nous ensuite de retenter des spécifications plus sophistiquées, en espérant qu'elles ne susciteront pas des corrections abusives par régression. L'action commune, quand elle veut progresser dans la sophistication, reste un pari. Ce pari nous évite d'avoir à supposer un savoir mutuel de nos intentions pour nous lancer dans l'action commune. L'échec du pari de la sophistication n'est pas gravissime, puisque la régression ne nous fait pas sortir de l'action commune (comme ce serait le cas dans une situation de type dilemme du prisonnier, où la régression nous conduit de la coopération à la défection).

Il y a donc action commune tant que notre pari que l'autre (ou les autres) vont nous aider à nous corriger en cas d'erreur n'est pas mis en défaut (si les autres restent indifférents à nos erreurs, alors nous pouvons toujours faire ce pari pour notre compte personnel, mais c'est beaucoup prêter à autrui). Mais on s'aperçoit vite qu'il existe des actions collectives dans lesquelles ce critère n'est pas respecté, et qui pourtant ne se réduisent pas à de simples additions d'actions individuelles. Le plus bas degré de l'action collective semble être celui où chacun se préoccupe du résultat collectif de l'addition des actions individuelles, non pas parce qu'il se soucie de ce résultat en soi, mais parce qu'il s'intéresse uniquement aux conséquences du résultat collectif sur sa propre action individuelle. Ainsi en est-il de notre intérêt pour l'état de la circulation routière quand nous partons en vacances. Nous savons que notre décision de prendre telle route à telle heure peut contribuer à un embouteillage collectif, mais nous ne tenons guère compte de l'influence de notre action individuelle sur le résultat collectif, nous supputons seulement l'influence du résultat collectif sur notre action individuelle (devons-nous reporter notre départ, ou passer par un chemin détourné). Ces actions individuelles sont évidemment interactives, mais cette interaction peut être conçue comme un des effets secondaires de l'action (il en est ainsi pour la circulation), au lieu d'être conçue par chacun comme essentielle à l'action.

Il se peut même que chacun accorde beaucoup d'importance à l'interaction en tant que telle, et cependant ne s'intéresse qu'à l'influence du résultat collectif sur ses intérêts individuels. La vision classique du marché conçoit bien l'échange marchand comme un ensemble d'actions consistant en des interactions, mais où chacun ne s'intéresse qu'aux conséquences du résultat commun (le niveau des prix) sur son propre intérêt. Il n'y a donc pas là d'action commune, mais seulement, dirons-nous, une action à plusieurs (mais cette vision du marché ne rend guère compte de son aspect institutionnel, qui va au-delà de l'action à plusieurs).

D'autres actions collectives ne sont pas encore des actions communes, mais ne sont déjà plus de simples actions à plusieurs. C'est le cas des exemples étudiés sous le nom de «biens publics» ou «biens collectifs». Ainsi nos impôts locaux permettent le fonctionnement d'un système de bus. Mais si quelques individus cessent de les payer, le système de bus continuera malgré tout d'exister et de fournir la même qualité de prestations. Autre exemple encore plus simple : des voyageurs qui ont emprunté un car poussif peuvent avoir à pousser le car pour l'aider à gravir une dernière pente raide. Mais il n'est pas nécessaire que tous poussent. Certains peuvent donc faire semblant de pousser. Tant que le car ne recule pas, ou continue d'avancer, ils ne nuisent pas au résultat collectif. Pourtant ils contreviennent aux critères minimaux du type d'action : «pousser le car». Ceux qui poussent effectivement ne se sentent d'ailleurs pas tenus de pousser plus fort pour corriger les défaillances volontaires des autres, et les tire-au-flanc ne font pas le pari qu'on palliera leurs défaillances. Il n'y a donc pas vraiment d'action commune. On voit que dans ce type d'action, que nous nommerons «action ensemble» (pour conserver comme nom générique le terme d'action collective), on peut sortir individuellement des limites du type d'action (on ne pousse plus), et que cependant cette déviation n'est pas une rupture de l'action ensemble. Les limites supérieures (indécidabilité non plus entre erreur et rupture du type d'action, mais entre déviation, semi-défection et rupture du type d'action) sont donc très laxistes. Il est cependant des limites inférieures à cette latitude laissée aux individus. Serait ainsi une rupture du type d'«action ensemble» le fait de se croiser les bras au lieu de faire semblant de pousser, ou encore, le fait de ne pas pousser («pour de vrai») alors même que le car n'avance plus, donc que le résultat collectif risque d'être mis en question. Il en est de même dans le cas des mauvais payeurs : tant qu'ils ne sont que des fraudeurs d'occasion, qui remettraient la main à leur poche si la collectivité était en faillite, nous ne les excluons pas de la collectivité.

Il semble que la notion d'«action ensemble» exige une part d'ignorance. Si nous savions qui ne paie pas ses impôts, qui fait semblant de pousser, nous serions peut-être tenté d'exclure ces tire-au-flanc de l'action commune. Mais on peut pourtant imaginer une situation où nous savons qui fraude, ou bien où nous voyons notre voisin ne pousser que d'un doigt, et où cela suffit à le relier à l'action ensemble. C'est que manifestement le bien public ou la montée du car ne sont pas mis en question par cette semi-défection. Le faux-semblant nous suffit, car il nous laisse espérer un retour à une coopération effective en cas de difficulté. Nos exigences, et nos exclusions, seront bien plus sévères, nos soupçons plus virulents, dès que la collectivité sera en danger. Le problème est évidemment que nous pouvons croire le bien collectif assuré alors qu'il est déjà en danger (comme dans des cas de pollution irréversible). Mais il est important de noter que l'action ensemble permet une gamme de comportements très variés, qu'elle accepte non seulement l'erreur mais les déviations, et qu'elle exige de chacun une appréhension assez fine du résultat collectif (et du seuil d'urgence), alors qu'elle ne garantit nullement l'entraide, c'est-à-dire la volonté d'aider les autres à corriger leurs erreurs dans l'action, comme c'est le cas de l'action commune.

Il faut cependant envisager ici une objection (avancée par Dubucs, communication privée). Nous semblons avoir défini l'action ensemble par la différence entre les comportements en cas de succès de l'action ensemble et les comportements en cas de danger d'échec de cette action. Une action collective qui échouerait ne pourrait-elle donc être une action ensemble? On voit d'abord assez mal comment, envisageant d'emblée la possibilité d'un échec, un collectif pourrait admettre des semi-défections. Il semble que les actions collectives risquées ne peuvent naître que si elles sont conçues comme des actions communes. Une fois le résultat collectif obtenu, la tension est moins grande et l'action ensemble peut apparaître. Mais on peut très bien imaginer un cas de figure où le résultat collectif ne soit pas garanti, où le risque d'échec soit grand, et où cependant il ne soit pas nécessaire que tous sans exception s'investissent pleinement dans l'action. Il en est ainsi quand une population comprend un groupe de spécialistes, qui ont besoin pour une entreprise risquée de l'aide d'une majorité de non-spécialistes, mais pas de tous (en revanche la réelle défection de quelques-uns serait dramatique : pensez à une situation de résistance à l'occupant). Il semble toujours rester ici cependant quelque noyau d'action en commun (celle du groupe de spécialistes). Inversement, le marché n'implique pas un grand risque d'échec, et pourtant il implique aussi une action ensemble (les échangistes effectifs maintiennent une action commune, en maintenant le cadre institutionnel dans lequel l'échange est possible, et ceux qui ne sont pas entrés sur le marché, mais qui n'y ont pas mis obstacle et pourraient y entrer si les prix baissaient, par exemple, constituent la marge supplémentaire nécessaire à l'action ensemble).

Ces essais de définition permettent d'éviter de fonder le concept d'action collective et ses catégories sur le nombre des partenaires. Certes, il est probable que la notion d'action commune s'applique plus souvent à de petits groupes, et qu'en passant à de grands groupes, nous ne pouvons plus guère nous attendre qu'à de l'action ensemble. Autrement dit, dans une collectivité nombreuse, nous acceptons de tomber de temps en temps sur quelqu'un qui ne nous aidera pas à corriger nos erreurs par rapport à une action commune. Et même à supposer que nous n'acceptions pas cela, nous supposons que d'autres que nous peuvent rencontrer ce genre de situation, sans penser pour autant que l'action ensemble est dissoute. Mais on peut être engagé à deux dans une action ensemble (il suffit que je pousse ma voiture avec un ami, sans être sûr qu'il pousse réellement, ou encore même qu'il me montre qu'il ne fait pas grand effort, voire qu'il pousse avec un doigt). Nous n'avons donc pas défini l'action ensemble par le passage à au moins trois personnes, seuil critique pourtant, puisque c'est le moment à partir duquel peuvent se constituer des coalitions. Il est vrai cependant que la certitude que nous pouvons avoir sur la participation effective de tel ou tel individu à l'action commune a moins d'importance quand nous sommes très nombreux, et surtout quand les individus deviennent interchangeables, et que l'on glisse alors vers l'action ensemble. Les partis politiques les plus volontaristes sont bien obligés d'admettre des degrés différents de participation chez leurs adhérents, dès lors qu'ils veulent dépasser le stade de la petite communauté.

Mais il n'est pas nécessaire de lier systématiquement l'action ensemble à la possibilité de coalitions. Les coalitions sont des entreprises complexes qui supposent déjà l'existence d'une action ensemble et tentent d'y greffer une action commune à rebours. En effet, les coalitions sont des tentatives de marginaliser malgré eux certains participants de l'action ensemble en constituant des noyaux d'actions communes, tout en visant aussi l'effet inverse, qui est de faire des membres de ces actions communes des profiteurs marginaux de l'action ensemble (par exemple les notables d'une ville s'assureront de ne pas être inquiétés pour fraude fiscale, en comptant dans leurs rangs le comptable des finances municipales, et en assurant une stricte surveillance du recouvrement des impôts locaux sur le reste de la population). L'action commune n'est plus ici le noyau qu'entoure une marge déviante d'action ensemble. C'est cette déviance de l'action ensemble que l'on tente de transformer en action commune. Le problème des coalitions est qu'elles ont peu de chances d'être stables : les membres de l'action ensemble qui sont exclus de la coalition ont intérêt soit à se coaliser, soit à débaucher des membres de la coalition. Autrement dit, dans une coalition, le pari d'entraide en cas d'erreur (dans notre exemple, un notable qui laisse échapper quelques informations gênantes) pour permettre le retour à l'action commune est un pari très risqué.

Nous avons supposé que l'on commençait, lorsque l'action était risquée, par un noyau d'action commune, pour ensuite tolérer l'action ensemble quand les enjeux sont moins immédiats. Mais on peut aussi commencer par une action ensemble, par exemple dans un entretien à plusieurs. Nous ne savons pas encore de quoi nous allons parler, quel va être l'enjeu de la discussion, qui va y participer activement. Le silence de tel ou tel n'est donc pas considéré comme une rupture, s'il ne sort pas de la pièce. En revanche, quand le débat prendra forme, une prise de position lui sera demandée à un moment ou un autre. Précisons que la notion d'action commune ne suppose pas la définition d'un but, mais seulement d'un type de l'action en cours. On peut converser sans but et thème précis, ce n'en est pas moins une conversation. Il est important de ne pas lier la notion d'action commune à la notion de but, car bien des actions n'ont pas de but clairement déterminé, comme l'a noté Davidson (1980a). La notion d'action ensemble ne dépend pas non plus de la tension vers un but, pas plus que de la réussite ou de l'échec de l'action. Elle est seulement liée à une tolérance plus grande sur la participation des partenaires au type de l'action. Ainsi dans une conversation, le silence d'un des multiples partenaires peut être toléré dans une action ensemble (mais ici il est nécessaire d'être plus de deux), alors qu'il s'agit d'une rupture du type d'action dans une action commune. Il reste bien toujours des limites de l'action ensemble (le silence sera toléré, mais pas que l'on quitte le groupe), mais elles peuvent être très larges (ainsi le fraudeur peut être toléré, dans le cas des biens publics, sauf en cas de crise).

Il semble que nous ayons envisagé jusqu'ici les seules actions de coopération, et laissé dans l'ombre les interactions qui impliquent compétition, concurrence, rivalité. Mais les degrés de conflictualité apparaissent liés aux différentes catégories de l'action collective. Il semble que l'action commune exclut les comportements d'adversaire, alors que l'action à plusieurs les admet. L'action commune suppose plutôt des comportements complémentaires. La vision classique du marché en fait pourtant le lieu d'interactions complémentaires entre adversaires. Il s'agirait donc d'une action à plusieurs, mais où chacun veut non seulement l'emporter sur l'adversaire, mais aussi maintenir un type d'interaction, et donc une action commune (la complémentarité entre les échangistes), ou plutôt une action ensemble, si l'on inclut ceux qui n'ont pas échangé leurs produits au prix du marché, mais qui ne refusent pas pour autant d'y participer un jour. Il en est de même des sports comme le tennis ou des sports d'équipe et de compétition.

L'action commune n'exclut pas la compétition, mais ne l'admet que pour réaliser le but commun ou pour rivaliser à celui qui conviendra le mieux au type d'action. Cependant cette compétition peut contrevenir au principe de l'action en commun (entraide en cas d'erreur) puisque si mon partenaire de duo, par exemple, joue au virtuose sans que je puisse réellement rivaliser avec lui, il entre dans un sous-type d'action qui n'est plus le mien, et il me relègue donc à un niveau inférieur qu'il ne partage plus, au lieu d'accepter au contraire de régresser avec moi à un niveau inférieur pour m'aider à corriger mes erreurs. La compétition dans l'action en commun exige donc que les compétiteurs puissent effectivement rivaliser. Des inégalités trop prononcées peuvent amener une régression vers une action ensemble (les laissés pour compte laissant le champ libre à la compétition des spécialistes).

L'action ensemble, justement, admet la compétition de la concurrence. Compétition entre ceux qui participent effectivement à l'action, parce que, supposant qu'ils sont plus actifs que les autres (les tire-au-flanc), ils peuvent vouloir le démontrer à leurs partenaires, et se lancer dans une surenchère. Concurrence, puisqu'en un sens, les tire-au-flanc font de la concurrence aux activistes, parce qu'ils arrivent à payer à bas prix le bien public que les autres achètent chèrement. Ils sont par là adversaires, tout en étant engagés sur le même bateau, la même action ensemble. On pourrait donc définir la compétition comme une rivalité où les intérêts rivaux se rapportent tous à une action commune, la concurrence comme une rivalité où les intérêts opposés sont reliés par une action ensemble, et le conflit des adversaires comme une rivalité où les intérêts contradictoires sont reliés par une action à plusieurs. Il ne semble donc pas nécessaire d'ajouter, à côté des catégories de l'action collective coopérative, des catégories de l'action collective anti-coopérative, puisque les notions de compétition, de concurrence, de conflit se redistribuent selon les catégories de l'action collective (action commune, action ensemble, action à plusieurs).

CHAPITRE 5

LANGAGE ET COGNITION

La distinction entre l'analytique et le synthétique : Chomsky contre Quine

par Paul HORWICH
Cambridge University, Massachussetts

1) La critique qu'a offerte Quine de la distinction entre *l'analytique* (vérité par définition) et le *synthétique* (question de fait) a eu un énorme impact sur les milieux philosophiques; mais en dehors de la philosophie, la situation est différente. En linguistique et en psychologie, on fait tranquillement appel à une telle dichotomie au sein des énoncés, ainsi qu'aux distinctions entre langage et théorie, et entre changement de sens et changement de croyance, qui y sont liées. Le but de cette communication est d'essayer d'arbitrer ce conflit. Quine a-t-il tout simplement tort et la philosophie contemporaine est-elle engagée sur la mauvaise voie? Ou, au contraire, une grande partie de la science cognitive repose-t-elle sur un dogme erroné? Je veux montrer qu'aucune de ces deux conclusions n'est correcte : la distinction entre l'analytique et le synthétique à l'œuvre dans la science cognitive est différente de la notion, d'une grande importance philosophique, discréditée par Quine.

2) Selon la psychologie populaire (c'est-à-dire selon notre théorie préscientifique de l'esprit humain) tout individu normalement constitué possède un groupe de facultés cognitives distinctes dont l'interaction sert à expliquer son activité linguistique. Parmi ces facultés figurent notamment, entre bien d'autres choses, la connaissance d'un langage, un mécanisme d'acquisition des croyances, un ensemble de croyances, un ensemble de désirs et de façons de les modifier, un système permettant de former des décisions et des intentions à partir des croyances et des désirs, et une méthode pour convertir l'intention en action.

3) En général, tant la possession de ces systèmes que leur contenu particulier sont inférés à partir du comportement. On observe la manière dont quelqu'un utilise les mots et la façon dont il réagit à l'utilisation des mots par autrui. Sur la base de cette observation, et sans en appeler à aucune source ésotérique d'information sur l'esprit ou le cerveau de cette personne, on conclut avec assurance qu'elle connaît (par exemple) l'anglais. Il est à souligner que, sauf circonstances extraordinaires, ces attributions de compréhension d'un langage ne sont pas provisoires. Elles ne sont pas conçues comme des hypothèses théoriques profondes et risquées que la découverte de nouvelles méthodes d'investigation pourrait remettre en cause.

4) On peut considérer cette étroite dépendance vis-à-vis de l'évidence fournie par le comportement comme la caractéristique *définitionnelle* d'une certaine conception de ce que c'est que «connaître un langage». Appelons une telle conception une «compréhension superficielle» et ce qui selon elle est connu un «langage public». Soulignons que l'adopter n'équivaut pas, *en soi-même*, à prendre le parti du behaviorisme. Elle n'exclut pas que l'on se soucie des mécanismes véritablement internes qui sous-tendent notre comportement linguistique — c'est-à-dire de la possession d'un langage I (au sens de Chomsky) — et que l'on s'enquière des méthodes scientifiques sophistiquées qui sont appropriées à leur étude.

5) Pour clarifier cette distinction entre langage public et langage I, considérez la planète hypothétique de Putnam, la terre jumelle, qui est en tous points identique à la nôtre, à ceci près que le liquide ressemblant à de l'eau, que l'on trouve dans la pluie et les lacs et que les gens boivent, n'est pas fait de H_2O. Malgré les apparences, du point de vue du scientifique, ce liquide n'est pas vraiment de l'eau; car, selon la conception que celui-ci s'en fait, n'est de l'eau que ce qui est *chimiquement* similaire à ce que nous appelons «eau». Mais du point de vue de l'homme de la rue, il est tout à fait juste de dire: «L'eau n'est pas faite de H_2O sur la planète jumelle». Du point de vue de ce dernier, le liquide en question est de l'eau, puisque, selon la conception ordinaire, est de l'eau ce qui a le même rôle *observable* que ce que nous appelons «eau». On peut donc distinguer entre, d'une part, la conception théorique et scientifique, et, d'autre part, la conception ordinaire et fondée sur l'observation de ce qu'est l'eau. Il en va de même pour le langage. Supposons qu'il y ait sur la planète jumelle un langage qui a les mêmes apparences que l'anglais, mais qui s'avère, au terme d'une investigation scientifique, être le produit de règles internes bizarres tout à fait différentes de celles que *nous* suivons. Ici encore, nous pouvons reconnaître l'existence d'une conception du langage propre au psychologue, en vertu de laquelle nos alter egos

n'ont pas le même langage (ou plus précisément, le même langage I) que nous. Et nous pouvons la distinguer d'une conception *populaire* plus behavioriste, selon laquelle nos alter egos parlent le même langage (plus précisément le même langage public) que nous, mais le font d'une manière très différente.

6) Même si l'on admet l'existence d'une telle conception behavioriste du langage, il est permis de se demander à quoi il peut bien *servir* de chercher à la dégager et à l'élaborer si l'on n'est pas behavioriste soi-même. La réponse est qu'une telle entreprise a au moins un motif *philosophique*. Car c'est une conception du langage comme langage public qui est à l'œuvre dans la psychologie populaire. De sorte que, quand surgissent des confusions conceptuelles à propos du sens, de la référence, de la vérité, du holisme, etc., c'est en rapport avec une telle conception du langage, et ces confusions ne peuvent être dissipées qu'au moyen de la clarification de cette dernière. Plusieurs des problèmes philosophiques les plus déroutants ne sont pas des problèmes scientifiques. Nous les devons non pas à ce que nous ignorons le fonctionnement de l'esprit-cerveau, mais à ce que nous sommes victimes de quelque confusion. Ce sont des paradoxes qui découlent d'une erreur de raisonnement sur le langage tel qu'il est ordinairement et pré-théoriquement conçu. Il y a donc un avantage à fournir de cette conception une caractérisation claire.

7) Il est naturel de diviser la systématisation d'un langage public en deux parties : l'une qui concerne le *domaine* des expressions qui sont employées (la syntaxe), et l'autre les circonstances de leur occurrence (la sémantique). Plusieurs systématisations différentes sont possibles. Supposons ainsi qu'une phrase S (par exemple, « Des lignes droites ne peuvent se recouper qu'une seule fois ») soit affirmée avec assurance jusqu'à un moment t, et niée ensuite. Une première explication possible consiste à dire que, jusqu'à t, le langage contenait la règle « S peut être affirmé », mais qu'après t, un nouveau langage a été utilisé, dans lequel la phrase S est gouvernée par de nouvelles règles. Une autre explication possible consiste à dire que S est gouverné tout au long par une seule et même règle, selon laquelle S pouvait être affirmé jusqu'à t en vertu de l'évidence disponible, mais que cela était impossible ensuite. De tels conflits ne peuvent être résolus sur la seule base de l'évidence fournie par le comportement. Et nous avons stipulé qu'aucune autre sorte de données ne pouvait être pertinente. Aussi, l'existence de plusieurs systématisations possibles dans le cas présent est-elle l'illustration d'une *indétermination* (absence de fait objectif) plutôt que d'une simple *sous-détermination* (impossibilité de découvrir quel est le fait objectif). Il y a donc quelque raison à admettre le scepticisme de Quine vis-à-vis de l'analyticité —

c'est-à-dire de la vérité en vertu des règles du langage — à condition que ne soit pris en considération que le langage public.

8) Le problème se pose de savoir si la notion de « règle sémantique », dont l'application est indéterminée quand on a affaire à un langage public, peut devenir objective dès lors que sont prises en compte des données autres que celles fournies par le comportement et que l'attention se tourne par là vers les mécanismes cachés. La réponse semble devoir être positive. Nous pouvons imaginer une certaine évidence à l'appui de l'idée que notre connaissance d'un langage véritablement interne — un langage I — est emmagasinée dans une certaine partie de l'esprit-cerveau, et qu'elle contient, entre autres choses, certains postulats (par exemple « les célibataires sont les hommes qui ne sont pas mariés », « les causes sont antérieures à leurs effets ») qui sont transmis à la partie du cerveau où sont stockées les croyances. De plus, nous pouvons imaginer qu'il existe une certaine évidence indiquant que, dans des circonstances données, certains des contenus de la faculté de langage (en particulier les « postulats de sens ») sont révisés, et que ces révisions constituent des modifications du langage. Il se peut que nous découvrions que de telles modifications obéissent à des motifs *pragmatiques* (par opposition à des motifs *épistémologiques*) — c'est-à-dire qu'elles résultent, à la différence des modifications normales de nos croyances, d'un désir pratique d'introduire une simplification générale dans le réseau des représentations de nos croyances.

9) Si tel est le cas, il devient assez facile de fournir une caractérisation de la notion d'analyticité qui rende son application déterminée. Nous pouvons dire qu'une phrase est analytique dans le langage I d'un individu donné en un moment *t*, si et seulement si on peut conclure des principes de la faculté de langage de cette personne en ce même moment *t* que cette phrase doit être considérée comme vraie, quelle que soit l'évidence disponible. Notez que l'on n'identifie pas pour autant l'analyticité avec *l'innéité*. Car, d'une part, une croyance innée (par exemple celle que la nature est uniforme sous tel ou tel aspect) peut porter sur des faits contingents et être révisable à la lumière de l'expérience sans aucune modification du langage. Et d'autre part, un principe linguistique de la forme « S peut toujours être affirmée » peut n'apparaître qu'après que l'expérience ait montré qu'il avait une valeur pragmatique.

10) J'ai soutenu jusqu'ici (i) que le scepticisme de Quine à l'égard de la distinction entre l'analytique et le synthétique était plausible, mais seulement si on considère qu'il fait appel à la conception populaire du langage — c'est-à-dire s'il s'exerce à l'encontre du langage public ; et

(ii) qu'il n'est pas justifié si on le considère comme une thèse relative au langage I. Supposons que cette conclusion à deux volets soit juste, et essayons d'en mesurer l'importance philosophique. Il nous faut pour cela déterminer quelle fonction significative — si tant est qu'elle en ait eu une — la distinction entre l'analytique et le synthétique était censée remplir, et à quelle conception de cette distinction il était au juste fait appel. Ce qui exige à son tour d'examiner le rôle de cette dernière dans la philosophie de Frege, Russell et Carnap; ce sont leurs travaux, en effet, qui constituent la tradition logico-empiriste que Quine essayait de critiquer et d'améliorer.

11) L'espoir de Ferge était de protéger l'arithmétique contre les doutes sceptiques en montrant que les phrases arithmétiques peuvent être justifiées indépendamment ou de *l'expérience* ou de *l'intuition*; ce à quoi Frege comptait parvenir en dérivant l'arithmétique tout à la fois de *présupposés a priori empruntés à la logique* (y compris à la théorie des ensembles) et de ce qu'il considérait comme des *définitions*. Frege n'explique pas comment ses «définitions» doivent être au juste considérées. L'interprétation la plus plausible, à mon sens, est qu'il y voyait des *stipulations* justifiées de façon pragmatique par leur capacité à faciliter l'engendrement des phrases dont il voulait établir la vérité. Le projet de Frege implique donc la spécification *explicite* d'un nouveau langage F — une nouvelle association entre mots et sens. Certaines de ses règles sont posées; et l'arithmétique est analytique dans la mesure où elle peut être dérivée à partir de telles règles. L'arithmétique est donc analytique en F, et on sait qu'elle l'est.

12) Russell pensait qu'il fallait faire pour la science ce que Frege avait fait pour l'arithmétique. Il essaya par conséquent de la mettre à l'abri des défis sceptiques en utilisant la nouvelle logique pour dériver des croyances empiriques à partir de *faits indubitables de l'expérience et de définitions*. Russell est plus explicite que Frege sur le fait que ce sont les *formulations de nos théories* scientifiques (plutôt que nos *théories* elles-mêmes) qui doivent être défendues et protégées, et que l'on y parviendra au moyen de *l'adoption délibérée* (plutôt que de la *reconnaissance*) de certaines définitions. Rappelez-vous sa «Maxime suprême de la philosophie scientifique : partout où cela est possible, substituez des constructions logiques aux entités inférées.»

13) L'une des sources naturelles de l'insatisfaction suscitée par les projets épistémologiques de Frege et de Russell est qu'ils promettent tout au plus de nous montrer que, si on commençait à parler un nouveau langage, on s'apercevrait alors que nos anciennes formulations expriment

des vérités. (Par exemple, si nous définissons «2», «3», etc., de manière appropriée, il devient alors facile d'établir la vérité de la phrase «2 + 3 = 5»). Mais on peut considérer cela comme décevant. Car ce que l'on voulait véritablement, c'était montrer que nos croyances *actuelles* peuvent être légitimement considérées comme vraies (par exemple, la croyance que 2 + 3 = 5) — c'est-à-dire les croyances exprimées par nos formulations *telles que nous les entendons actuellement*. Pour parvenir à ce résultat souhaitable, il faudrait montrer que les définitions qui sont requises sont à l'évidence *déjà vraies* — c'est-à-dire qu'elles sont incontestablement fidèles à ce que nous voulons dire actuellement. Il faudrait montrer que ces phrases sont analytiques dans notre langage actuel, et qu'on les sait être telles.

14) Telle semble être la position adoptée par Carnap dans «Empirisme, sémantique et ontologie» (1956). Carnap y soutient que l'existence des nombres ou des objets physiques, par exemple, ne soulève pas de véritable problème épistémologique. Car «les règles de notre langage» introduisent des chiffres et des expressions telles que «est une table», et nous disent ensuite comment ces chiffres et ces expressions doivent être utilisés. Le scepticisme à l'égard de ces choses peut donc être considéré simplement comme une question pragmatique concernant l'utilité d'adopter un langage qui contient des moyens de ce genre.

15) Le reproche de Quine est qu'aucun contenu objectif n'a été donné à la notion de «règles de notre langage». Car on peut rendre compte de notre activité linguistique au moyen de différents ensembles de règles. Et si on assimile notre langage au langage public, il n'y a alors en principe aucun moyen de découvrir laquelle de ces systématisations est exacte. Mais supposons que nous renoncions au behaviorisme de Quine et que nous soyons préparés à défendre l'existence d'un langage I. Comme nous l'avons vu, il est alors possible de donner un sens objectif à l'analyticité. Ne pouvons-nous dès lors poursuivre la stratégie de Carnap sans craindre de s'exposer à l'objection de l'indétermination?

16) Considérons comme admis qu'une phrase donnée peut être analytique dans le langage interne du locuteur. Mais le problème est alors le suivant : quelle pertinence cela a-t-il pour le projet épistémologique de Carnap? Supposons que S soit vrai par convention dans le langage I actuel de quelqu'un. On pourrait penser que cela seul implique qu'il est légitime pour cette personne d'affirmer S. Mais à la réflexion, il est clair que quelque chose de plus est requis. Cette personne doit avoir *conscience* que S est une règle de son langage. D'ordinaire, quand on a affaire à une stipulation, cete condition est satisfaite, car définir est un

acte délibéré et conscient. Toutefois, les processus mentaux dont il est ici question ne sont pas immédiatement accessibles, même à ceux qui en sont le sujet. Par conséquent, il se peut fort bien que l'assertion de S par ladite personne ne soit pas justifiée, bien que ce soit une règle de son langage que S peut être affirmé. Et si cette affirmation n'est pas justifiée, alors la prétention que l'on connaît ce qui est affirmé n'est pas justifiée non plus.

17) Il serait plausible de soutenir que même si l'affirmation de S n'est pas justifiée, elle doit tout de même être considérée comme une connaissance, puisque (i) elle est vraie, (ii) elle est le produit d'un mécanisme fiable qui engendre des affirmations vraies. Cependant, le but de Carnap est de *montrer* que certaines choses sont connues — c'est-à-dire de fournir des arguments rationnels grâce auxquels n'importe qui pourrait justifier sa prétention à connaître ces choses. Et pour cela, il ne suffit pas que *de fait* de telles choses soient connues.

18) En bref, Carnap essaie de montrer qu'il n'y a *aucun* problème épistémologique à propos des nombres, des objets physiques, etc. Mais, dans la mesure où il étaye sa position sur l'hypothèse que certaines phrases sont analytiques dans nos langages internes, il a simplement remplacé un problème épistémologique par un autre — qui en fait est plus difficile encore. Car ce n'est pas chose aisée que de démontrer que les langages internes existent, et moins encore que certaines phrases sont analytiques dans les langages internes particuliers d'individus particuliers.

19) Ma première conclusion est qu'il faut soigneusement distinguer l'une de l'autre les questions suivantes :

a) Y a-t-il un sens à introduire une distinction entre l'analytique et le synthétique ?

b) Y a-t-il un sens à introduire une distinction entre l'analytique et le synthétique qui jouerait le rôle épistémologique que lui confèrent Carnap et les autres empiristes ?

Ma seconde conclusion est qu'il faut répondre respectivement par oui et par non à ces questions. Quine dénonce à juste titre une certaine distinction entre l'analytique et le synthétique qui trivialiserait les problèmes épistémologiques ; et cela est d'une considérable importance philosophique. Cependant, lui et ses partisans vont trop loin quand ils en concluent qu'une telle distinction ne peut avoir aucun sens objectif. Une telle conclusion n'est pas justifiée ; l'accepter pervertirait le développement de la linguistique et de la psychologie.

Concepts et normes : Wittgenstein contre Chomsky ?[1]

par Samuel GUTTENPLAN
Birkbeck College, London

I

On a soutenu qu'il y avait un conflit majeur entre ce que Chomsky se propose de faire et ce dont Wittgenstein annonce l'impossibilité. L'idée semble être que, dans les passages des *Investigations philosophiques* sur l'application d'une règle, Wittgenstein remet en cause le projet fondamental de Chomsky. Dans son livre influent sur Wittgenstein, Kripke (1982) avait remarqué qu'un tel conflit était latent; de son côté, Chomsky considère Wittgenstein comme un adversaire, et récemment Crispin Wright a développé assez longuement une confrontation entre ces deux auteurs. Le propos de mon exposé est de suggérer qu'il n'y a pas de vrai conflit entre Chomsky et Wittgenstein quand on les comprend correctement.

Le passage suivant donne une description typiquement chomskienne de la langue :

<small>Une langue est un système riche et complexe dont les propriétés spécifiques sont déterminées par l'esprit / cerveau. La langue détermine à son tour un vaste ensemble de phénomènes potentiels : elle fournit la structure d'expressions linguistiques qui dépassent de loin l'expérience. Si la langue est l'espagnol, le système cognitif acquis par l'enfant détermine que *strid* n'est pas un mot possible. De même la langue détermine que l'expression *el libro* peut être utilisée avec un sens concret, abstrait, ou dans les deux sens en même temps. Elle détermine les connexions sémantiques entre le mot *persuadir* et l'expression *tener intención*. Elle détermine que *Juan se hizo afeitar* est</small>

une phrase bien formée ayant un sens spécifique. Et ainsi de suite, pour une série illimitée de phénomènes possibles qui transcendent de loin l'expérience d'une personne qui a acquis la langue (Chomsky 1986, p. 36).

Chomsky considère qu'il est du ressort de la linguistique de nous dire ce qui rend possible cette connaissance, c'est-à-dire d'expliquer comment un individu acquiert la capacité de faire les choses citées plus haut. Crispin Wright résume le projet de Chomsky de la façon suivante :

> Le Projet Fondamental de la linguistique théorique (...) est de comprendre l'une des composantes de ce que Chomsky appelle «l'aspect créatif» de notre usage de la langue — notre capacité, après avoir été exposé à l'usage de seulement une petite partie de la langue, de reconnaître à propos d'un nombre indéfini de séquences nouvelles si elles constituent des phrases bien formées et ce qu'elles peuvent permettre éventuellement de dire dans un contexte particulier. (...) Ce qui est caractéristique du Projet Fondamental est l'idée que, au moins pour commencer, il convient de chercher une explication (de cette capacité) essentiellement en termes cognitivo-psychologiques (Wright 1989, p. 233).

Toutes différentes qu'elles soient, ces façons de décrire le projet chomskien se rejoignent sur l'idée que la linguistique doit expliquer en termes cognitifs la capacité qu'un individu a de comprendre le sens d'énoncés nouveaux, et que c'est là que s'enracine le conflit censé exister entre Chomsky et Wittgenstein : ce que Wittgenstein dit du *sens* menacerait les fondements mêmes du Projet Fondamental de Chomsky.

II

On peut résumer de la manière suivante l'analyse faite par Kripke (1982) des passages sur l'application d'une règle. J'appellerai «version A» cette façon de présenter l'analyse.

Version A

1) Le sens d'un mot est donné par son usage — dans l'ensemble des applications que les locuteurs font de ce mot.

2) Il est à première vue possible d'expliquer ce que ces applications ont en commun en disant que les locuteurs suivent une règle relativement à ces applications. Ainsi, signifier quelque chose en utilisant un certain mot revient à saisir la règle qui détermine l'application de ce mot.

3) Il est tentant d'expliquer ce que met en jeu l'application d'une règle par un locuteur en disant qu'il a une disposition à répondre de diverses façons selon les circonstances. Signifier quelque chose par un mot

deviendrait alors affaire de dispositions relatives à ce mot. Mais aussi bien Kripke que Wittgenstein considèrent qu'on ne peut pas donner de théorie dispositionnelle de l'application des règles dans la mesure où une telle théorie ne rend pas compte d'un trait fondamental du comportement soumis à des règles, à savoir sa normativité. Suivre une règle n'est pas seulement *faire* certaines choses en réponse à des circonstances : les circonstances *méritent* ces réponses; ces réponses sont celles qu'il *faut* apporter étant donné la situation. On ne peut donc pas réduire l'application des règles à des dispositions.

4) Mais, selon Kripke et d'autres, l'argument sceptique que propose Wittgenstein remet en question l'idée que saisir une règle puisse constituer un *autre* type de fait déterminé portant sur un locuteur : la théorie dispositionnelle n'est pas la seule à subir un échec; c'est le cas de toute théorie qui suppose que suivre une règle implique que l'on prenne en considération l'interprétation de la règle. Etant donné que la meilleure théorie qu'on ait du sens d'un mot fait appel à la notion d'application d'une règle, les arguments anti-dispositionnels et sceptiques, pris ensemble, remettent en cause la facticité même du sens. Il n'y a pas de vérité descriptive directe portant sur un locuteur qui constitue sa connaissance du sens d'un mot.

En résumé, (1) dire que X signifie quelque chose en utilisant un mot revient à dire que X suit une règle relative à ce mot; (2) il n'y a pas de fait concernant X en vertu duquel on peut dire qu'il suive une règle; par conséquent (3), il n'y a pas de fait concernant X qui permette de dire que X signifie quelque chose en employant un mot.

Si l'on considère que la théorie de Wittgenstein peut se résumer dans la conjonction de ces trois thèses, on voit facilement d'où provient la confrontation avec Chomsky. Comme le dit Wright :

> Selon le Wittgenstein de Kripke [ma version A], l'ensemble du discours que l'on tient sur le sens, la compréhension, le contenu et les notions voisines est dépourvu de factualité stricte (...). Si cette thèse était littéralement correcte, on ne pourrait rien dire de façon strictement et littéralement vraie du contenu d'un nouvel énoncé (...) de sorte que la créativité linguistique (...) serait un mythe : il n'y aurait tout simplement pas de faculté permettant de former des connaissances de ce genre (*op. cit.*, p. 234).

Il y a cependant de bonnes raisons de penser que la version A ne présente pas correctement la conception qu'a Wittgenstein (1953) de l'application des règles ni, par voie de conséquence, du sens des mots. Au nombre des raisons qu'on a données depuis la publication du livre de Kripke, la plus convaincante est certainement la suivante : Kripke a fondé son interprétation sur le premier alinéa du célèbre § 201 des

Investigations philosophiques. Mais ce qu'il n'a pas remarqué, c'est que le second alinéa de ce même passage va directement à l'encontre de son interprétation sceptique. Voici les deux premiers alinéas du § 201 :

> C'était là notre paradoxe : aucune manière d'agir ne pourrait être déterminée par une règle, puisque chaque manière d'agir pourrait se conformer à la règle. La réponse était : si toute manière d'agir peut toujours se conformer à la règle, elle peut alors également la contredire. Et de la sorte il ne pourrait y avoir ici ni conformité ni contradiction.
>
> On peut voir qu'il y a là malentendu du simple fait qu'au cours de notre argument nous avons donné une interprétation après l'autre ; comme si chacune d'elles nous satisfaisait au moins pour un instant, jusqu'à ce que nous pensions à une autre encore, se trouvant derrière la précédente. Ce que ceci nous montre, c'est qu'il y a là une manière de concevoir une règle, qui n'est *pas* une *interprétation*, mais qui, suivant le cas de son application, se révèle dans ce que nous appelons «obéir à la règle», et «aller à l'encontre de la règle».

Dans le second alinéa, Wittgenstein paraît dire deux choses : d'abord, qu'on ne peut pas expliquer ce que c'est que suivre une règle en faisant appel à des interprétations — à des formules qui renferment le contenu de la règle et nous disent comment l'appliquer; deuxièmement, que son scepticisme concerne les interprétations et non pas l'application d'une règle par elle-même. Car, comme il le dit, on peut dire que quelqu'un saisit une règle même si ce fait ne peut s'expliquer au moyen d'interprétations.

J'appellerai version B une interprétation non sceptique de l'analyse de Wittgenstein qui s'inspire des considérations précédentes.

Version B

1) Dire que l'on signifie quelque chose par un mot revient à dire que l'on suit une règle relative à ce mot.

2) Aucune théorie dispositionnelle de l'application des règles ne peut rendre compte de façon satisfaisante de la normativité intrinsèque des règles.

3) On ne peut pas comprendre ce que c'est que suivre une règle en supposant que le sujet consulte quelque chose d'autre que l'on pourrait se représenter comme une interprétation de la règle. C'est ce qu'indique le premier alinéa du § 201.

4) Il y a cependant un concept d'application de la règle parfaitement recevable qui n'est ni réductible à des dispositions ni explicable en termes d'interprétations. Et c'est cette notion intrinsèquement normative

qui sous-tend nos idées sur le sens (c'est ce qui ressort du second alinéa du § 201).

Ce résumé pose de nombreux problèmes. Il recourt apparemment à un tour de passe-passe. Il paraît d'abord présenter une thèse positive sur le sens, à savoir que c'est une forme particulière d'application de règle. Mais il semble néanmoins renoncer finalement à tout espoir d'éclairer la question du sens en refusant d'expliquer davantage en quoi consiste le concept de suivre une règle. Je reviendrai plus loin sur la question de savoir s'il y a vraiment un tour de passe-passe lorsque je présenterai une autre version du texte, qui me semble plus proche encore de ce que voulait dire Wittgenstein. Mais il faut auparavant se demander s'il y a une tension entre la version B et le projet de Chomsky.

La version A était en conflit ouvert avec Chomsky. Le Projet Fondamental cherche à expliquer un ensemble de «faits» concernant le sens, et si l'on accepte la version A, ces faits n'existent pas, purement et simplement. La version B en revanche n'a pas ce type d'objectif sceptique : elle admet qu'il y a des cas d'applications particulières de règles, et donc qu'il y a des faits relatifs au sens. La version B toutefois est hostile à l'idée qu'on puisse donner une *explication* de ces faits, ce qui est à l'origine de la tension avec le projet de Chomsky. Wright appelle cette version B «la ligne wittgensteinienne officielle»; les deux citations suivantes manifestent l'opposition qui selon lui existe entre le wittgensteinisme officiel et Chomsky :

> On peut accorder que, dans le sens ordinaire du terme, notre accord concernant le sens d'un nouvel énoncé (...) est guidé par une règle. Mais c'est tout autre chose d'admettre qu'il demande à être expliqué en termes d'opérations cognitives cachées.

Et un peu plus loin :

> Est-ce que le type d'explication que donne le grammairien génératif peut être fourni sans verser dans le type de mythologie que combat l'analyse de Wittgenstein dans sa partie négative? La conception wittgensteinienne «officielle» est susceptible de pousser à rejeter le Projet Fondamental (*op. cit.*, p. 245).

Si l'on adopte ce point de vue, le conflit entre Chomsky et Wittgenstein se réduit à la chose suivante : Chomsky cherche à expliquer ce que Wittgenstein estime ne pas pouvoir l'être, du moins pas de la façon dont le pense Chomsky.

Une fois que la question est ainsi plus précisément posée, et en admettant pour le moment la supériorité de la version B sur la version A, on voit bien ce qu'il reste à faire. Je ne pense pas qu'il y ait de véritable conflit entre Chomsky et Wittgenstein. J'essaierai de le montrer en proposant de répondre négativement à chacune des questions suivantes :

(1) Est-ce que Chomsky tente d'expliquer quelque chose qui d'après Wittgenstein ne peut pas être expliqué ?

(2) Chomsky recourt-il dans son explication à des arguments qui tombent dans la classe des choses que Wittgenstein estime irrecevables ?

La stratégie que je suivrai comporte deux étapes préliminaires. La première sera consacrée à ce que dit Wittgenstein de l'application des règles, et aura pour objectif de tenter d'améliorer la version B. Non pas que cette version soit pour moi complètement fausse. Ce que je lui reproche, c'est de donner une impression trompeuse sur ce qui constitue le centre d'intérêt de Wittgenstein. On pourra trouver en fin de compte que ce que je propose revient simplement à déplacer l'accent d'un aspect du texte à l'autre. Mais on verra que c'est précisément d'un tel déplacement d'accent que dépend l'existence d'un conflit entre le Projet Fondamental et Wittgenstein.

La seconde étape aura trait au projet de Chomsky proprement dit ; les questions d'accent joueront encore un rôle de premier plan. Je montrerai que, sans déformer le projet de Chomsky, on peut le redécrire d'une façon qui en montre la compatibilité avec pratiquement tout ce que Wittgenstein dit de l'application des règles.

Comme on le verra bientôt, qu'il s'agisse de Wittgenstein ou de Chomsky, les deux étapes cherchent à déplacer l'analyse des règles vers les concepts. Ce qui explique ce déplacement, ce n'est pas le fait que je sois parfaitement à l'aise avec la notion de concept (ni le besoin de justifier le titre de mon exposé), mais l'idée qu'en dépit de l'obscurité qui entoure les concepts et la possession des concepts, cette notion est plus utile que celle de règle pour nous donner le bon point de vue sur la question de l'opposition entre Wittgenstein et Chomsky.

III

La première étape concerne l'interprétation de Wittgenstein, ce qui n'est jamais une chose facile, et qui est particulièrement difficile ici étant donné le manque de temps pour le commentaire érudit d'usage. Je proposerai donc plutôt un raccourci interprétatif non conventionnel. Examinons d'abord le dialogue suivant :

> A : J'ai vu une émission à la télévision l'autre jour sur un robot industriel qui trie les boulons et les écrous. C'était inquiétant. En voyant le robot opérer, j'avais l'impression qu'il savait ce qu'il faisait — qu'il avait en réalité les concepts d'*écrou* et de *boulon*, et les appliquait pour accomplir sa tâche. Mais ensuite ils ont interviewé le concepteur : il a expliqué selon quels mécanismes le robot fonctionnait. En écoutant ses explications,

qu'il savait ce qu'il faisait — qu'il avait en réalité les concepts d'*écrou* et de *boulon*, et les appliquait pour accomplir sa tâche. Mais ensuite ils ont interviewé le concepteur : il a expliqué selon quels mécanismes le robot fonctionnait. En écoutant ses explications, j'ai compris que le robot n'avait pas de concept. Simplement, toutes sortes d'astuces ont permis au concepteur d'exploiter certaines relations causales pour obtenir le résultat voulu. Mais je me suis posé une question : en admettant que ce robot n'utilise pas de concepts lorsqu'il trie alors que nous nous en utilisons, où est la différence?

W : Tu utilises des concepts que le robot n'utilise pas. Pourquoi ne serait-ce pas une bonne réponse?

A : Parce que ce n'est pas très satisfaisant. Après tout, je n'ai pas dit qu'aucun robot ne pouvait utiliser de concepts; il est même possible que j'aie tort de penser que j'utilise des concepts. Ce sont des choses qu'il faudra peut-être envisager, alors que ta réponse ne leur laisse pas de place. De nouveau, il ne me semble pas déraisonnable de penser — du moins en ce qui concerne le robot que j'ai vu à la télévision, qu'il *n'a pas* de concepts alors que *j'en ai*. Et je voudrais savoir en quoi consiste la différence.

W : D'accord. Essayons de dire en quoi consiste la différence; nous verrons bien où ça nous conduit.

A : Eh bien, je suis conscient — du moins je le crois; tandis que le robot ne l'est pas. La différence consiste peut-être en ceci : un possesseur de concept a la possibilité d'accéder consciemment à des images, qui permettent de faire un tri.

(En ce point, intervient une longue discussion sur le peu d'intérêt de cette direction de recherche, qui a entre autres l'inconvénient d'engendrer des régressions à l'infini. A décide de l'abandonner, et a une nouvelle idée.)

A : J'y suis. La différence fondamentale entre un robot et moi est que, en tant que je possède des concepts, je suis une règle dans chaque cas rencontré. Par exemple, ma maîtrise du concept de boulon consiste dans le fait d'appliquer une règle à chaque nouveau cas : c'est donc le fait de suivre une règle qui distingue le comportement du robot du mien.

W : Si ce que tu veux dire, c'est que suivre une règle et posséder un concept sont indissociables, je n'ai rien à objecter.

A : Oui, mais la notion de règle me permet de dire encore davantage. Une règle, après tout, constitue une contrainte portant sur mon comportement, et offre en tant que telle la possibilité de dire ce qui distingue les utilisateurs de concepts des autres machines.

W : De quelle manière?

A : Eh bien, pense à l'activité de suivre une règle comme à une sorte de disposition à réagir à des cas d'une manière particulière. On peut donc dire que posséder un concept c'est avoir une disposition de l'espèce appropriée.

W : Est-ce que le robot dont tu parlais avait une disposition de ce genre?

A : On ne peut pas nier qu'il en donne l'impression, mais il n'y a peut-être qu'une différence de degré. Mes dispositions relatives aux écrous et aux boulons sont beaucoup plus complexes que celles d'un robot. On peut peut-être dire que le robot suit une règle très simple, nous permettant de lui attribuer la possession de concepts beaucoup moins sophistiqués que ceux d'*écrou* ou de *boulon*.

(Ici il y eut une longue discussion sur l'opposition entre suivre une règle et se conformer à une régularité. A admit qu'il y avait dans le fait de suivre une règle un aspect irréductiblement normatif qu'on ne retrouvait pas dans la simple disposition à réagir. Mais il eut encore une autre idée.)

A : D'accord. Je concède qu'on ne peut pas réduire l'application d'une règle à des dispositions; mais l'ingrédient supplémentaire que je cherche est peut-être en gros ceci : on peut dire que je suis une règle si j'ai saisi une interprétation de la règle qui me dicte comment continuer dans des cas spécifiques.

W : Que veut dire au juste « saisir une interprétation » ?

A : Supposons que je dise que c'est consulter une formule ou un schéma que j'ai dans l'esprit ?

W : Mais alors, nous voici revenus à la question de l'accès conscient. Tu enlèves l'idée qu'un concept est une sorte d'image mentale à consulter et tu mets à sa place l'idée de suivre une règle. Tu prends maintenant le schéma ou l'interprétation comme ce qu'il faut consulter pour suivre une règle donnée. Mais toutes les objections adressées à l'une valent aussi contre l'autre.

A : Bon. Supposons que j'abandonne l'idée de consulter consciemment le schéma. Je peux encore dire qu'il y a un schéma ou une interprétation pour chaque règle que je suis — l'interprétation me dicte mon comportement, non par consultation consciente, mais seulement du fait qu'elle est là.

(Ici intervient encore une longue discussion au cours de laquelle W persuade A de l'inutilité de cette parade. La suggestion de A achoppait sur le fait qu'il semblait possible d'engendrer un nombre infini d'« interprétations » non équivalentes, chacune d'entre elles pouvant être considérée comme « dictant » en tout point le comportement de A. Comme on ne pouvait pas dire laquelle était *la bonne* interprétation, il était impossible de faire de l'interprétation la clé de l'application d'une règle et de la possession d'un concept. Très frustré, A dit :)

A : Ainsi, tu prétends qu'on ne suit pas de règle et, par conséquent, qu'on n'a pas de concepts.

W : Tout au contraire, j'ai admis au début que ces notions étaient parfaitement recevables, et même, qu'elles étaient faites l'une pour l'autre. Mais je ne peux pas rester sans rien dire quand tu essaies de les caractériser dans des termes qui n'apportent qu'une clarté illusoire. De façon bien compréhensible, tu sembles résolu à bâtir une théorie de l'esprit qui explique à tes yeux en quoi consiste posséder un concept. Tes théories me paraissent être du domaine de la mythologie, ce qui ne veut pas dire qu'il n'y ait pas de faits parfaitement recevables concernant l'application d'une règle et la possession d'un concept.

(Ici s'achève le dialogue.)

Même s'il commence par des réflexions assez étrangères à Wittgenstein, ce dialogue me paraît restituer les grandes lignes des passages consacrés à l'application des règles. La plupart des commentateurs de Wittgenstein présupposent que c'est le sens linguistique qui forme l'arrière-plan de ces passages. Qu'ils en fassent un sceptique (comme dans la version A) ou non (comme dans la version B), la plupart des interprètes tendent à suivre Kripke en supposant que c'est avant tout des mots et de ce qu'ils signifient que traite Wittgenstein. Je ne suis pas de cet avis; le dialogue montre combien il est naturel d'appliquer les arguments wittgensteiniens usuels à la possession de concepts. A mon avis, la version B offre un résumé correct des passages sur l'application des règles, à l'exception de ce qu'elle dit dans son premier point. Au lieu de :

(1) Dire que l'on signifie quelque chose par un mot revient à dire que l'on suit une règle relative à ce mot,

je propose de dire :

(2) Dire que l'on possède un concept revient à dire que l'on suit une règle ;

la conclusion devient alors : il ne peut y avoir d'explication réductive de ce en quoi consistent suivre une règle, et par conséquent, posséder un concept.

Cela ne veut pas dire, cependant, que ces versions soient complètement disjointes. Loin de là. En fait, si on laisse pour le moment de côté Wittgenstein, il semble que tout le monde s'accorde pour dire que la question du sens linguistique soit un cas particulier de possession de concept. Ce n'est pas toujours explicite, mais on s'aperçoit que c'est une idée répandue quand on regarde les choses de près. L'idée semble essentiellement être que les locuteurs connaissent le sens d'un mot quand : (1) ils possèdent le concept associé au mot ; et (2) ils savent que ce concept va avec ce mot. Cela apparaît bien en particulier dans la pratique courante qui consiste à utiliser des italiques et des guillemets pour dénoter aussi bien les concepts que les mots. (J'en donnerai un exemple chomskien dans la prochaine section, quoique dans un but différent.)

Pour revenir à Wittgenstein, il me semble que quelque chose comme la conception évoquée plus haut de la relation entre concepts et sens sous-tend presque tout le cours de son analyse. On peut par exemple comprendre les exemples de séries arithmétiques comme le fait Kripke, c'est-à-dire comme portant sur le sens de mots tels que « plus ». Mais il est plus naturel de les voir comme portant sur la possession par l'élève du *concept* d'une série particulière. Après tout, il n'y a rien dans les exemples de départ qui nous force à penser que l'élève a des mots pour décrire ce qui se passe. Wittgenstein souligne que la clé de l'attribution du concept ou de la règle de la série réside dans le fait que nous maintenions fermement inchangée la pratique de l'élève. Il est clair que si l'on fait cela, on est très proche de la question du sens linguistique, dans la mesure où le sens linguistique est pour Wittgenstein aussi (quoique pour des raisons qui sont les siennes) un cas particulier de possession de concept. Dans ses propres termes, posséder un concept c'est agir d'une certaine façon, et maîtriser le sens d'un mot, c'est agir d'une certaine façon avec le mot.

On peut se demander pourquoi, si ma façon de comprendre les relations entre concepts et sens à la fois dans la littérature spécialisée et chez Wittgenstein est correcte, il est si important de souligner que c'est avoir un concept qui constitue le principal objet des arguments sur l'application d'une règle. Je rappellerai ici ce que j'ai déjà dit : savoir mettre l'accent correctement sur ce qui est en jeu dans les passages sur l'application des règles est la première étape vers l'évaluation correcte de ce qui est en jeu entre Wittgenstein et Chomsky. En gardant à l'esprit cette consigne, je me tourne maintenant vers la seconde étape de mon argumentation, celle qui est consacrée au Projet Fondamental de Chomsky.

IV

On l'a vu, Chomsky pense que les locuteurs adultes ont une large panoplie de capacités ou d'aptitudes — des capacités qui transcendent même l'expérience qui joue un certain rôle dans leur développement. Un exemple crucial de ce type de capacité est le suivant : un locuteur adulte de l'espagnol qui entend une phrase espagnole d'un type qu'il n'a pas encore rencontré sera capable de lui assigner une structure et un sens. La capacité de faire ce genre de choses est ce que Chomsky appelle le langage mûr, ou stable, d'un individu; le Projet Fondamental de la linguistique tel qu'il le conçoit consiste à décrire le type de connaissance qui rend possible cette capacité. Il considère en particulier que les linguistes ont à chercher les règles et les principes qui ont trait aux sons, aux mots et aux constructions grammaticales en sorte de rendre intelligibles les exploits que tout locuteur adulte est capable d'accomplir relativement à des énoncés nouveaux.

Capacités, règles, principes, structure, sens — toutes notions bien connues du corpus chomskien. Mais qu'en est-il des concepts ? Voyez ce passage tiré du livre récent de Chomsky (en remarquant aussi l'usage des italiques et des guillemets déjà mentionné) :

> La même chose s'applique à l'attribution de concepts. Comme beaucoup, j'ai appris le mot *livide* dans l'expression *livide de rage*. Dans mon langage de l'époque, cela voulait dire quelque chose comme «cramoisi» ou «rouge». Ultérieurement, ma connaissance et ma pratique de la langue ont changé, et dans mon langage actuel cela veut dire quelque chose comme «livide». Je n'ai aucun mal à attribuer une règle différente (ma règle précédente) à quelqu'un dont je vois qu'il la suit (Chomsky 1986, p. 228).

La première phrase de cet extrait renvoie à une analyse antérieure plus détaillée des *règles* grammaticales que l'on peut attribuer à des locuteurs de l'anglais même si leur maîtrise de l'anglais laisse un peu à désirer. L'objet de cette analyse antérieure est de souligner que, concernant les règles, nous sommes capables de décider, en dépit de Wittgenstein, que les locuteurs suivent certaines règles précises de la langue. Ce qu'il faut remarquer dans le passage cité, c'est que lorsque Chomsky examine la sémantique d'un mot particulier (« livide »), il ne voit aucun inconvénient à dire tantôt que le locuteur possède un concept et tantôt qu'il suit une règle. Ce que suggère ce passage, c'est que dans toute son œuvre, on pourrait substituer sans difficulté « posséder un concept » à « connaître (tacitement) certaines règles et principes ». Le seul problème — très superficiel — est qu'il peut paraître étrange de parler dans certains cas de concepts, de règles dans d'autres. Je m'explique.

La chose la plus naturelle du monde à dire sur la maîtrise d'un mot, c'est que, dans des circonstances propices, un locuteur en connaît le sens. Et l'on décrit souvent cette situation (comme je l'ai dit plus haut) en disant que le locuteur possède le concept associé avec le mot, et sait qu'il lui est associé. Chomsky parle du sens en ces termes dans le passage cité, et dans de nombreux autres textes. Il est cependant parfaitement possible — même si ce n'est pas entièrement naturel — de dire dans ces cas-là que le locuteur connaît la *règle* pour le mot. Ce n'est pas naturel parce que l'on tend à appliquer l'idée de règle à quelque chose qui met en jeu un calcul ou une computation. Par exemple, dire que quelqu'un connaît la règle pour l'addition ne revient pas à dire qu'il possède le concept de l'addition. Ces deux façons de parler nous font penser à des choses différentes : la première renvoie à l'idée que le sujet sait additionner des listes de nombres, tandis que la seconde évoque une partie de ce qui est requis pour maîtriser le mot d'« addition ».

Quand ce qui est en jeu est une construction ou une transformation grammaticales, la situation est renversée ; il est plus naturel de dire que quelqu'un a maîtrisé une règle que de dire qu'il possède un concept. Mais ici encore, les deux sont possibles, et rien ne devrait dépendre de la différence. Je peux ainsi dire que quelqu'un a le concept de l'accord du participe en français, *ou bien* dire que quelqu'un a maîtrisé la règle correspondante.

Permettez-moi de transférer maintenant cette remarque du type langage ordinaire à des phrases complètes, en gardant à l'esprit que ce sont précisément les objets dont la compréhension par un locuteur forme le terrain d'enquête du Projet Fondamental. Il n'est évidemment pas du tout naturel de dire que quelqu'un qui comprend une phrase donnée a maîtrisé un concept ou une règle. Le sens d'une phrase, qu'on le comprenne comme conditions de vérité, comme proposition, ou quelque chose de ce genre, ne paraît pas être une entité qu'on puisse décrire de l'une ou l'autre de ces façons. Il est plus naturel de considérer les mots individuels figurant dans les phrases comme liés à des concepts, les constructions grammaticales comme des sortes de règles, et l'alchimie particulière d'une phrase comme un processus transformant ces concepts et ces règles en quelque chose qui a un sens, c'est-à-dire qui peut servir à différents types d'actes de langage. Il me semble néanmoins possible, sans forcer l'idée, de penser au sens d'une phrase complète donnée comme à un concept complexe *construit*. De même qu'on peut dire que quelqu'un qui comprend le mot «livide» possède un certain concept-mot, et que quelqu'un qui connaît la règle de l'accord du participe en français possède un certain concept grammatical, on peut dire que quelqu'un qui comprend une phrase est capable de calculer et, par conséquent, possède le concept sémantique complexe associé à la phrase. Pour ceux qui préfèrent que les concepts soient représentés dans un style frégéen plus austère, on peut considérer un concept-phrase comme ayant des concepts subphrastiques comme entrée et une proposition ou un ensemble de propositions comme sortie. Ou, pour ceux qui cherchent surtout à préserver le rôle de la pragmatique, on pourrait considérer la sortie comme quelque chose de moins complet qu'une proposition — quelque chose qui ne devient aussi déterminé qu'une proposition que lorsque certains facteurs pragmatiques supplémentaires sont ajoutés. De toute façon, peu importe la façon dont on choisit de résoudre cette question; la seule chose importante pour le moment est d'admettre de transposer le langage des règles dans le langage des concepts de la façon suggérée par le texte de Chomsky.

V

Maintenant que j'ai déplacé l'accent aussi bien des arguments sur l'application des règles que sur le Projet de Chomsky, je reviens au conflit qui est censé exister entre eux. Je voudrais d'abord avancer l'idée que la question :

Est-ce que Chomsky tente d'expliquer quelque chose qui d'après Wittgenstein ne peut pas l'être ?

peut maintenant recevoir une réponse clairement négative. C'est la première des deux choses qu'il me faut démontrer pour justifier l'idée qu'il n'y a pas d'opposition véritable entre Chomsky et Wittgenstein. Je vais pouvoir être bref du fait des longs préliminaires qui précèdent.

L'intérêt de Wittgenstein, tel que je le comprends, réside dans l'idée même de posséder un concept. C'est dire qu'il envisage puis rejette successivement un certain nombre de réponses possibles à la question : qu'est-ce qui constitue pour un individu le fait de posséder un concept ? Toutes les réponses qu'il rejette ont en commun de tenter de *réduire* la possession de concept (qui se révèle dans nos activités d'application de règles) à quelque chose d'autre : soit à un état psychologique conscient, soit à une disposition d'origine neurophysiologique. Mais il prend soin de ne pas s'en prendre à l'idée que nos actions montrent que nous possédons effectivement des concepts.

Chomsky ne suggère nullement que son Projet ait pour objectif de réduire la possession de concept à quelque chose d'autre. Son problème n'est pas tant la possession de concept que le réseau particulier de concepts qui forment la capacité linguistique. Tenant pour acquis que nous avons des concepts, il s'efforce de découvrir la base conceptuelle particulière de notre capacité à saisir des énoncés nouveaux. Wittgenstein s'intéresse en revanche à la question constitutive de la possession de concept : son analyse ne vise pas seulement à découvrir l'organisation de concept qui est l'affaire du Projet Fondamental.

Ce n'est là encore malheureusement pas une manière assez convaincante d'instaurer l'armistice entre Chomsky et Wittgenstein (quoique j'espère vous convaincre qu'il est indispensable à tout accord ultérieur de paix durable). C'est ici qu'entre en jeu la seconde de mes deux questions précédentes. On peut admettre que Chomsky et Wittgenstein ont des objectifs distincts relativement aux concepts ; mais on peut douter que cette différence d'objectifs puisse être véritablement source de conflit entre eux. Il est très tentant de situer le conflit moins dans les objectifs que dans les moyens, c'est-à-dire de répondre par l'affirmative à la question :

Est-ce que Chomsky utilise dans ses explications des arguments qui tombent dans la classe des choses que Wittgenstein trouve inacceptables ?

Par exemple, écrit Wright,

<small>Les analyses ultérieures de Wittgenstein (...) manifestent incontestablement un malaise récurrent, explicite, quant à une certaine conception de l'autonomie des règles, l'image d'une règle comme un rail posé à l'infini, déterminant le cours correct d'une pratique de façon entièrement indépendante d'un jugement quelconque de la part des praticiens. Il est difficile d'éviter de concevoir cette conception de l'autonomie dans la théorie du langage comme une sorte de mécanisme syntactico-sémantique, la connaissance largement inconsciente que nous en avons nous permettant de calculer le contenu qu'il attribue à chaque constituant de la phrase indépendamment de et préalablement à toute réponse que nous pourrions donner (*op. cit.*, p. 238).</small>

Mais on doit ici être prudent : il est peut-être « difficile d'éviter » de comprendre ce que dit Chomsky en termes d'un modèle de mécanisme syntactico-sémantique, mais nous pouvons et devons le faire. Car il est tout simplement faux que Chomsky ait une vision mécaniste précise de la compréhension linguistique, même si on peut être invité à le croire si l'on ne distingue pas entre deux interprétations de la notion de mécanisme syntactico-sémantique, dont l'une est effectivement incompatible avec ce que dit Wittgenstein.

Selon la première interprétation, un mécanisme est l'élément causalement responsable de notre comportement linguistique. Cette conception laisse penser que le réseau de concepts que nous possédons est un réseau de dispositions, ce qui serait certainement une hérésie pour Wittgenstein. Mais c'en est aussi une pour Chomsky. Le réseau conceptuel que la linguistique doit mettre en évidence n'est pas pour Chomsky un mécanisme causal dont la sortie serait un comportement. Les concepts constituants ne sont pas non plus pour lui des dispositions à agir, acquises ou innées. Chomsky écrit à propos du système de connaissance responsable de la compréhension linguistique :

> La possession de cette connaissance ne peut pas être identifiée à (...) un système de dispositions, de savoir-faire ou d'habitudes. On ne peut pas exorciser le « fantôme dans la machine » en réduisant la connaissance à des capacités, un comportement et des dispositions (Chomsky 1988, pp. 10-11).

Bien entendu, cela fait quarante ans que Chomsky dit des choses de ce genre. Mais la notion de mécanisme dont parlait Wright ne peut pas être strictement identifiée à l'explication dispositionnelle du comportement. D'ailleurs Wright le dit explicitement. Aussi, pour autant que je comprenne le passage cité, la sortie du mécanisme syntactico-sémantique est censée être l'état de compréhension linguistique lui-même (décrit par l'expression de « contenu ») — quelque chose d'indépendant du comportement. Wright appelle « mécanisme » ce que j'appelle le réseau de concepts possédé par un utilisateur du langage mûr. C'est ce « mécanisme » qui pour Wright produit (par calcul inconscient) les concepts associés, par exemple, à des phrases nouvelles.

Mis à part l'usage hautement métaphorique du mot de « mécanisme », qu'y a-t-il ici à redire — du point de vue de Wittgenstein, j'entends ? Après tout, on pourrait dire dans les termes que j'ai employés que ce que découvre le linguiste — à l'issue de sa recherche empirique et de sa construction théorique — est un ensemble de concepts dont la maîtrise nous permet de posséder d'autres concepts plus complexes.

Il est clair qu'ici tout dépend de ce que l'on entend par «permet». Wright pense sans doute qu'il y a ici quelque chose de causal — un processus se produit dans le temps réel, quoique inconsciemment, et produit un résultat. Cela sans doute pourrait entrer en contradiction avec ce que dit Wittgenstein. Mais Chomsky ne nous donne pas de raison de l'interpréter de cette manière. Il ne considère pas le système d'une langue comme un ensemble de dispositions qui produisent du comportement ou de la compréhension. Ce n'est pas dire qu'il n'y a pas de moulinage associé au système de la langue — au niveau de ce que Chomsky aime appeler l'esprit / cerveau. Mais la contribution qu'il apporte à la compréhension de cette association est inexistante. D'ailleurs, dans *Language and Problems of Knowledge*, il explique que la tâche de découvrir les mécanismes physiques qui forment la base matérielle du système du langage n'est pas du ressort de la linguistique, et n'est pas suffisamment avancée pour que l'on puisse ne serait-ce que spéculer à ce sujet avec quelque assurance.

Il n'y a donc pas de raison de comprendre «permet» de manière causale lorsque l'on considère le Projet comme étant celui de découvrir les concepts constituants du système du langage. Une meilleure interprétation du mot «permet» serait celle que l'on trouve dans la phrase suivante :

La commande de recherche de mon programme de traitement de texte lui permet de trouver toutes les occurrences du nom «Chomsky».

On n'est pas tenté, dans cette phrase, de penser que la commande de recherche *comme telle* est la cause des repérages individuels du mot.

Je vais aborder la question d'un autre point de vue. Chomsky parle souvent des concepts du système du langage comme de propriétés de l'esprit / cerveau ; c'est là une façon de parler que, sans aucun doute, Wittgenstein aurait détestée. Mais en laissant le style de côté, ce n'est pas ce que dit Chomsky que Wittgenstein aurait rejeté. On peut même utiliser le langage de l'esprit / cerveau pour exposer le projet de Wittgenstein. Wittgenstein voulait montrer que les propriétés de l'esprit / cerveau ayant trait à la possession de concepts ne pouvaient se réduire ni à des propriétés neurophysiologiques de l'esprit / cerveau, ni à l'une quelconque des propriétés occurrentes de cet esprit / cerveau qui se vendent sous l'étiquette «conscience». En plusieurs occasions, Chomsky indique qu'il est antiréductionniste au sens neurophysiologique, mais ce n'est pas le point important ici. En effet, la question de la réduction, comme je l'ai dit, n'est pas pour Chomsky une question proprement linguistique. Mais cela montre clairement que l'idée que Wittgenstein et Chomsky entrent en conflit ne tient pas.

Il me faut pour être exhaustif examiner un dernier type de réflexion avant de terminer. Wright produit en fait une autre raison pour penser que Wittgenstein estimerait irrecevables les arguments chomskiens — une raison qui ne semble pas dépendre du fait que l'on dise à tort que le système de la langue est un mécanisme syntactico-sémantique. Il écrit :

> En suggérant que l'identité des règles que l'on suit constitue une question strictement théorique, Chomsky menace de rendre parfaitement mystérieux le phénomène de la connaissance non inférentielle, en première personne, des sens, des règles et des intentions passés et présents. Il est tentant de penser que la compréhension, l'intention, etc., sont des états mentaux, ce contre quoi Wittgenstein s'élève à plusieurs reprises dans les *Investigations philosophiques*. Cette tentation provient de l'analogie avec les choses qui sont de véritables états et processus mentaux... Chacun de nous, pour l'essentiel, a sans effort, sans inférence, autorité quant à ses intentions passées et présentes, aux règles qu'il «a en tête», à la façon dont il comprend ou a compris des expressions particulières (*op. cit.*, p. 236).

L'argument ici tel que je le comprends n'est pas que Chomsky ait posé l'existence d'un module syntactico-sémantique qui en quelque sorte produise notre compréhension de façon quasi-machinique. L'argument est plutôt le suivant : le problème que pose le réseau de concepts qui constitue le système du langage, c'est que, quel que soit le mode d'opération qu'on lui attribue, il ait à respecter des contraintes théoriques. La question de savoir si quelqu'un possède un certain système de langue devient, en d'autres termes, affaire de recherche en troisième personne, quasi-scientifique : cela entre en conflit avec la thèse wittgensteinienne selon laquelle l'épistémologie du langage est de l'espèce première personne, autoritaire et immédiate. Il y a beaucoup à dire sur ce sujet.

D'abord, il n'est pas du tout clair pour moi que Wright présente bien Wittgenstein. Il est vrai que les *Investigations philosophiques* parlent souvent de sens que l'on saisit instantanément, et de connaître ses propres intentions sans avoir à les observer. Mais de là à dire que Wittgenstein propose une thèse presque cartésienne sur l'épistémologie de la compréhension dans ce type de cas, il y a tout de même un grand pas. Même l'expression «épistémologie en première personne» me paraît douteuse. Wittgenstein ne dit jamais que nous avons une espèce particulière de donnée en première personne qui est immédiate et directement certaine, et qui est le fondement d'une sorte toute différente d'épistémologie de la compréhension. Il remarque seulement que certains des phénomènes caractéristiques de notre compréhension des sens et des intentions sont problématiques sous certains aspects. Si par exemple on offre une théorie de la saisie des concepts du style des «règles comme rails», il sera difficile de comprendre comment cela peut faire bon ménage avec le phénomène de savoir ce que l'on veut faire. En effet, à moins de s'attribuer une connaissance intuitive, mais aussi consciente, des rails, on ne peut rendre compte du caractère immédiat de la compréhension. Ce que Wright paraît ne pas voir, c'est la subtilité de la dialectique qui est ici à l'œuvre. Le rôle des phénomènes de première personne n'est pas de donner une théorie nouvelle de l'épistémologie de la compréhension, mais de nous rappeler à l'ordre quand nous tentons vainement de réduire la possession de concept. Ils ne relèvent pas tant d'une épistémologie de la compréhension que de sa phénoménologie.

En second lieu, l'incompréhension dont Wright fait preuve ci-dessus peut laisser penser qu'il y a un problème pour Chomsky là où en fait il n'y a rien à résoudre. Le Projet Fondamental cherche à expliquer la capacité de saisir les concepts complexes (le sens des phrases) en termes des concepts associés à leur structure grammaticale et sémantique. C'est là sans aucun doute un projet théorique qui, sous la contrainte liée aux exigences de la thèse de la grammaire universelle, fait appel à des données extérieures aux esprits / cerveaux des locuteurs individuels. Cependant, la recherche théorique en matière de compréhension ne nous oblige pas à abandonner la phénoménologie de la compréhension, et Chomsky ne nous demande pas de le faire. Rappelez-vous son analyse de « livide ». Cette analyse contient implicitement l'idée que, en un sens, Chomsky savait qu'il voulait dire une chose à un moment donné, puis l'a abandonnée en faveur d'autre chose ultérieurement. Tout ce que Chomsky dit à propos de ce cas est consistant avec les faits phénoménologiques que Wittgenstein évoque dans ses réflexions antiréductionnistes.

Cela devient encore plus clair si l'on examine la capacité de comprendre un énoncé nouveau quelconque d'une certaine complexité. Wittgenstein à coup sûr n'a jamais dit que la capacité de le faire était indépendante de la capacité de saisir ses constituants, ou qu'elle avait la même phénoménologie que la saisie d'un concept particulier comme *livide*. Il serait certes absurde d'interpréter la pensée de Wittgenstein en disant qu'il nie la possibilité de tout effort sur ce point. Ce qui cependant l'aurait intéressé, ce n'est pas tant qu'il y ait effort, que la façon de concevoir la compréhension qui en résulte. Car une fois qu'on a compris la phrase, la compréhension paraît avoir une immédiateté qui ferait défaut si elle se produisait par une construction morcelée. L'idée à combattre ici est qu'il y ait un *processus* de compréhension qu'on puisse expliciter en termes neurophysiologiques ou en termes de règles comme rails.

Mais on ne trouve pas de projet de ce genre dans l'œuvre de Chomsky. Il présente une description théorique de ce que c'est que l'on comprend ; mais il ne dit rien de la phénoménologie de la compréhension, et son explication théorique ne se présente nullement comme une explication du processus de compréhension. Il est parfaitement consistant avec toute la théorie de Chomsky de reconnaître que la compréhension d'une phrase nouvelle, quand elle se produit, est instantanée. Ce n'est que si on en fait une contrainte portant sur la phénoménologie de la compréhension que l'argument de Wright concernant le caractère théorique de l'identification des règles que l'on suit entre en conflit avec Wittgenstein. Mais si on lève cette contrainte, il n'y a pas de conflit.

Traduit par Joëlle Proust

NOTE

[1] Je remercie Joëlle Proust d'avoir bien voulu traduire ce texte et d'avoir apporté des commentaires pertinents à une version antérieure.

Vers une réduction cognitive de la préposition

par Pierre CADIOT
Université Paris VIII

1. Parmi les catégories grammaticales, la préposition est peut-être celle qui se prête le mieux à une approche cognitive du langage, si l'on entend par là l'étude de l'organisation et de la mise en forme des représentations et des connaissances par la langue. Paradoxalement, le fait qu'étant d'abord un outil de mise en relation, la préposition ait, par nature, un contenu descriptif (ou sens notionnel) faible, est à l'origine de cette situation favorable, comme le remarquait par exemple Leibniz dans cet extrait, mis en exergue par V. Brøndal (1950) : « La doctrine des particules est importante. Je voudrais qu'on entre dans un grand détail là-dessus. Car rien ne serait plus propre à faire connaître les diverses formes de l'entendement. »

Une part essentielle de la difficulté et des résultats aléatoires des diverses tentatives pour établir une classification et une typologie de ces relations tient au fait qu'il est très malaisé de faire le partage entre ce qui dans la préposition est de l'ordre de l'*enregistrement* d'une relation et ce qui est de l'ordre de l'*institution* de cette relation.

Cette distinction entre un fonctionnement par enregistrement et traitement de l'information environnante (qui fait de la préposition un simple indice) et un fonctionnement par codage, d'institution de relation, recoupe largement la distinction sémantique traditionnelle entre prépositions «incolores» (*à, de*) et prépositions «sémantiques» (*contre, vers*). Il existe aussi une classe intermédiaire — peut-être la plus intéressante : celle des prépositions «mixtes» (*avec, en, par, pour, sur*). Il est naturel que moins une préposition ait de sens interne, plus elle soit susceptible de catalyser en contexte l'information pertinente (Cadiot 1989a et 1989b)[1]. Admettons donc que la préposition remplit un double rôle :

a) celui de construire une relation propre, codée ailleurs que dans l'énoncé lui-même et, comme on va le voir, très souvent ancrée dans un substrat perceptuel ;

b) celui d'enregistrer pour l'interprétation de l'énoncé des éléments d'information inférables, spécifiques au co-texte (souvent aux prédicats introducteurs) ou encore à la situation, et qui contribuent donc à l'interprétation en contexte. Dans ce cas, la préposition peut être comprise comme une instruction dont la sous-spécification déclenche un travail de traitement du contexte et notamment des inférences interprétatives.

Les travaux descriptifs existants peuvent être analysés selon ce classement. Les dictionnaires ont tendance à multiplier les entrées et les sous-entrées, enregistrant, en les hypostasiant, des catégories de l'intuition. Or ces catégories de l'intuition sont pour l'essentiel des *effets*. Qu'on puisse les *reconnaître* dans tel site et non dans tel autre paraît d'abord relever d'une inférence contextuelle (éventuellement situationnelle). Soit par exemple le traitement habituel de *pour* : on trouve dans tous les dictionnaires des étiquettes comme «direction», «cause», «but», «condition», etc. Or situé après le verbe *partir*, n'importe quel segment, prépositionnel ou non (voire un segment nul) a une probabilité importante de véhiculer l'idée de direction ; situé entre *punir* et *fautes*, c'est mécaniquement qu'un segment se voit attribuer en priorité une valeur causale ; après des noms dont la signification principale est celle d'une opposition ou d'une lutte (*remède, médicament*), il est naturel qu'un segment prenne tendanciellement un sens proche de *contre* ; après des expressions modales à valeur déontique (*il faut que, avoir besoin*), on doit s'attendre à voir surgir la notion de condition. La démarche du dictionnaire fonctionne ainsi comme une surface d'enregistrement et reproduit naïvement le deuxième rôle supposé de la préposition (point (b)).

A l'inverse, l'effort d'abstraction d'un travail comme celui de Brøndal (1950) lui permet de ramener les prépositions à un réseau catégoriel de relations (de type logique, géométrique ou arithmétique) qui ne sont fondées sur aucune forme d'intuition concrète. Ainsi montre-t-il (p. 34) que les quatre prépositions anglaises *on, by, to, of* correspondent à une combinatoire complète sur les deux propriétés de symétrie et de transitivité. Quant à *pour*, il est selon Brøndal caractérisé essentiellement par trois propriétés négatives : l'asymétrie, l'intransitivité et la non-connexité. Notons que la troisième propriété n'a pas le même caractère d'abstraction simple que les deux autres. Cette analyse pourrait être transposée, dans l'esprit des grammaires localistes et cognitives (Fillmore 1982, Lakoff 1987, Langacker 1987, notamment), en disant que *pour* construit l'image d'un trajet vers une cible sans impliquer qu'on l'atteigne. On retrouverait les trois catégories brøndaliennes : l'asymétrie est impliquée par la notion de cible, l'intransitivité est facilement associable à celle de trajet, enfin la non-connexité, déjà implicite dans la notion de cible, est confortée par l'idée de non-atteinte (cf. *infra*, § 2.6.3.).

2. Esquissons une sorte d'onomasiologie des prépositions, qu'on peut considérer comme une réduction cognitive, dans la mesure où l'on part des valeurs inférables ou des effets interprétatifs, pour se rapprocher par étapes d'une sorte de prototype. Réduction cognitive en ce sens aussi qu'on part du simple enregistrement de la relation entre les deux termes (N_1 et N_2) pour en abstraire progressivement ce qui a des chances d'être la signification intrinsèque de la préposition.

Les quelques étapes présentées ici obéissent à une logique interne, mais ont aussi une pertinence historique. Plusieurs tentatives furent en effet entreprises pour ramener les prépositions à un petit inventaire d'universaux relationnels, où, le plus souvent, les auteurs voulaient montrer les liens entre la valeur concrète / spatiale et les valeurs abstraites d'une même préposition (Condillac, Cassirer, Bréal, notamment).

2.1. La première étape, celle des dictionnaires et des manuels, est enfouie dans le domaine référentiel : lieu, temps, cause, destination, etc. Ou encore elle consiste en une assignation de rôles sémantiques qui se déduisent directement du domaine référentiel : «de» exprime le propriétaire, l'agent, le thème dans «portrait de». Il s'agit là d'un étiquetage qui confond la sémantique de la préposition ave celle des mots qu'elle relie, puisqu'il ne fait qu'enregistrer l'existence dans la réalité extra-linguistique d'un réseau de repérage pour l'objet «portrait». L'éparpillement qui en résulte est incontrôlable, puisqu'il n'y a pas, surtout dans le cas des prépositions incolores et mixtes, de flèchage univoque sur une catégorie interprétative. Brøndal insiste même sur le fait que «les prépositions, qui sont les expressions les plus simples et les plus claires que les langues possèdent pour les relations, sont employées indistinctement à l'intérieur de toutes les formes d'intuition» (Brøndal 1950, p. 71). A l'inverse bien sûr, ces catégories (sémantiques) de l'intuition sont souvent véhiculées

par des prépositions variées. On peut prendre l'exemple de la cause (Leeman 1988) :
Rougir (de + *par + *pour) honte.
Travailler *de + par + *pour) plaisir.
S'arrêter (*de + *par + pour) raisons de santé.

La cause peut aussi être indiquée, bien qu'indirectement, par *dans* :
Il est mort dans un accident.

Elle peut l'être aussi par des prépositions « temporelles » (*après, lors de*), comme dans ces exemples (signalés par Leeman 1988) :
« *Il était tombé dans le coma le 26 juillet dernier, après avoir avalé un soda exporté de Colombie contenant plusieurs grammes de cocaïne.* »
« *Sept personnes ont été tuées [...] lors d'une fusillade...* »
(Libération, 22-8-90).

De même par exemple, lieu et temps peuvent être signalés par *avec* :
— *Où as-tu mis la salière ?* — *Avec les assiettes.*
— *Quand as-tu rencontré Marie ?* — *Avec les enfants.*

2.2. Il existe des efforts, dont certains déjà fort anciens, pour s'arracher au domaine référentiel. Pour mémoire, voici celui d'un certain Vogel (1827) :
— la *place* : chez, dans ; — l'*ordre* : avant, après, entre ; l'*union* : avec, pendant, selon ; — la *séparation* : sans, hors ; l'*opposition* : contre, envers ; le *but* : pour, envers.

On est ici plus près du programme de Leibniz puisque ces catégories se détachent de l'intuition ordinaire pour tenter de se rapprocher du niveau de mise en forme du référent ou de l'expérience (« ordre », « union », « séparation », « opposition »).

2.3. Une autre stratégie de recherche, très classique, a consisté à rabattre les prépositions incolores sur des relations casuelles morphosyntaxiques. Par exemple, on transfère sur *à* les valeurs du datif, et sur *de* celles de l'ablatif latins. La tradition s'est du reste longtemps maintenue de rapporter en la matière le français au latin.

Une extension vers une typologisation non pas des emplois, mais d'une sorte de mécanique ou de dynamisme beaucoup plus abstraits, propre à la tradition condillacienne, apparaît bien dans cet extrait du *Dictionnaire des synonymes* de Lafaye (1861) : « La valeur inhérente de la préposition *à* dérive de la préposition latine *ad*, qui marque le but vers lequel tend ou se dirige l'action, la chose à faire, la chose à venir en général (...). Si entre [le verbe] et son complément se trouve la préposition *à*, il en résulte une locution vague et indéterminée, significative d'une action plutôt générale et abstraite que particulière et physique» (Lafaye 1861, p. 54). «La préposition *de*, du latin *de*, hors de, ou sur, touchant, marque l'éduction, l'extraction, la séparation, la distinction (...) son rôle général, quand elle suit un verbe, c'est d'en restreindre l'action en la spécifiant, en la mettant à part» (*ibid.*, p. 61).

Quelques-uns des exemples de cet auteur sont convaincants : «On continue à faire ce qu'on a commencé à faire, c'est-à-dire une série, un genre d'action qui n'a pas de borne, pas de terme, qui n'est pas considéré comme devant finir. On continue de faire ce qu'on a commencé, c'est-à-dire une action unique, une tâche, une entreprise, en un mot quelque chose qui a une longueur déterminée (...). Un enfant commence à parler, un orateur commence de parler; on s'empresse à plaire à quelqu'un, c'est un genre de conduite ou une habitude. On s'empresse de plaire à quelqu'un, c'est un fait, un accident.»

Cette tentative audacieuse pour se saisir par voie inductive de ce qu'on peut appeler (Hjelmslev) la *forme du contenu* de prépositions, que d'autres trouvent définitivement «vides», bute malheureusement sur de nombreux exemples et paraîtra prématurée. L'extrapolation est hâtive; en tout cas, elle ne paraît guère tenable lorsque la préposition a un régime nominal. Cf. la paire (1) / (2) (Jaeggi 1956, pp. 32 *sq.*) :
(1) *Répondre à une question.*
(2) *Répondre du succès.*

Ou même :
(3a) *Emprunter à l'italien.*
(3b) *Emprunter de l'italien.*

En (1), le verbe a un sens plein et le régime de la préposition est — en contradiction directe avec l'idée de Lafaye — concret, bien circonscrit, très distinct du verbe, bien «mis à part» : en (2) au contraire, le verbe a subi un processus d'affaiblissement sémantique (subduction) et tend à se fondre avec le verbe. La même différence — bien qu'atténuée — me paraît exister entre les deux exemples de (3).

2.4. Dans les sémantiques plus aprioristes, plus déductives qu'inductives (grammaires casuelles), on retrouve des catégories (primitifs; cas sémantiques) comme DESTINATAIRE, AGENT. Ou encore INSTRUMENTAL, COMITATIF, SOCIATIF, INSTRUCTIF (= «manière», *avec ardeur*), à propos de *avec*, par exemple. Quand, dans un esprit proche, on tente d'étiqueter les relations véhiculées, on s'en tient à une intuition catégorisante qui, loin d'atteindre aux «formes de l'entendement», ne peut que confondre la langue avec le référent. Ainsi, pour reprendre l'exemple du portrait, l'analyse en cas sémantiques substantiels (auteur, thème, propriétaire) ne fait-elle qu'enregistrer l'existence dans le référent d'un réseau stable de repérage pour l'objet «portrait», alors que la langue (en l'espèce, la préposition) ne privilégie pas ce réseau, puisqu'elle véhicule aussi aisément des interprétations moins stables (le portrait que Paul veut acquérir, dont il parle tout le temps, etc.). De même, le mot «vin» construit-il un réseau de traits typiques (provenance, matière, usage, etc.), mais qui ne bloque pas des interprétations atypiques (par exemple, «vin de paille», pour désigner un vin dont les raisins ont mûri sur de la paille). En termes hjelmsléviens, on traite ainsi peut-être de substance, mais non de forme.

2.5. Un progrès est accompli lorsqu'on prend en compte, non pas le *réseau référentiel de repérage des objets*, mais celui de leur *mode de donation*. Il s'agit donc d'une tentative de typologie des relations que les objets entretiennent avec le locuteur, le discours et la situation. C'est sur la base de paires contrastées qu'un tel travail peut être entrepris utilement. Ne faisant allusion qu'au binôme incolore / mixte, je retiendrai ici quatre critères[2] : le critère grammatical (1), le critère référentiel (2), le critère inférentiel (3) et le critère cognitif (4).

1) *Le critère grammatical* : on peut lui donner une formulation linguistique générale : «cohésion vs. décomposition du syntagme» (cf. Spang-Hanssen 1963 et *infra*).

2) *Le critère référentiel* : il concerne spécifiquement le mode de donation du référent du régime, autrement dit les principes généraux de sa mise en forme. C'est au titre de ce critère qu'on pourra notamment dégager des notions comme celles de programme continu ou au contraire d'association inhabituelle.

3) *Le critère inférentiel* : il a trait aux effets interprétatifs du précédent. Il permet donc de mettre en évidence des schémas généraux de construction de l'objet ou encore de traitement de la polysémie nominale : interprétation par défaut, anaphore associative, prototypie, généricité, métonymie, jugement analytique vs. synthétique, etc.

4) *Le critère cognitif* : il concerne plus spécifiquement les conditions de stockage et d'accès aux connaissances associées aux mots.

Ces critères ne font qu'éclairer sous un angle un peu différent telle ou telle étape d'un même phénomène global, tout en se conformant très largement entre eux à une échelle implicative. On verra qu'on rend ainsi largement compte de la différence entre les prépositions incolores et les prépositions mixtes.

Soit la paire :
(4a) *Le goût du théâtre.* / (4b) *Le goût pour le théâtre.*

(Cf. *Son goût (du + pour le) théâtre est ancien. Comment éveiller le goût (du + pour le) théâtre chez les enfants?*)

Les critères grammaticaux, en l'occurrence distributionnels, sont sensibles (seuls quelques-uns sont signalés[3]) :

(i) L'article indéfini ou partitif devant N_1 est impossible en (4a), comme le montre
(5) **Il a (un + du) goût du théâtre.*

La séquence *le ... pour* est impossible en position prédicative avec le verbe « avoir » :
(6) **Il a le goût pour le théâtre.*

L'article défini laisse la place au partitif :
(7) *Il a du goût pour le théâtre.*

En simplifiant beaucoup, on peut représenter ceci par l'opposition des schémas suivants :
(a) *[Il a [le goût du théâtre]].*
(b) *[Il a du goût [pour le théâtre]].*

Cette différence de structure est manifestée notamment par un contraste comme le suivant :
(8a) **Il a, du théâtre, le goût!*
(8b) *Il a, pour le théâtre, du goût!*

(ii) Les modificateurs adjectivaux sont maladroits avec *de*; on leur préfère la séquence *un ... pour* :
(9a) *? Il a le goût prononcé du théâtre*
(9b) *Il a un goût prononcé pour le théâtre*

(iii) Dans (4a = *le goût du théâtre*), les modifications de N_2 ne sont tolérées que si elles correspondent à une recatégorisation de l'objet, à une nouvelle nomination, non si elles ont une valeur descriptive purement occurrentielle :
(10) *Il a le goût du théâtre comique.*
(11a) *? *Il a le goût du théâtre qu'il voit chaque mercredi soir.*
(11b) *? *Il a le goût de tout le théâtre qu'il voit.*

Apparemment simple, cette distinction entre un *modifieur essentiel* et un *modifieur occurrentiel* pose bien des problèmes de détail. Où situer par exemple des cas comme (12) et (13) ?
(12) *? Il a le goût de toutes sortes de théâtres.*
(13) *? Il a le goût du théâtre (qui est) mis en scène par H. Strehler.*

(13) par exemple n'est acceptable que si la relative a une valeur restrictive, c'est-à-dire si le modifieur traduit la sélection préalable — dans l'expérience partagée des interlocuteurs — d'un sous-type de théâtre. Au contraire, on oppose sans peine (11b) à (14) :
(11b) *? *Il a le goût de tout le théâtre qu'il voit.*
(14) *Il a du goût pour tout le théâtre qu'il voit.*

On peut en conclure que la référence dans le complément à un savoir contextuel (occurrentiel) est incompatible avec la séquence introductrice *le ... de*.

(iv) La différence fondamentale entre (4a - *de*) et (4b - *pour*) apparaît sensiblement sur le contraste en position de détachement-gauche :
(15) *Du théâtre (,) il a le goût.*
(16) **Pour le théâtre (,) il a le goût.*
(17) *Pour le théâtre (,) il a du goût.*

Dans (15), la position de détachement-gauche crée un site d'assignation automatique (liage) pour le complément; le même phénomène est exclu en (16) (cf. (6)), mais il n'est pas vérifié non plus en (17) où la prédication principale (« il a du goût ») dispose d'une autonomie suffisante pour que le complément (« pour le théâtre ») ne soit qu'un complément thématique de domaine, non grammaticalement lié. Les données relevant du critère (1) trouvent ainsi leur cohérence et leur principe d'explication dans le critère (2) référentiel : dans (4a - *de*), l'objet s'est «effacé», il n'est pas saisi dans un acte autonome, alors qu'au contraire l'usage de *pour* accentue l'autonomie référentielle du régime de la préposition par rapport au N_1.

C'est ce même critère référentiel (2) qui va permettre de rendre compte de ces nouveaux exemples :
(18) *Colle (à +?*pour) bois*
(19) *Colle (?*à + pour) plastique*
(20) *Chaussures (d' +?pour) enfants*
(21) *Chaussures (*d' + pour) enfants handicapés*

ou en contexte post-verbal, et en introduisant maintenant d'autres prépositions véhiculant la notion d'instrumental :
(22) *Mesurer (à +?avec) la toise.*

(23) *Mesurer (?au + avec un) bâton.*
(24) *Pêcher (à + ?avec) la ligne.*
(25) *Pêcher (?au + avec un) seau.*
(26) *Se battre (à + ?avec) l'épée.*
(27) *Se battre (?au + avec un) bâton.*
(28) *Enfoncer un clou (au + avec un) marteau.*
(29) *Enfoncer un clou (?à la + avec une) caillasse.*
(30) *Ecrire ses lettres (à + ?sur) la machine.*
(31) *Ecrire ses lettres (*à + sur) (une machine d'occasion + un ordinateur).*

Au contraire de la préposition mixte (*pour, avec, sur*) qui correspond à une association inhabituelle (exemples (19), (21), (23), (25), etc.), la préposition incolore (*à* ou *de*) traduit l'existence d'un *continu référentiel* ou d'une *programmation interne* de la relation entre les deux noms ((18)-(21)) ou le prédicat et le régime de la préposition ((22)-(31)). Dans ces derniers exemples, l'article défini (*la* toise, *la* ligne, *l'*épée, *le* marteau, *la* machine) s'interprète quasi automatiquement dans le cadre du scénario du prédicat. Cette contrainte référentielle qui fournit un unique cadre d'évaluation pour le mode d'association du N_2 au N_1, ou au prédicat, est analogue à celle qui contraint l'interprétation de l'article défini dans l'exemple suivant :
(32) *Ma voiture n'a pas démarré. Le réservoir était vide.*

Dans (32), l'article défini (*le* réservoir) s'interprète nécessairement dans une relation de métonymie stricte avec la voiture. On voit comment il est nécessaire de combiner dans l'ordre le critère (2), référentiel (existence dans le cas de la préposition incolore d'une contrainte d'assignation de la référence) et le critère inférentiel (3) qui exprime les conditions de construction de ce site référentiel. La contrainte référentielle active l'inférence suivante :
(y) *Si x_i est une voiture, il_i a un réservoir et un seul.*

Jugement de structure analytique, (y) combine un mécanisme d'anaphore associative et d'interprétation par défaut, en même temps qu'il appelle un traitement par prototype des N impliqués (cf. *infra*).

Bien que possible également avec la préposition sémantique (cf. *mesurer avec le bâton, pêcher avec le seau, se battre avec le bâton, écrire sur la machine d'occasion*), l'article défini n'a pas dans ce cas le même fonctionnement référentiel, mais celui — inverse — d'un renvoi à l'expérience située. Avec les prépositions incolores, la relation est de type anaphorique (anaphore associative), avec les prépositions «sémantiques», elle s'effectue par le biais d'une indexation sur la situation. Ainsi du *bois à brûler* est du bois préparé pour cet usage, alors que, comme on nous l'enseignait à la communale, Bernard Palissy n'avait bientôt plus à disposition que du *bois pour brûler*!

Les travaux récents de sémantique sur la généricité (et notamment, ceux de Kleiber (1990a) permettent de mieux cerner le statut exact de N introduit par la séquence *à le*. Comme on l'a vu ci-dessus, à la différence du N introduit par la séquence *avec le*, il n'engage aucune forme d'existence autonome du référent. Ceci ressort encore mieux de la situation suivante, *a priori* peu favorable à la démonstration : le mode d'emploi d'un kit de bricolage fournissant sous un même emballage un marteau et des clous peut comporter l'indication : «Enfoncez les clous avec le marteau». Autre exemple : parce qu'elle a commencé par une liste d'ingrédients, une recette de cuisine comportera des instructions comme : «mouillez avec le vin blanc», «faites un caramel brun avec le sucre et le vinaigre» : *à* est tout à fait exclu de ces contextes. Et pourtant les recettes et les modes d'emploi sont typiquement des programmations de l'action. C'est donc bien la seule notion de *renvoi indexical à la situation d'énonciation* (qu'elle soit ou non «typifiée», qu'elle soit de type linguistique — comme dans les recettes et les modes d'emploi — ou non) qui est pertinente pour rendre compte du statut référentiel des compléments d'*avec* (Cadiot, 1990)[4]. Ce détour par la situation est une rupture du programme référentiel du prédicat ou du nom introducteurs, mais pas nécessairement — comme on vient de le voir — de son programme sémantique. Par contraste, l'idée que constitutivement la séquence *à le* exclut ce mécanisme d'indexation s'en trouve renforcée. Que le régime de cette séquence ne soit pas lié spatio-temporellement apparaît d'ailleurs dans des faits simples comme les suivants :
(33) – *Paul a enfoncé le clou au marteau!*
– **Lequel?*
– **Au marteau fourni avec les clous!*

Précisant corrélativement l'implication sémantique d'un tel programme référentiel, on voit que la préposition *à* active une interprétation de type générique de l'article défini, même si — comme c'est souvent le cas — cette généricité n'implique pas *eo ipso* l'absence dans la situation d'un référent spécifique. Cette interprétation est l'effet de la neutralisation de ce qui fait la spécificité des occurrences individuelles de l'objet visé, d'une homogénéisation de type méréologique, ou encore d'une massification (Kleiber 1990a), puisqu'il est évident que ce processus ne construit pas une idée abstraite du marteau, ou encore son «intension», mais une sorte de marteau-type.

Je n'ai pas jusqu'ici précisé le critère (4), baptisé cognitif. On voit cependant que les critères référentiel (2) et inférentiel (3) en se combinant fournissent une image des conditions de représentation ou de stockage des connaissances pertinentes dans les deux cas. On pourrait dire les choses de la manière suivante : le GN compact (prépositions incolores) nous fournit en même temps que les N leur relation ou mode d'association : il nous donne accès à cette relation sur un mode déclaratif, ce qui suppose qu'elle soit spécifiée dans le même emballage, le même conditionnement préalable que les N eux-mêmes[5].

Au contraire, la préposition sémantique ménage un accès de type procédural; elle n'est de mise que lorsque la relation n'est pas fournie. L'exemple du kit de bricolage va directement dans le sens de cette thèse : il faut un mode d'emploi qui nous dise comment procéder avec les objets fournis; les prépositions sémantiques (*avec, pour*) sont une trace de cette situation. Ceci nous ramène à notre point de départ : la préposition incolore met l'accent sur ce qui associe indépendamment de l'expérience les deux N et nous dit d'avoir recours à cette relation préconstruite accessible. La préposition sémantique au contraire encode de l'extérieur une relation, nous place dans une position de retrait par rapport aux arguments nominaux et remplit donc le rôle d'une instruction de mise en relation. Pour cette raison, la préposition incolore s'attache de préférence des N_2 courts, faciles à homogénéiser dans un groupe compact, un unique acte de référence, en même temps qu'elle les fait accéder au statut de type et non de réalité spécifique. L'inverse tend à être vrai dès que le N_2 est à la fois plus long et plus spécifié; cf. *à Rome, en France*, mais *dans la Rome antique, dans la France méridionale*. C'est aussi pour cette raison qu'il est plus facile de circonscrire le sens général de *pour* que de *à*, mais aussi de *dans* que de *en*, etc.[6]

Examinons encore ces exemples culinaires :
(34) *Une soupe AVEC DES / AUX / DE carottes.*
(35) *Une salade AVEC DES / AUX / DE tomates.*

Il y a ici un continuum allant de la «saisie externe» (*avec*), à l'«identification» (*de*), en passant par le stade de la «programmation interne» (*à*). Dans tous les cas, l'ambiguïté est plus forte avec *avec*. Son régime est conçu comme externe : les carottes et les tomates accompagnent de l'extérieur un plat et restent entièrement autonomes — éventuellement — ou elles peuvent être intégrées secondairement à la soupe comme à la salade : il y a, ou bien, d'un côté, la soupe et de l'autre, les carottes; ou bien, d'un côté les autres ingrédients de la soupe, et de l'autre, les carottes. Dans les deux cas, elles gardent ce statut d'extériorité que leur assure la fonction principale de *avec* : celle de permettre la rencontre de deux réalités conçues au préalable comme «parallèles» (Guillaume 1975)[7].

2.6. Une autre étape consiste enfin à se demander à propos d'une préposition donnée si sa signification propre (codée par la langue) peut être formulée de manière unique. On a vu que la tâche était désespérée (en fait sans pertinence) dans le cas des incolores, elle l'est beaucoup moins dans le cas de *dans* et de *sur* par exemple. Dans les deux cas, la notion d'image physique est adéquate.

2.6.1. *Dans* code l'image d'un espace contenant en interaction (y compris dans des cas assez peu intuitifs tels : *Dans une rue / sur une route*). Mais il est bien connu que la notion d'espace contenant peut impliquer aussi d'autres réalités que l'espace physique : *Dans ce que vous dites / Dans cette histoire.*
«*Aux vertus qu'on exige dans un domestique, votre Excellence connaît-elle beaucoup de maîtres qui fussent dignes d'être valets*» (Beaumarchais).

2.6.2. *Sur* code l'image d'une surface, d'un *continu perceptuel*, y compris dans ces exemples (attestés) où l'espace physique n'est pas en cause : *Sur cette question (je n'ai rien à dire). Sur l'ensemble de l'université. Promotion sur les sardines. Offensive japonaise sur le disque classique. Eden est un Tour Operator spécialisé sur la Turquie. Les banques sont également mises de la partie sur les produits traditionnels comme sur les nouveaux produits. Les données sur l'année 1985 montrent une consolidation de ces proportions. Comment ça s'est passé sur le tournage? Selon que vous attendez les services de police sur le grand banditisme, la délinquance ou sur la sortie des écoles...*[8]

2.6.3. Quant à *pour*, on peut, comme on l'a vu rapidement plus haut, tenter de formuler sa Gestalt comme suit : *l'image d'une trajectoire sans implication de cible atteinte*, ce qui comporte la représentation d'un champ référentiel en discontinu, ou encore d'un champ référentiel disjoint, à reconstruire (Berthonneau 1989). Cette formulation rend transversalement compte de :

(i) sa valeur d'usage dans :
– l'espace : *partir pour / *aller pour Paris;*
– le temps : *se lever pour 8 heures;*
– la délégation : *parler à / parler pour, donner à / donner pour.*

(ii) l'inférence négative dans des exemples comme *lutter pour la faim dans le monde, médicaments pour la grippe, odieux pour les siens*.

Cette inférence ne peut être déclenchée que par la reconstruction d'un champ référentiel antérieur en discontinu («il y a faim dans le monde», etc.). Il faut donc solliciter l'expérience et la reconstruire dans le discours.

(iii) des structures typico-prédicatives : *Il est grand pour un Japonais* (Cadiot 1988);

(iv) négativement, des situations de programmation stricte (cf. *supra*). Les relations binaires univoques ou encore celles de type partie / tout entendues en un sens strict, sont incompatibles avec *pour* : celles par exemple de *père* à *fils* (pour un humain), de *tronc* à *arbre*, de *manche* à *cuiller*.

CONCLUSION

Pour reprendre le programme de Leibniz et de Brøndal, on pourrait tenter de mettre en place et d'articuler les niveaux suivants :

1) Des catégories de logique mathématique ou de géométrie : biunivocité, transitivité, continu, discontinu, parallélisme.

2) Des schèmes référentiels prototypiques qui peuvent souvent se ramener aux précédents, mais qui en sont des agglomérats complexes, parfois équivalents à des catégories physiques ou métaphysiques (surface, contenant, programme de sens, compacité référentielle, unicité d'un domaine).

Et à l'autre pôle :

3) Des domaines de l'expérience qui peuvent être construits plus ou moins abstraitement / concrètement :
– concrètement : l'espace, le temps ;
– abstraitement : notions idéelles (type, cible) ;

4) Des catégories interprétatives qui sont des mises en forme de l'expérience résultant d'un calcul complexe qui combine l'implication matérielle (pragmatique) et la subjectivité : direction, cause, but, intention, succession, concession, conséquence. Du point de vue de la langue, il s'agit là d'inférences et non de catégories codées.

NOTES

[1] Pour le principe général d'une articulation codage vs. inférence, cf. Sperber & Wilson (1986).

[2] Dans un esprit proche, Wildgen (1987) distingue à propos de la composition nominale : 1) les *microprocessus*, en perspective locale qui ne prennent en compte que les propriétés syntactico-sémantiques des composants; 2) les *macroprocessus*, qui prennent en compte le contexte : l'énonciation, le texte; 3) les *processus analogiques*, c'est-à-dire la référence aux connaissances non fournies par le texte et impliquées dans l'interprétation.

[3] Pour des compléments, cf. Cadiot (1988).

[4] Il est possible de rendre compte dans des termes proches de l'opposition *avec / de* dans de nombreux contextes (Cadiot 1989b, 1990).
Ainsi de paires comme :
L'arbre pousse une pierre tombale de ses racines / avec ses racines. Dans cet exemple, le régime de la préposition (les racines) est représenté (anglais *construed*), tantôt comme partie de l'arbre, tantôt comme autonome.
On retrouve une situation analogue dans des exemples comme :
Couvrir la table de / avec des papiers.
Planter un jardin de pommiers / avec des pommiers.
Imprégner un chiffon d'eau / Mouiller avec de l'eau.
L'interprétation holistique qui s'attache à *de* est l'effet pertinent dans ce contexte de la propriété référentielle de construction d'un domaine unitaire.
Il y a cependant des cas plus rebelles comme :
Paul carbure au / avec du haschich.
Terminer la soirée au whisky / avec du whisky.
S'éclairer (a) à la bougie (b) d'une bougie (c) avec une bougie.
L'interprétation «générique» de (a), liée à l'article défini, ne pose pas de problèmes. Par contre (b) et (c) sont plus complexes : la mécanique inférentielle ne trouve pas des conditions aussi favorables pour se traduire dans une intuition interprétative nette. Cela n'invalide pas pour autant l'analyse générale : avec *de*, le fait de s'éclairer et la bougie sont simplement plus rapprochés, saisis dans une vision moins analytique que par *avec*. Cf. le contraste suivant :
Avec une bougie, on s'éclaire plutôt mal.
?? D'une bougie, on s'éclaire plutôt mal.

[5] Ceci explique leur rôle privilégié dans l'équivalent de la composition nominale, les expressions figées ou semi-figées (lexies), de type technique notamment. Ces figements autour de la préposition incolore sont aussi des conditionnements homogènes, comme le montrent au mieux, par leur valeur-limite, ceux qui paraissent le plus *ad hoc*. Par exemple, dans un registre d'usage plus technique, rien bien sûr ne s'oppose à *colle à plastic*. Au titre de curiosités, je citerais aussi des exemples attestés comme *frites à four, rue à manger, cassettes à danser*. Les mécanismes inférentiels implicités sont ici un peu plus complexes : extensions métonymiques, au terme desquelles une étape de la dérivation est effacée. Avec *pour*, le travail de reconstruction est pris en charge par le locuteur, ce qui correspond à une situation plus normale du point de vue de la communication ordinaire.

[6] Bien sûr, je ne peux traiter ici qu'un nombre limité d'exemples. Il serait par exemple intéressant d'observer le jeu des critères (2) et (3) à propos de : *Je ne sais rien (de + sur) cette personne :*
– *de* traduit une relation étroite de type tout / partie entre *rien* et *cette personne* : ses habitudes, famille, métier...
– *sur* élargit considérablement le domaine de référence et se prête à un travail de reconstruction de l'expérience située : indications secondes, dérivées.

[7] Je laisse à d'autres travaux le soin d'examiner de près les liens entre la distribution des prépositions et le statut lexical (lexie, figement). On trouvera de nombreux critères dans Anscombre (1990).

[8] Notons aussi le contraste (1) *revenir sur Paris* / (2) *(re)partir pour Paris*. *Sur* est nécessaire dans l'exemple (1), parce que *Paris se* trouve codé «en continu» en qualité de point de départ. *Pour* marque au contraire clairement le discontinu.

Une catégorie lexicale et le défi de l'art

par Claude VANDELOISE
Louisiana State University

Deux approches indépendantes de la relation de suspension (relation S) seront mises ici en parallèle : une analyse sémantique de cette relation (Vandeloise 1989) et une série d'œuvres artistiques intitulée *Suspens*, réalisée par Baudouin Luquet. D'une part, ces assemblages de tiges filetées, de fil d'acier tordu et de plaque de verre suspendus au mur offrent un matériel exceptionnel pour tester l'analyse sémantique. D'autre part, je crois que les règles établies pour l'usage de *pendre à* permettent d'expliquer une forme d'humour sous-jacent derrière ces assemblages de matériaux industriels en eux-mêmes si froids. Le sourire ne naît pas seulement de l'anticipation de la chute, qui constitue le charme de tous les objets suspendus, mais du jeu avec les règles mêmes de la suspension et de la catégorie lexicale qui lui correspond. Ce jeu consiste à ne jamais aller trop loin dans l'infraction des lois si bien que devant ces assemblages, la question, pendent-ils ou ne pendent-ils pas, ne cesse d'osciller dans la conscience du spectateur. C'est ainsi que naît cette forme de sourire qui nous vient pour cacher notre désarroi à chaque fois qu'une fissure apparaît dans l'édifice du langage. Ces lois, ignorées des dictionnaires et que mon analyse essaye d'approcher, l'artiste est-il conscient d'en jouer? Ou, en d'autres mots, existe-t-il un niveau de conscience où l'homme accède aux règles qu'il est incapable de formuler explicitement? Luquet a en tout cas le respect de la loi puisque, à force de l'enfreindre, il lui est arrivé de reconnaître dans son atelier un caneton parmi ses poussins : c'est ainsi que devait commencer la série des

Non-Suspens. Une fois dépassé le vertige qui naît à constater que les frontières des mots — pendre ou ne pas pendre — ne sont pas d'airain mais de caoutchouc, quel plaisir pour l'artiste et son spectateur de les ajuster — sans les briser — aux limites de son imagination! Avant de revenir aux *Suspens* de Baudouin Luquet, je présenterai, aussi brièvement que possible, les règles de la suspension, renvoyant le lecteur à l'analyse originale pour plus de détails.

Frontières d'airain ou de caoutchouc, c'est tout ce qui sépare la conception dite *classique* des mots, définis par des conditions nécessaires et suffisantes, de la conception dite *naturelle*, où les éléments d'une même catégorie lexicale sont organisés autour de prototypes ou réunis par des ressemblances de famille. C'est par cette dernière notion que j'ai choisi de décrire la relation S et son expression lexicale en français : *pendre à*. Ce concept doit cependant être utilisé avec prudence. Une ressemblance de famille est définie par un ensemble de traits, qui ne doivent pas nécessairement être partagés simultanément par tous les éléments de la catégorie. Ceci implique que deux éléments de la catégorie peuvent n'avoir aucun trait en commun. Le concept de ressemblance de famille, proposé par Wittgenstein (1953) pour démontrer l'impossibilité de définir le mot *jeu* par un seul concept, a été métamorphosé par Rosch & Mervis (1975) en outil descriptif et adopté après elles dans beaucoup d'analyses lexicales en sémantique cognitive. Pour l'empêcher de rassembler dans une même catégorie une brouette, un nourrisson (qui a deux bras) et une roue de fromage, il importe cependant de restreindre son champ d'application. Si la structure des ressemblances de famille est si lâche, c'est qu'il ne fallait pas moins de liberté pour pouvoir décrire exhaustivement une catégorie lexicale à partir d'un ensemble de traits. La ressemblance de famille est en quelque sorte le dernier refuge des traits sémantiques primitifs dont les différentes combinaisons devraient constituer le vocabulaire. Bien que ces traits aient une valeur descriptive en lexicologie, j'ai démontré (Vandeloise, à paraître) qu'il ne leur est pas possible de définir *analytiquement* la relation S sans recourir *globalement* aux situations qui respectent cette relation.

Il est temps maintenant de considérer les six traits par lesquels j'ai défini la ressemblance de famille S avant de les modifier pour relever le défi lancé par les *Suspens* de Baudouin Luquet :

(S_1) Un porteur dépendant et / ou un porteur indépendant équilibre(nt) seul(s) le poids de la charge.

(S_2) La charge est en contact avec le porteur dépendant et / ou avec le porteur indépendant.

(S_3) La partie de la charge au-dessus du porteur indépendant et / ou de l'extrémité libre du porteur dépendant et la partie du porteur dépendant au-dessus du porteur indépendant sont négligeables.

(S_4) Un des lieux d'attache entre la charge, le porteur dépendant et le porteur indépendant est unique et ponctuel : le lieu d'attache entre la charge et les porteurs linéaires peut être linéaire.

(S_5) Les points d'attache des forces maintenant l'équilibre des constituants sont situés sur un même axe vertical.

(S_6) La charge et le porteur dépendant sont libres de se mouvoir dans les directions non verticales.

Une situation qui remplit toutes ces conditions est une relation S idéale décrite sans hésitation par *pendre à*. Tout ce que le concept de ressemblance de famille nous apprend est que cette expression peut encore être utilisée lorsque certains des traits ne sont pas remplis mais, comme je l'ai précisé plus haut, aucun calcul effectué à partir des traits ne peut nous permettre de calculer les écarts permis. La seule contrainte pesant sur la formulation de ces traits est que, pour chacun d'eux, il doit exister des paires minimales de situations différant uniquement par le trait telles que l'une mais non l'autre soit décrite par *pendre à*. Par quelques exemples, j'essayerai maintenant de rendre plus suggestifs les six traits de la relation S dont j'ai justifié la formulation plus longuement ailleurs (Vandeloise 1989).

Le trait S_1 a deux conséquences : (1) la cible ne peut jouer un rôle actif dans l'opposition à la pesanteur (comparez «l'araignée est sur son fil» et «l'araignée morte pend à son fil» ou «les bras du mendiant pendaient» et «les bras des soldats à la parade pendaient» et (2) une cible rigide ne peut pendre si elle touche le sol car elle y prendrait appui. Ce n'est pas le cas d'une cible flexible comme une corde ou des rideaux qui peuvent *pendre par terre*. Dans le trait S_2, le contact n'est pas une conséquence pragmatique des relations entre charge et porteurs puisque des aimants et des souffleries peuvent s'opposer à la chute d'une charge sans la toucher. Dans S_3 on ne peut simplement exiger que la charge soit en-dessous des porteurs car ce n'est pas le cas d'une peinture qui *pend* au mur. S'il est nécessaire de situer la charge par rapport à l'extrémité libre du porteur dépendant, c'est parce qu'un morceau de bois attaché au milieu d'une corde pendant du plafond ne pend pas à la corde. Même si, dans les relations S canoniques, l'équilibre ne dépend que d'un seul porteur dépendant, le trait S_4 est nécessaire car un lustre peut pendre à quatre fils, pourvu qu'ils se rassemblent en un seul point, soit au plafond, soit au centre du lustre. Pour un drapeau pendant sur un appui de fenêtre, le lieu d'attache est linéaire. Une lampe pendant à un fil satisfait parfaitement le trait S_5. Ce n'est pas le cas s'il y a plusieurs porteurs dépendants autonomes, si ces porteurs ne sont pas verticaux mais obliques, si un porteur dépendant horizontal est trop long ou si au lieu d'être linéaire, le porteur dépendant a une surface : une boule attachée à un losange attaché au plafond pendrait-elle au plafond ? Comme les *Suspens* l'illustreront abondamment, ce trait n'est pas une condition nécessaire : bien qu'on ne puisse dire qu'un hamac dans lequel on peut se coucher *pende* au plafond, il est possible d'utiliser *pendre à* pour une échelle de corde même si elle viole S_5. Le trait S_6, enfin, permet d'expliquer pourquoi une lampe directement fixée au plafond par un écrou ou un ventilateur ou un punching ball attachés à un porteur dépendant fixe ne pendent pas. Une autre caractéristique habituelle de la relation S, la verticalité de la cible, n'a pas été retenue comme trait car il n'existe pas de paire minimale où la violation de cette caractéristique interdise l'usage de *pendre à* : suivant la position du point d'attache, un bâton attaché à une corde peut être vertical, horizontal ou oblique sans cesser de pendre pour autant.

Mes premières confrontations avec les *Suspens* de Baudouin Luquet m'ont suggéré trois améliorations de l'analyse exposée ci-dessus :

1) Toute définition en langage naturel présuppose un certain nombre de primitifs qui lui servent de base. Il s'agit ici des éléments de la relation S, *le porteur indépendant, la charge*, et *le porteur dépendant* potentiel. Quelques précisions à leur sujet peuvent être utiles. Le concept fondamental pour définir *porteur* et *charge* dans les relations P / p et S est la notion de *chute* : A est *porteur* pour une *charge* B s'il empêche sa chute. La notion de stabilité sur l'axe vertical ne peut remplacer la chute comme le démontre un mobile qui monte et descend, *suspendu* à un élastique. La distinction entre *porteur indépendant* et *porteur dépendant* n'est pas absolue mais dépend de la façon dont la situation est conceptualisée. Un porteur est dépendant si, aux yeux du locuteur, un autre porteur empêche sa chute de la manière dont il empêche la chute de la charge. La position d'une charge dépend parfois de plus d'un porteur dépendant. Ces derniers peuvent constituer une *chaîne* (si leur chute dépend des porteurs supérieurs) ou être *autonomes* si la chute d'un porteur dépendant n'entraîne pas celle des autres. Le locuteur peut toujours conceptualiser une chaîne comme un seul porteur dépendant. Plusieurs *Suspens* de Luquet permettent différentes conceptualisations des parties porteuses et des parties portées. Je montrerai plus tard par quels artifices l'artiste guide le choix du spectateur.

2) En relevant les traits violés par les différents *Suspens*, je me suis aperçu que, à cause de l'usage de *porteur dépendant* au singulier dans la formulation des traits, un suspens attaché à plus d'un porteur dépendant autonome violait tous les traits. Ceci m'a amené à ajouter une nouvelle contrainte à la formulation des traits : un trait qui n'a pas de relation d'implication avec un autre trait doit être formulé de telle manière que sa violation n'entraîne pas la violation du second. En particulier, les traits S'_1-S'_6 ont été rédigés pour qu'un suspens qui dépend de plusieurs porteurs dépendants autonomes ne viole automatiquement que le trait S'_5.

3) Il existe une raison supplémentaire de modifier le trait S_1. Beaucoup de charges dans les *Suspens* de Baudouin Luquet sont composées de plusieurs éléments s'équilibrant dans un plan horizontal (*Suspens III, IV, VI*). Tel qu'il est formulé, le trait S_1 interdirait à ces charges de pendre. Le trait S'_1, dans la liste qui suit, évite cet inconvénient.

(S'_1) Les seules forces qui déterminent la hauteur de la charge sont exercées par les porteurs.

(S'_2) Le(s) porteur(s) qui s'oppose(nt) directement à la chute de la charge agi(ssent) par contact.

(S'_3) La partie de la charge au-dessus (de l'extrémité libre) des porteurs et la partie du (des) porteur(s) dépendant(s) au-dessus du (des) porteur(s) indépendant(s) sont négligeables.

(S'_4) Il existe un point d'attache ponctuel entre porteur(s) indépendant(s), (porteur(s) dépendant(s)) et charge qui détermine entièrement l'action des porteurs sur la charge ; le point d'attache entre la cible et le porteur peut être linéaire.

(S'_5) Les points d'attache des forces exercées par les porteurs sont sur un même axe vertical.

(S'_6) Charge(s) et porteur(s) dépendant ne sont pas complètement immobilisés dans les directions non-verticales.

L'analyse lexicale ainsi modifiée, j'essayerai de montrer comment, au-delà de leurs qualités artistiques, les *Suspens* de Baudouin Luquet constituent un jeu conceptuel avec les règles de la relation S. Avant d'analyser en détails le *Suspens I*, je relèverai quelques-uns des principaux artifices par lesquels l'artiste engage son spectateur dans une série de contradictions sans fin sur le statut de ses assemblages par rapport à la suspension :

1) L'usage de matériaux transparents que le spectateur peut voir ou ne pas voir. Dans le *Suspens I*, ignorer le verre serait violer S'_2 (pas de

contact entre un porteur dépendant et la charge), dans le *Suspens XIII* au contraire, voir la tige transparente serait violer S'_1 puisque la cible toucherait le sol, introduisant une force proscrite dans la réalisation de l'équilibre.

2) L'usage de flèches qui semblent introduire dans l'assemblage des forces qui contredisent l'action réelle qu'exerce sur lui la gravité. Cet artifice est manifeste dans le *Suspens XXVI* où rien ne viendrait troubler la paix de la relation S si les routes sur la plaque de signalisation ne suggéraient l'intervention de forces obliques qui violeraient S'_1. Tout aussi innocent serait le *Suspens IX* si l'artiste n'avait décidé de retourner un fil à plomb pour nier effrontément la direction réelle de la pesanteur. (Pas si effrontément après tout, car la fonction de la charge oubliée, voilà qu'à nouveau pend le *Suspens*!) Une fausse violation de S'_1 est introduite par d'autres artifices dans le *Suspens VII*. Violation apparente il y a, car un extenseur exerce une force orientée vers le bas sur un des porteurs dépendants dont dépend la position des languettes de toile. Or, l'action d'un porteur doit être orientée vers le haut et non vers le bas. Mais la violation est fausse dans la mesure où elle s'annule à l'intérieur d'un porteur dépendant plus grand constitué par un cadre d'acier.

3) C'est l'habitude des objets filiformes de s'abandonner verticalement à la pesanteur. Cependant, si elles ont bien l'apparence de ficelles, les pièces d'acier tordues par Baudouin Luquet maintiennent leurs courbures (*Suspens I, II, III, IV, V*), introduisant ainsi, par leur rigidité, une nouvelle forme d'enfreinte au trait S'_5. Dans le *Suspens XXVII*, Baudouin Luquet exploite tous les accords et conflits possibles entre la rigidité d'un matériau et sa forme puisqu'il nous présente du faux détendu en aluminium, du vrai détendu en caoutchouc, du faux tendu en aluminium et du vrai tendu en caoutchouc.

4) Dans le *Suspens III*, montant effrontément au-dessus de tous les points d'attache, une fine languette d'aluminium défie le trait S'_3 et cependant le *Suspens* pend. C'est possible grâce à un jeu entre le volume des métaux de densités différentes : il suffit d'un petit contrepoids en acier pour équilibrer le poids de la longue baguette d'aluminium.

5) Il est rare que, selon la manière dont la charge et les porteurs dépendants sont conceptualisés, un *Suspens* ne contienne plusieurs relations S, qu'elles soient emboîtées et simultanément perceptibles ou alternativement concevables en changeant l'organisation de l'assemblage. Suivant la manière dont il assemble ses matériaux, l'artiste a alors la possibilité de guider l'œil du spectateur vers un regroupement plutôt que vers un autre. C'est de la couleur que Baudouin Luquet se sert dans le

Suspens V où une partie de la tige tordue est en fer gris, l'autre en laiton jaune. L'artiste incite ainsi le spectateur à percevoir, erronément, une chaîne de porteurs dépendants là où, dynamiquement, il n'y a qu'un porteur. Dans le *Suspens II*, bien qu'elle joue un rôle dérisoire dans l'équilibre des forces essentiel pour la relation S, la plaque en bois, seule surface au milieu de matériaux filiformes, prend une valeur qui nous incite à réorganiser autour d'elle charge et porteurs. Bien qu'il y ait deux relations S parfaites dans le *Suspens* (P_{d1}, C1 et P_{d2}, C2), l'œil est donc attiré vers la relation S (P_{d3}, C3), marginale parce qu'elle viole légèrement S'_3 et à deux reprises S'_5. Faut-il accuser l'artiste qui fournit deux relations S parfaites si le spectateur cherche à déchiffrer la relation marginale? Ma réponse est oui!

6) L'opposition à la pesanteur constitue un point commun important entre la relation P(orteur) / p(orté) qui détermine l'usage de la préposition *sur* (Vandeloise 1986) et la relation S. Cependant, alors que le porteur de la relation S s'oppose au poids de la charge par le haut, celui de la relation P / p s'y oppose par le bas. Que dire d'une grosse boule d'acier touchant une table branlante qu'elle écraserait si elle n'était maintenue en équilibre par une chaîne attachée au plafond? Parce que la configuration ressemblerait à une relation P / p canonique (la boule n'est-elle pas en contact avec la table et plus haut qu'elle?) mais que l'opposition à la pesanteur s'effectuerait en réalité par le haut, cette situation créerait, dans l'esprit du spectateur, une oscillation entre les relations S et P / p. Baudouin Luquet n'a pas manqué l'opportunité dans le *Suspens X*. La tôle laquée de gauche est *sur* le sol plutôt qu'elle ne *pend* aux extenseurs. Mise à part la violation de S'_1 causée par le vinyl qui lui est attaché (suspendu?), la plaque de bois pend à un autre extenseur. Et la plaque d'acier? Pend-elle aux extenseurs ou est-elle posée? Notez que Baudouin Luquet a pris soin ici de respecter le trait S'_4 (attache punctiforme) qui est violé par la tôle laquée, si bien que la décision du locuteur est suspendue à l'angle de la plaque d'acier qui effleure le sol, égratignant ainsi le trait S'_1. Le *Suspens XXI* joue également avec les frontières des relations S et P / p. Selon les apparences, le cylindre dans sa chute ne *pend plus* au cadre mais il n'est *pas encore sur* le sol. Il est condamné à vivre dans ces limbes car, par les maléfices de l'artiste, la corde qui le maintient est d'acier rigide. Perdue son appartenance lexicale précédente, la situation n'atteindra jamais sa destination lexicale future.

Terminée cette revue des artifices de Baudouin Luquet à travers l'ensemble de ses *Suspens*, je finirai cet exposé en étudiant plus en détails le *Suspens I* et les différentes relations S qui s'y dissimulent. Leur multiplicité est créée par différentes combinaisons des alternatives suivantes :

1) Y a-t-il une seule charge suspendue à deux porteurs dépendants ou deux charges suspendues chacune à un porteur dépendant ?

2) La plaque de verre est-elle perçue ou non perçue, laissant un extenseur pendant dans le vide ? Dans le dernier cas, est-il ou non conçu comme porteur dépendant ?

3) Un intermédiaire / une charge détermine-t-il / elle la position d'une charge / de l'autre charge ?

Les combinaisons utiles sont récapitulées dans le tableau ci-dessous. Pour simplifier l'exposé, j'ai négligé la combinaison « deux charges / verre » non perçue qui me paraît difficile à conceptualiser.

Conceptuellement, le jeu le plus subtil serait celui qui ferait osciller le spectateur d'une relation S légèrement marginale à l'autre. Bien que tous les traits d'une ressemblance de famille n'aient pas nécessairement la même importance, supposons que les relations S les moins marginales sans être canoniques soient celles qui ne violent que S'_1. Il s'agirait donc

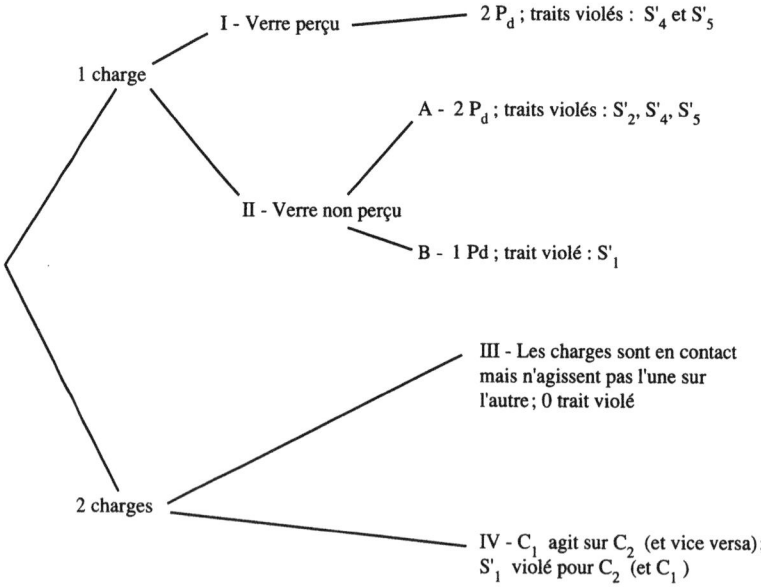

de nous guider de la relation S II B à la relation IV en effaçant I et II A (trop marginales) et III (trop parfaite). La transition choisie implique donc le passage d'une charge unique dont la partie vitrée est ignorée à deux charges avec la partie vitrée perçue. Comme le montrent des esquisses précédentes du *Suspens I*, le passage d'une à deux charges s'est effectué dans l'esprit même de l'artiste qui est parti d'un rectangle qu'il a «troué». Si on le reconstruit mentalement, on s'aperçoit qu'il est équilibré de telle manière que son angle inférieur soit près de toucher le sol mais évite de quelques centimètres (ne serait-ce que dans l'imaginaire) cette infraction supplémentaire à S'_1. La relation S III a été consciemment évitée également puisque dans une des esquisses préparatoires, il est précisé que les deux charges doivent s'équilibrer, c'est-à-dire agir l'une sur l'autre et enfreindre S'_1. Est-ce pour rendre l'interaction plus évidente que la charge filiforme semble se décomposer en une partie réellement suspendue et un intermédiaire oblique construit dans une matière différente? (Notez qu'en oubliant le verre, il serait possible de penser un instant que le bois est posé *sur* l'intermédiaire.) Les relations les plus marginales, I et II A, ne sont bien sûr pas totalement effacées et contribuent à enrichir le *Suspens*. Mais le spectateur perçoit moins aisément le verre dans la perception globale d'une seule charge (II B) que dans l'analyse qui en fait apparaître deux dans les relations S III et S IV. L'indécision où nous pouvons osciller entre II B et IV n'est donc pas totalement due au hasard.

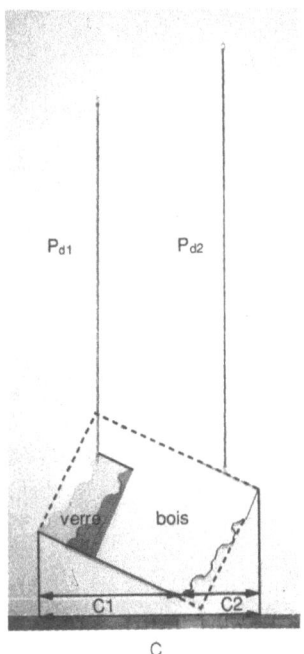

Suspens I

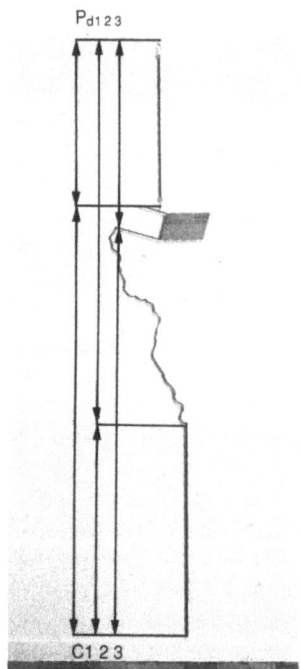

Suspens II

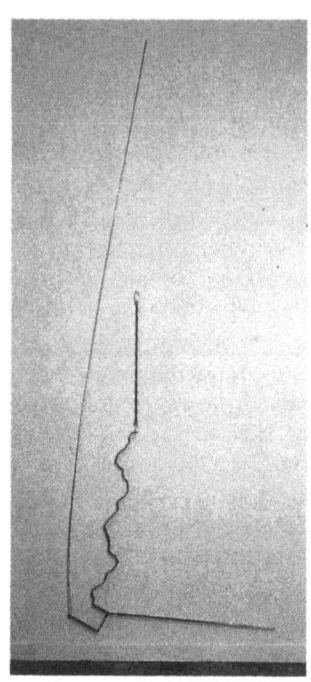

Suspens III

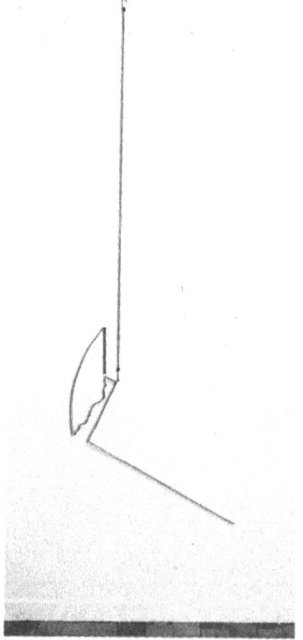

Suspens IV

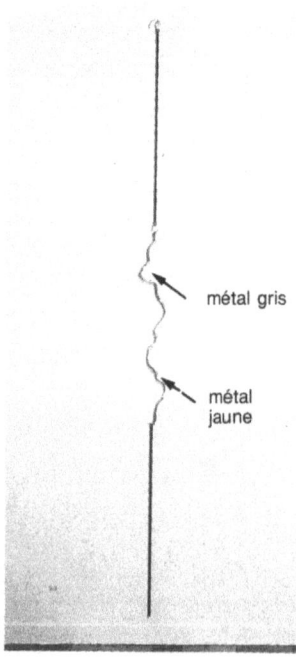

Suspens V

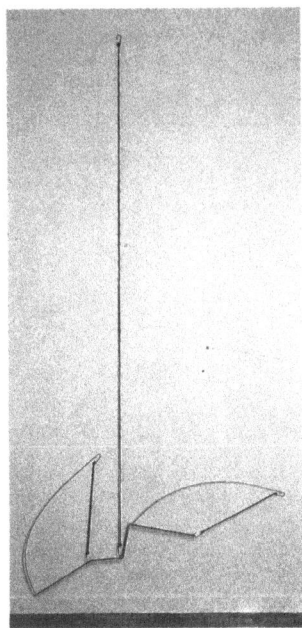

Suspens VI

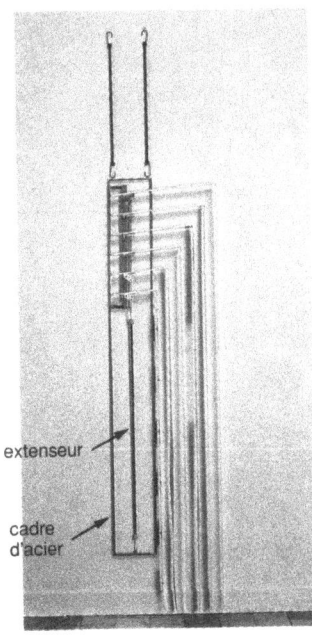

Suspens VII

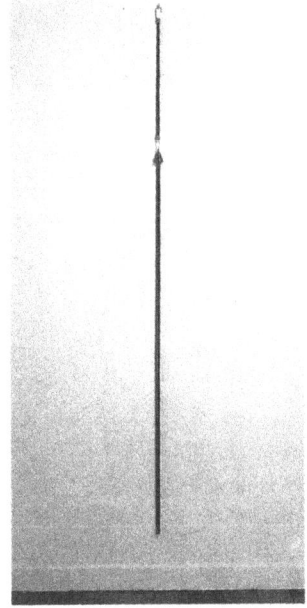

Suspens IX

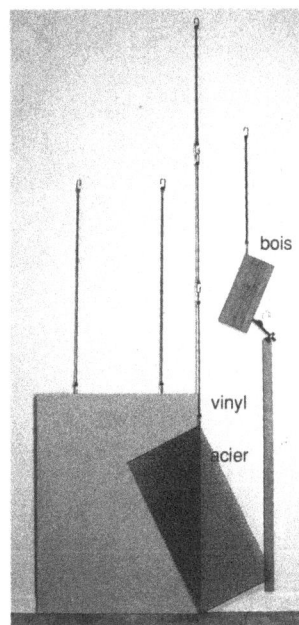

Suspens X

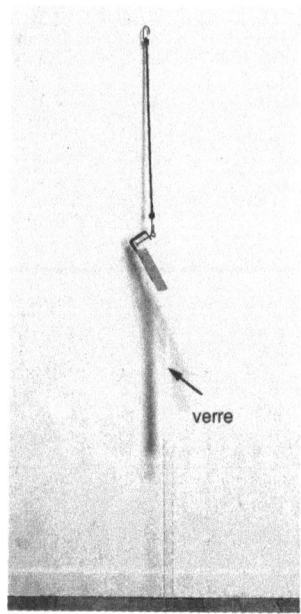

Suspens XIII

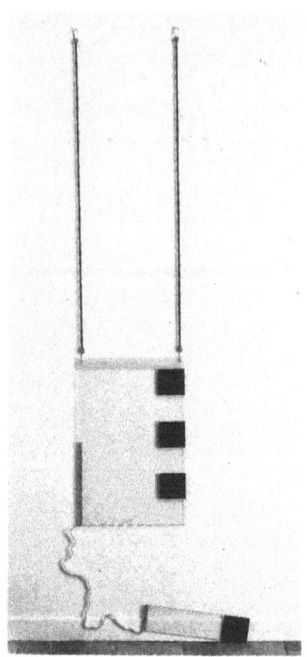

Suspens XXI

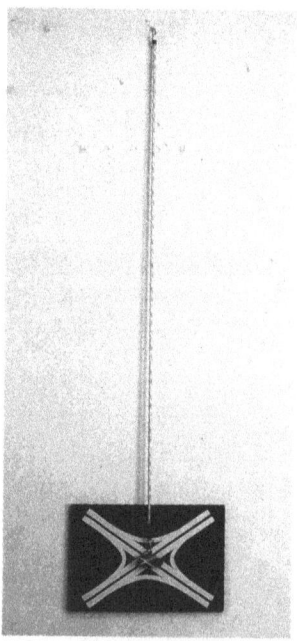

Suspens XXVI

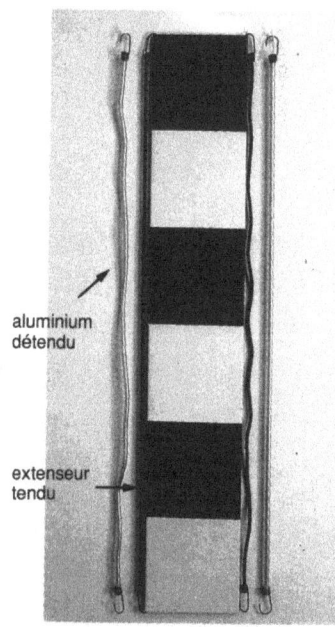

Suspens XXVII

Création et représentation dans les énoncés fictionnels

par Marcel VUILLAUME
Université de Nice

J'ai donné pour titre à cet article « Création et représentation dans les énoncés fictionnels », mais j'aurais pu tout aussi bien l'intituler : « Les énoncés de fiction sont-ils d'authentiques assertions ? », tant les deux problèmes — celui du statut illocutoire de ces énoncés et celui du rapport qu'ils entretiennent à ce qu'ils décrivent — sont étroitement liés.

Cette question a été mise à l'ordre du jour il y a maintenant plus de quinze ans par Searle (1975), et depuis, elle a continué d'être activement débattue. Elle constitue notamment l'objet de deux articles publiés dans la revue *Poétique* (numéro 78, avril 1989), l'un, assez ancien, de Margaret Macdonald, « Le Langage de la fiction » (LLDLF), l'autre, récent, de Gérard Genette, « Le Statut pragmatique de la fiction narrative » (LSPDLFN). En dépit de leur intérêt, ces deux études suscitent chez moi une perplexité dont je souhaiterais expliquer les raisons.

A. LES ARTICLES DE MARGARET MACDONALD ET DE GÉRARD GENETTE

1. Margaret Macdonald

Margaret Macdonald se rallie d'emblée à l'idée selon laquelle les assertions fictionnelles ne peuvent être vraies :

> Ryle, Moore et beaucoup d'autres auteurs sont d'accord pour dire que les phrases appartenant à la fiction expriment des assertions fausses, et je pense que Moore a raison d'ajouter que, pour autant qu'elles sont fictionnelles, elles ne sauraient être vraies (LLDLF, p. 222).

et elle envisage ensuite les problèmes soulevés par cette thèse.

1) *Les assertions fictionnelles sont-elles mensongères ?*

Mentir, c'est vouloir faire passer pour réel ce qui ne l'est pas. Or, un conteur ne cherche pas délibérément à tromper le lecteur. Il essaie d'être convaincant, mais non pas d'induire en erreur :

> Le caractère convaincant d'un récit est le résultat d'une conspiration mutuelle dans laquelle l'auteur et son public s'engagent en toute liberté. Un conteur ne ment pas, et normalement son public n'est pas leurré (LLDLF, p. 222).

2) *Ces assertions sont-elles simplement fausses sans être mensongères ?*

Une assertion fausse produite sans intention de tromper procède ordinairement d'une ignorance totale ou partielle des faits. Celui qui la prend en charge et ceux à qui elle s'adresse la croient vraie. Mais tel n'est pas, selon Macdonald, le cas des énoncés fictionnels, car ni le conteur « ni son auditoire ne croient que ses assertions sont vraies » (LLDLF, p. 223).

3) *Les énoncés fictionnels peuvent-ils être considérés, non comme des assertions, mais comme des hypothèses ?*

Certes, un conteur engage son public, quoique généralement de façon implicite, à « imaginer que... », à « faire comme si... ». Mais les hypothèses fictionnelles, à supposer que ce terme soit approprié, ne servent pas à la recherche d'une solution. Par ailleurs, elles ne peuvent être vérifiées, puisqu'il « ne saurait exister de preuve en faveur d'un récit fictionnel » (LLDLF, p. 224). « Par conséquent, si un récit consistait en des propositions qui sont envisagées à des fins de réflexion, le but envisagé serait à tout jamais hors d'atteinte, puisqu'elles ne peuvent être déclarées ni vraies ni fausses, ni probables ni improbables » (LLDLF, p. 224).

4) *Esquisse d'une solution : la fiction comme création*

Selon, Margaret Macdonald, la spécificité des textes de fiction, c'est qu'ils promeuvent à l'existence les univers qu'ils décrivent. De cette donnée indiscutable, elle conclut que le propos d'un conteur est de créer quelque chose, et non pas — du moins *pas en premier lieu*, ajoute-t-elle curieusement — de communiquer des informations vraies ou fausses : « Raconter une histoire, c'est donner naissance à quelque chose, et non pas rapporter des faits » (LLDLF, p. 228). En d'autres termes, les énoncés fictionnels se situeraient, en vertu de leur dimension « créationniste », au-delà de l'alternative entre vérité et fausseté.

2. Gérard Genette

Gérard Genette, lui, prend pour point de départ les analyses de Searle sur les énoncés fictionnels, dont il admet les prémisses :

> Comparant [...] un fragment de roman d'Iris Murdoch et un fragment de récit factuel (journalistique), Searle montre sans peine que les énoncés fictionnels en forme d'assertion ne répondent à aucune des conditions (de sincérité, d'engagement, de capacité à prouver ses dires) de l'assertion authentique. Il montre également, et également (à mon avis) sans contestation possible, que ces énoncés ne peuvent être tenus pour des actes illocutoires *littéraux* d'un autre type que l'assertion. De cette double observation négative, il tire deux conclusions selon lui conjointes et que je voudrais disjoindre : la première est que l'énoncé de fiction, qui est en forme d'assertion mais qui n'en remplit pas les conditions pragmatiques, est une assertion feinte (*pretended*), la seconde, que produire une fiction («écrire un roman») n'est pas un acte illocutoire spécifique (LSPDLFN, p. 239).

et propose ensuite sa propre solution que résume la citation suivante :

> Le trait spécifique de l'énoncé de fiction, c'est que, contrairement aux énoncés de réalité, qui décrivent en outre (!) un état de fait objectif, lui ne décrit rien d'autre qu'un état mental. La formulation assertive complète d'un énoncé de réalité pourrait être quelque chose comme «Il est de fait que l'eau bout à 100° C et en le disant je vous en informe ou vous le rappelle»; la formulation assertive complète de l'énoncé de fiction serait plutôt : «Il n'est pas de fait qu'il était une fois une petite fille, etc., mais en le prétendant je vous y fais penser comme à un état de fait imaginaire.» [...] «Il était une fois une petite fille, etc.», que Searle qualifie seulement de non sérieuse, peut être [...] analysé comme une acte illocutoire indirect [...] et donc complexe, dont le véhicule est une assertion feinte et non sérieuse, et dont la teneur est *ad libitum* une demande («Imaginez que...»), une déclaration («Je décrète fictionnellement que...»), voire une autre assertion, évidemment sérieuse, comme : «Par la présente, je souhaite susciter dans votre esprit l'idée fictionnelle d'une petite fille, etc.» [...] (LSPDLFN, pp. 242-244).

B. REPRISE DU PROBLÈME

Dans leur immense majorité, les textes de fiction se répartissent en deux grandes catégories, les récits en troisième personne et les récits en première personne ou récits autobiographiques.

Dans les récits en première personne, l'énonciateur est un personnage fictif, et les actes de langage qu'il produit le sont tout autant. Mais tout le monde s'accorde à les considérer comme des actes de langage sérieux ou, plus exactement, fictionnellement sérieux. Leur statut est comparable à celui des énoncés de la fiction dramatique : les personnages d'une pièce de théâtre, en effet, sont des entités fictives, mais la nature des énoncés qu'ils produisent n'a rien de mystérieux, ce sont, dans l'univers fictif, des actes de langage ordinaires (cf. LSPDLFN, pp. 237-239).

Sont en revanche considérés comme d'un statut beaucoup plus difficile à définir les énoncés des récits en troisième personne. On admet, en effet, trop souvent de façon implicite, qu'ils sont pris en charge par l'auteur du texte, c'est-à-dire par un être du monde réel[1] — ce qui, évidemment, soulève un problème, car une telle instance ne peut sérieusement prendre en charge des assertions relatives à un univers qu'elle sait fictif. C'est le statut de ces récits et des énoncés qu'ils contiennent qui est en question dans les articles de Margaret Macdonald et Gérard Genette.

1. Le point de vue interne et le point de vue externe

Avant de revenir aux thèses défendues par ces deux auteurs, il me semble utile de rappeler une distinction qu'on perd trop souvent de vue et dont l'oubli obscurcit les discussions concernant la fiction. Il s'agit de l'opposition entre le point de vue externe et le point de vue interne. Le premier — le point de vue externe — est celui qu'on adopte lorsqu'on envisage la fiction à partir de l'univers réel. Le second — le point de vue interne — est celui auquel nous nous conformons spontanément lorsque nous nous mettons à lire un texte de fiction. De là, la distinction entre l'auteur et le narrateur, d'une part, le lecteur réel et le destinataire du récit fictif ou «narrataire» (Genette 1972, p. 227), d'autre part. Comme l'écrit Gérard Genette dans le même ouvrage :

> [...] on identifie l'instance narrative à l'instance d'«écriture», le narrateur à l'auteur de l'œuvre et le destinataire du récit au lecteur de l'œuvre. Confusion peut-être légitime dans le cas d'un récit historique ou d'une autobiographie réelle, mais non lorsqu'il s'agit d'un récit de fiction, où l'auteur est lui-même un rôle fictif [...] (p. 226).

La nécessité de distinguer les instance narratives (fictives) et les entités du monde réel qui leur correspondent s'impose à la lecture de nombreux romans du XIXe siècle dans lesquels le narrateur et le lecteur sont présentés comme les protagonistes d'une fiction greffée sur l'histoire proprement dite et comme les contemporains et les témoins oculaires des événements narrés (Vuillaume 1990). Dans le cadre de cette fiction marginale, le narrateur et le lecteur sont décrits comme présents dans l'univers fictif, l'un servant de guide à l'autre :

> Maintenant, il faut que le lecteur franchisse avec nous la Seine, et nous suive jusqu'à la porte du couvent des Carmélites de la rue Saint-Jacques[2].

Mais même lorsque le narrateur et le lecteur ne sont pas explicitement mentionnés dans le texte, ils sont impliqués par lui. Qu'on songe par exemple aux romans d'anticipation : rédigés au passé, ils supposent une narration postérieure à l'époque qu'ils décrivent et, par conséquent, un narrateur et un lecteur qui vivent dans un temps postérieur à la date réelle de leur publication et qui, pour cette simple raison, ne peuvent être que des entités fictives[3].

Lorsque nous entreprenons de lire un roman, nous nous identifions au rôle du lecteur et nous acceptons de ce fait les règles d'une sorte de jeu de faire-semblant :

> [...] les œuvres de fiction ne sont pas de simples suites de propositions, mais les instruments d'un *jeu de faire-semblant*, jeu du même genre que ceux des enfants qui s'amusent avec des poupées ou se prennent pour des cow-boys.[...] Et, tel l'enfant qui, en faisant semblant de nourrir une poupée devenue dans son jeu un bébé (fictif), devient lui-même un père ou une mère nourriciers fictifs, les lecteurs d'*Anna Karénine* qui pleurent lors de la fin tragique de l'héroïne sont par là même des spectateurs fictifs du suicide d'Anna, et participent ainsi (comme spectateurs) au jeu de faire-semblant. Dès lors, plutôt que d'accepter l'opinion selon laquelle les lecteurs d'*Anna Karénine* contemplent tel monde fictionnel d'un point de vue extérieur et privilégié, Walton insiste sur le fait que les lecteurs sont placés *à l'intérieur* du monde de fiction et que, pendant la durée du jeu, ils tiennent ce monde pour vrai (Pavel 1988, p. 74).

Pour le lecteur installé dans l'univers de la fiction, les énoncés produits par le narrateur n'ont rien de problématique : ce sont des énoncés vrais. L'idée exprimée par Margaret Macdonald selon laquelle ni le conteur «ni son auditoire ne croient que ses assertions sont vraies» me paraît douteuse. Si le conteur et l'auditoire en question sont des entités de l'univers fictif, alors cette thèse est fausse. En revanche, s'il s'agit d'entités de l'univers réel, il reste à prouver que le terme d'assertion est approprié : je ne crois pas, en effet, que l'auteur (je dis bien l'auteur, et non le narrateur) asserte quoi que ce soit, de sorte qu'il me semble oiseux de se demander si ses assertions sont vraies, fausses ou feintes.

Je ne suis pas non plus d'accord avec Margaret Macdonald lorsqu'elle écrit :

> Lorsqu'un conteur feint par exemple qu'il y a eu une personne du nom de «Becky Sharp» [...] il crée Becky Sharp. Et tout public normal comprend parfaitement que c'est là ce qu'il fait (LLDLF, p. 229).

Quand nous considérons la fiction depuis l'univers réel, nous voyons bien qu'elle est engendrée par le récit, mais je ne pense pas que nous en ayons conscience lorsque nous endossons le rôle de lecteur. Le terme de «public», tel que l'emploie Margaret Macdonald, entretient donc une ambiguïté gênante. En outre, si à chaque énoncé que nous lisons, nous nous disions que ce qu'il représente n'existe pas et n'est rien d'autre qu'un produit de l'imagination de l'auteur, le plus beau texte nous laisserait indifférent, alors qu'au contraire la fiction nous permet d'éprouver des émotions auxquelles souvent notre moi réel se refuse (Pavel 1988, p. 109). Ce simple constat rend d'ailleurs peu plausible l'interprétation proposée par Gérard Genette. Si nous interprétions tous les énoncés du narrateur comme des actes de parole indirects paraphrasables par quelque chose comme «Par la présente, je souhaite susciter dans votre esprit l'idée fictionnelle de...», lire un texte de fiction deviendrait vite un pensum.

Restent néanmoins deux problèmes : le premier concerne l'activité de l'auteur ou, ce qui revient au même, le statut de son œuvre considérée cette fois comme entité de l'univers réel. Le deuxième a trait à la nature des énoncés fictionnels. Si, pour le lecteur, ces énoncés sont simplement vrais, ils soulèvent cependant un problème. En effet, contrairement aux assertions factuelles ordinaires, ils ne peuvent être ni confirmés, ni infirmés par les faits, ce qui implique, du moins à première vue, qu'ils ont malgré tout un statut particulier.

2. L'auteur produit-il des assertions?

Considérons d'abord l'activité de l'auteur. L'idée qu'il asserte ou feigne d'asserter les énoncés du récit me semble être une pure conjecture qui suscite plus de difficultés qu'elle n'aide à en résoudre. Si l'on prend au sérieux la notion de rôle, la situation apparaît en fait beaucoup plus simple. La relation qui lie l'auteur (réel) au narrateur (fictif) est, à mon sens, tout à fait semblable à celle qui unit un dramaturge à ses personnages. Or, personne ne songerait à dire que l'auteur d'une pièce de théâtre assume ou feint d'assumer la responsabilité des paroles que prononceront les protagonistes de ses pièces. Mais alors, que fait-il au juste lorsqu'il écrit leurs répliques? Je dirais, en empruntant cette distinction à Sperber & Wilson (1986, pp. 336 *sq.* de la traduction française), qu'il fait un usage *interprétatif* d'énoncés que, dans l'univers fictif, les personnages emploient, eux, *descriptivement*[4]. C'est une forme particulière de mention. Et l'auteur d'une narration en troisième personne fait de même : lorsqu'il rédige son texte, il se borne à représenter les énoncés destinés à être pris en charge par le narrateur.

La vie ordinaire offre des exemples de situations analogues. On sait par exemple que beaucoup d'hommes politiques ont à leur service des conseillers qui rédigent leurs discours. Mais le rédacteur d'un discours n'asserte rien, il ne prend pas personnellement la responsabilité de ce qu'il écrit, même si, pour faire convenablement son travail, il doit s'investir momentanément dans le rôle de celui qui l'emploie. Du reste, si le discours offre matière à poursuite judiciaire, c'est l'orateur qui sera inquiété, non son conseiller. Dans le cas d'une œuvre littéraire, il est vrai, il en va autrement : pour l'autorité judiciaire, on le sait, c'est la responsabilité de l'auteur qui est engagée, non celle du narrateur. Mais la raison en est simple : le narrateur n'est qu'une marionnette de l'auteur, et, de toute façon, il est par nature insaisissable. Mais il n'en reste pas moins que, selon la logique de la fiction, l'auteur n'est pas celui qui prend en charge la narration. Je dirais qu'il se borne à la simuler, mais en précisant que cette simulation n'implique nulle feinte, d'autant que l'auteur, au contraire du narrateur, n'a pas en face de lui de destinataire.

3. La fiction et les catégories aléthiques

Reste maintenant à évoquer le statut des énoncés du narrateur. A première vue, il semble problématique, car, comme le fait observer Margaret Macdonald, aucune découverte factuelle ne peut les confirmer ou les infirmer. Cette observation est incontestable si l'on se situe dans le monde réel, car de ce point de vue, l'univers fictif apparaît comme engendré par le texte qui le représente. Mais le lecteur appréhende les choses autrement. Il conçoit l'univers narré comme indépendant des énoncés qui le décrivent et considère donc que le récit vient s'ajuster après coup à cette réalité[5]. Il se trouve simplement que, pour lui, la vérité de ce qu'affirme le narrateur va de soi, et ce, me semble-t-il, en vertu d'un postulat implicite qu'on admet à l'instant même où l'on aborde la lecture du texte et qu'on oublie ensuite pour ne plus envisager que les conséquences qui en découlent.

Pour comprendre en quoi consiste ce postulat implicite, considérons le libellé d'un problème de géométrie :

> Dans un trapèze isocèle ABCD, la grande base AB mesure 20 cm. Les côtés non parallèles mesurent 5 cm et font avec AB des angles de 25°. Calculer la hauteur du trapèze et la petite base[6].

Les deux première phrases de cet énoncé décrivent les propriétés d'un trapèze. Objectivement, cette figure est promue à l'être par la description de ses propriétés. Il s'ensuit évidemment que cette description est vraie, c'est-à-dire parfaitement conforme à son objet. Mais il est douteux que le lecteur de cet énoncé appréhende les choses ainsi. La phrase : « Dans un trapèze isocèle ABCD, la grande base AB mesure 20 cm » n'évoque pas explicitement la création d'une figure. Elle en présuppose plutôt l'existence. Quant à l'exactitude de la description, elle est postulée par le lecteur, parce que, faute de ce postulat, chercher la solution du problème serait impossible. Pareillement, un récit de fiction serait dénué d'intérêt si nous ne disposions pas du point d'appui que nous fournissent les énoncés du narrateur. Si nous avions lieu de douter de leur vérité, nous n'aurions aucun moyen de nous représenter l'univers fictif. Or, tout l'attrait des œuvres de fiction réside précisément dans le fait qu'elles nous permettent, par le truchement de notre moi fictionnel, de voyager dans des pays inconnus. En d'autres termes, si nous tenons pour vraies les assertions du narrateur, c'est parce que nous avons besoin qu'elles le soient, parce que la croyance en leur vérité est la règle fondamentale du jeu de faire-semblant en quoi consiste toute fiction.

Mais si les assertions du narrateur ne sont jamais mises en doute par le lecteur, cela ne signifie pas pour autant que les univers fictifs sont étrangers aux catégories aléthiques. Par exemple, dans l'univers du *Rouge et le Noir*, il est vrai que Julien Sorel a été condamné à mort et exécuté, et il est faux qu'il a terminé ses jours riche et considéré. Par ailleurs, à côté des énoncés pris en charge par le narrateur, il y a les assertions produites par les personnages, et celles-là ne sont pas toutes vraies. Enfin, lorsque nous lisons un texte de fiction, nous essayons, en formulant des hypothèses, de compléter notre représentation des faits, d'anticiper sur la suite des événements, etc., puis nous confrontons ces hypothèses avec les informations livrées par le texte, ce qui nous conduit à en confirmer certaines et à en rejeter d'autres.

Il s'ensuit qu'en l'absence d'une réalité extérieure, visible et palpable, c'est à l'aune des énoncés du narrateur que l'on mesure la vraisemblance des paroles des personnages ou des hypothèses que l'on fait au fil de la lecture. Dans ce jeu de faire-semblant, les propos du narrateur ont donc la même consistance que celle que nous attribuons, dans l'univers réel, aux êtres et aux phénomènes et, de ce fait, les signes se substituent en quelque sorte au monde irrémédiablement absent qu'ils représentent. Ainsi s'explique, à mon sens, notre sentiment que l'univers évoqué par le récit est là, présent devant nos yeux, que nous sommes nous-mêmes dans cet univers et assistons aux événements qui s'y déroulent (Vuillaume 1990). C'est pourquoi des exemples tels que ceux-ci :

> [M. de Tréville] se rendit donc à l'instant chez le lieutenant criminel. On fit venir l'officier qui commandait le poste de la Croix-Rouge, et les renseignements successifs apprirent qu'Athos était momentanément logé au Fort-l'Evêque. Athos avait passé par toutes les épreuves *que nous avons vu Bonacieux subir. Nous avons assisté à la scène de confrontation entre les deux captifs.* Athos [...] déclara, à partir de ce moment, qu'il se nommait Athos et non d'Artagnan[7].
>
> Derrière le scribe venait l'accusateur public. Nous avons vu, nous connaissons et nous retrouverons encore plus tard cet homme sec, jaune et froid, dont l'œil sanglant faisait frissonner le farouche Santerre lui-même dans son harnois de guerre. [...] Ils arrivèrent à une chambre assez noire, spacieuse et nue, au fond de laquelle, assis sur son lit, se tenait le jeune Louis, dans un état d'immobilité parfaite. *Quand nous avons vu le pauvre enfant fuyant devant la brutale colère de Simon*, il y avait encore en lui une espèce de vitalité [...][8].
>
> Et il se rangea pour démasquer ce grand et noble jeune homme au front large [...] que *nos lecteurs se rappellent avoir vu à Marseille* [...][9].

Une tapisserie flottait à quelques pas de là devant une porte; Billot alla droit à cette tapisserie, la souleva et se trouva dans une grande salle circulaire et souterraine où étaient déjà réunies une cinquantaine de personnes.
Cette salle, nos lecteurs y sont déjà descendus, il y a quinze ou seize ans, sur les pas de Rousseau[10].

non seulement paraissent très naturels, mais ne retiennent même pas l'attention du lecteur non prévenu.

NOTES

[1] Genette parle de «récit de fiction produit dans le monde dit "réel" par un auteur de même nature (...)» (LSPDLFN, p. 239).

[2] Alexandre Dumas, *Vingt ans après*, Paris, Gallimard, Bibliothèque de la Pléiade, 1962, p. 1064.

[3] Cette idée rejoint celle défendue, pour d'autres raisons, par Lewis (1983, p. 263 *sq*).

[4] Le point de vue défendu ici me semble en accord avec celui qu'exprime Wolfgang Kayser (1965, pp. 197-216). Après avoir expliqué la nécessité de distinguer l'auteur (instance de l'univers réel) du narrateur (entité fictive), il ajoute : «*Ein Autor kann nicht lügen. Der kann bloss gut oder schlecht schreiben*» (c'est-à-dire : «Un auteur ne peut mentir. Tout ce qu'il peut faire, c'est bien écrire ou mal écrire»).

[5] Sur la notion de «direction d'ajustement», voir Searle (1975, pp. 41-42) et Récanati (1981, p. 85).

[6] C. Lebossé et C. Hémery, *Algèbre, arithmétique et géométrie. Classe de troisième*, Paris, Fernand Nathan, 1958, p. 178.

[7] Alexandre Dumas, *Les Trois Mousquetaires*, suivi de *Vingt ans après*, Paris, Gallimard, Bibliothèque de la Pléiade, p. 170. Nous soulignons.

[8] Alexandre Dumas, *Le Chevalier de Maison-Rouge*, Paris, Gallimard, collection 1000 Soleils d'or, pp. 375-376. Nous soulignons.

[9] Alexandre Dumas, *Le Comte de Monte Cristo*, Paris, Gallimard, Bibiothèque de la Pléiade, p. 494. Nous soulignons.

[10] Alexandre Dumas, *La Comtesse de Charny*, t. III, Paris, Nelson / Calmann-Lévy, 1933, p. 104. Nous soulignons.

Bibliographie

ADAMS M.M. 1987, *William Ockham*, Notre Dame, IN, Notre Dame University Press.
ANSCOMBRE J.-C. 1990, «Pourquoi un moulin à vent n'est pas un ventilateur», *Langue française*, 86, 103-125.
ARMSTRONG D.M. 1973, *Belief, Truth, and Knowledge*, Cambridge, Cambridge University Press.
BARRETT R. & GIBSON R. (eds.) 1990, *Perspectives on Quine*, Oxford, Blackwell.
BEALER G. 1982, *Quality and Concept*, Oxford, Clarendon Press.
BERTHONNEAU A.M. 1989, *Composante linguistique de la référence temporelle*. Thèse d'Etat, Université Paris VII.
BETH E.W. & PIAGET J. 1961, *Épistémologie mathématique et psychologie*, Paris, PUF.
BLOCK N. 1980, *Readings in the Philosophy of Psychology*, Cambridge, Mass., Harvard University Press.
BOEHNER P. 1958, *Collected Articles on Ockham*, St. Bonaventure, N.Y., The Franciscan Institute.
BOGDAN R. (ed.) 1986, *Belief*, Oxford, Clarendon Press.
BONOMI A. 1983, *Eventi mentali*, Milano, Il Saggiatore.
BRAINE M.D.S. 1978, «On the relation between the natural logic of reasoning and standard logic», *Psychological Review*, 85, 1-21.
BRAINE M.D.S. 1990, «The 'natural logic' approach to reasoning», in Overton W.F. (ed.), *Reasoning, Necessity, and Logic : Developmental Perspectives*, LEA.
BRAINE M.D.S. (manuscrit), «What sort of innate structure is needed to bootstrap into syntax?»
BRAINE M.D.S., O'BRIEN D.P. 1991, «A theory of *if* : a lexical entry, reasoning program, and pragmatic principles», *Psychological Review*, 98, 182-203.
BRAINE M.D.S., REISER B.J., RUMAIN B. 1984, «Some empirical justification for a theory of natural propositional logic» in Bower G.H. (ed.), *The Psychology of Learning and Motivation : Advances in Research and Theory* (vol.18), New York, Academic Press.
BRAINE M.D.S., RUMAIN B. 1981, «Development of comprehension of 'or' : evidence for a sequence of competencies», *Journal of Experimental Child Psychology*, 31, 46-70.
BRAINE M.D.S., RUMAIN B. 1983, «Logical reasoning», in Flavell J. and Markman E.M. (eds.), *Handbook of Child Psychology* (vol. III), *Cognitive Development*, New York, Wiley.

BRATMAN M. 1990, «Joint intention and jointly intentional action», Communication au colloque *Convention*, Paris, CREA / Ecole Polytechnique, mars 1990 (à paraître).
BROADBENT S. 1990, *The child's construction of implicit theories : the case of horizontality*. Unpublished PhD dissertation, University of Edinburgh.
BRØNDAL V. 1950, *Théorie des prépositions, introduction à une sémantique rationnelle*, Copenhague, E. Munsksgaard.
BRUNER J.S., GOODNOW J. J. & AUSTIN G.A. 1956, *A Study of Thinking*, New York, Wiley.
BURGE T. 1979, «Individualism and the mental», in French P.A. *et al.* 1979, 73-121.
BURGE T. 1982, «Other bodies», in Woodfield A. (ed.), 97-120.
BURGE T. 1986a, «Intellectual norms and foundations of mind», *Journal of Philosophy*, 83, 697-720.
BURGE T. 1986b, «Cartesian error and the objectivity of perception», in McDowell J. & Pettit P. (eds.), 117-136.
BURGE T. 1986c, «Individualism and psychology», *Philosophical Review*, 95, 3-45.
BURGE T. 1989a, «Individuation and causation in psychology», *Pacific Philosophical Quarterly*, 70, 303-322.
BURGE T. 1989b, «Wherein is language social?», in George A. (ed.), 175-191.
CADIOT P. 1988, *Placements et déplacements de la référence, étude descriptive des sens de «pour» et questions apparentées*. Thèse d'Etat, Université Paris VIII.
CADIOT P. 1989a, «Dimensions de la préposition», in *Travaux de linguistique et de philologie*, XXVII, Strasbourg-Nancy, 57-74.
CADIOT P. 1989b, «La Préposition : interprétation par codage et interprétation par inférence», in *Cahiers de grammaire*, 14, Université de Toulouse-Le Mirail, 23-50.
CADIOT P. 1990, «*Avec* : grammaire et représentation», *Le Français moderne*, 3-4, 152-174.
CARA F. 1990, «Modeling the child's development of cardinality : from counting to conservation of number». Unpublished PhD Dissertation, University of Edinburgh.
CAREY S. 1984, «Cognitive development : the descriptive problem», in Gazzaniga M.S. (ed.), *Handbook in Cognitive Neuroscience*, New York, Plenum Press.
CAREY S. 1990, «Knowledge acquisition : enrichment or conceptual change?», Présentation à la conférence : *Domain specificity and cultural knowledge*, octobre 1990, University of Michigan.
CARNAP R. 1956, «Empiricism, semantics and ontology» in *Meaning and Necessity*, Chicago, University of Chicago Press.
CHAMPEY I. 1986, «Dans le vif du sujet», *Catalogue de l'exposition «Suspens» de Baudouin Luquet*, Centre de développement culturel de Boulogne-sur-Mer.
CHENG P. & HOLYOAK K.J. 1985, «Pragmatic reasoning schemas», *Cognitive Psychology*, 17, 391-416.
CHOMSKY N.A. 1986, *Knowledge of Language*, New York, Praeger.
CHOMSKY N.A. 1988, *Language and Problems of Knowledge*, Cambridge, Mass., MIT Press.
CHURCH A. 1951, «A formulation of the logic of sense and denotation», in Henle P. (ed.), 3-24.
COMRIE B. 1989, *Language Universals and Linguistic Typology* (2nd ed.), Chicago, University of Chicago Press.
COSMIDES L. & TOOBY J. 1987, «From evolution to behavior : evolutionary biology as the missing link», in Dupré J. (ed.), *The Latest on the Best. Essays on Evolution and Optimality*, Cambridge, Mass., MIT Press, 277-306.
COWAN R. 1979, «A reappraisal of the relation between performances of quantitative identity and quantitative equivalence conservation tasks», *Journal of Experimental Child Psychology*, 28, 68-80.
CRESSWELL M.J. 1985, *Structured Meanings*, Cambridge, Mass., MIT Press.
DARWIN C. 1868, «The Variation of Animals and Plants under Domestication», in *The Complete Works of Charles Darwin*, New York, Appleton & Company (1896).
DAVIDSON D. 1970a, «Mental events», in Davidson D. 1980a, 207-225.
DAVIDSON D. 1970b, «How is weakness of the will possible?», in Feinberg J. (ed.), *Oxford Reader in Philosophy*, Oxford, Oxford University Press.
DAVIDSON D. 1974, «On the Very Idea of a Conceptual Scheme», in Davidson D. 1984, 183-198.

DAVIDSON D. 1975, «Thought and Talk», in Guttenplan S. (ed.), 7-23 (aussi in Davidson D. 1984, 155-170).
DAVIDSON D. 1977, «The Method of Truth in Metaphysics», in Davidson D. 1984, 199-214.
DAVIDSON D. 1980a, *Essays on Actions and Events*, Oxford, Oxford University Press.
DAVIDSON D. 1980b, «Towards a unified theory of meaning and action», *Grazer Philosophische Studien*, 2, 1-12.
DAVIDSON D. 1984, *Inquiries into Truth and Interpretation*, Oxford, Oxford University Press.
DAVIDSON D. 1989, «The myth of the subjective», in Krausz M. (ed.).
DAVIDSON D. 1990a, «Meaning, Truth, and Evidence», in Barrett R. & Gibson R. (eds.), 68-79.
DAVIDSON D. 1990b, «The Structure and Content of Truth», *Journal of Philosophy*, 87, 279-328.
DENNETT D.C. 1983, «Intentional systems in cognitive ethology : the Panglossian paradigm defended», in Dennett 1987a, 269-286.
DENNETT D.C. 1987a, *The Intentional Stance*, Cambridge, Mass., MIT Press. Traduction française de Pascal Engel : *La Stratégie de l'interprète*, Paris, Gallimard, 1987.
DENNETT D.C. 1987b, «Evolution, error and intentionality», in Dennett 1987a, 287-322.
DODWELL P.C. 1960, «Children's understanding of number and related concepts», *Canadian Journal of Pshycology*, 14, 191-205.
DODWELL P.C. 1961, «Relations between the understanding of the logic of classes and of cardinal number in children», *Canadian Journal of Psychology*, 16, 152-160.
DRETSKE F. 1981, *Knowledge and the Flow of Information*, Cambridge, Mass., MIT Press.
DRETSKE F. 1986, «Misrepresentation», in Bogdan R. (ed.), 17-36.
DUBUCS J. 1988, «Die sogenannte Analytizät der Mathematik : eine Radikalisierung der Theorie Hintikkas», *Grazer Philosophische Studien*, 32, 83-112.
EBERLE R. 1970, *Nominalistic Systems*, Dordrecht, Reidel.
EELLS E. 1980, *Rational Decision and Causality*, Cambridge, Cambridge University Press.
EELLS E. 1984a, «Causal decision theory», *PSA*, vol.2, 177-200.
EELLS E. 1984b, «Metatickles and the dynamics of deliberation», *Theory and Decision*, 17, 71-94.
EELLS E. 1986, «Probabilistic causal interaction», *Philosophy of Science*, 53, 52-64.
ELKIND D. 1961, «The development of quantitative thinking : a systematic replication of Piaget's studies», *Journal of Genetic Psychology*, 98, 37-46.
ELKIND D. 1967, «Piaget's conservation problems», *Child Development*, 38, 15-27.
ELKIND D. & SCHOENFELD E. 1972, «Identity and equivalence conservation at two age levels», *Developmental Psychology*, 6, 529-533.
ENC B. 1982, «Intentional states of mechanical devices», *Mind*, 91, 161-182.
EVANS G. 1973, «The causal theory of names», *Aristotelian Society Supplementary Volume I*, 47, 187-208 (aussi in Evans G. 1985).
EVANS G. 1985, *Collected Papers*, Oxford, Oxford University Press.
EVANS J. St B.T. 1984, «Heuristic and analytic processes in reasoning», *British Journal of Psychology*, 75, 451-468.
EVANS J. St B.T. 1989, *Biases in Human Reasoning*, Hove and London, Erlbaum.
FIELD H. 1978, «Mental representation», in Block N. (ed.) 1981, *Readings in the Philosophy of Psychology*, vol.2, Cambridge, Mass., Harvard University Press, 78-114.
FILLMORE C.J. 1982, «Towards a descriptive framework for spatial deixis», in Javella R.J. & Klein W. (eds.), *Space, Place, and Action*, London, Wiley, 31-59.
FODOR J.A. 1975, *The Language of Thought*, Cambridge, Mass., Harvard University Press.
FODOR J.A. 1979, «Fixations de croyances et acquisition de concepts», in Piattelli-Palmarini M. (ed.), *Théories du langage, théories de l'apprentissage*, Paris, Éditions du Seuil, 219-225.
FODOR J.A. 1981a, «Methodological solipsism considered as a research strategy for cognitive psychology», in Fodor J.A. 1981b, 225-253.
FODOR J.A. 1981b, *Representations : Philosophical Essays on the Foundations of Cognitive Sciences*, Cambridge, Mass., MIT Press.

FODOR J.A. 1983, *The Modularity of Mind*, Cambridge, Mass., MIT Press. Traduction française de Abel Gerschenfeld : *La Modularité de l'esprit*, Paris, Editions de Minuit, 1986.
FODOR J.A. 1984, «Semantics, Wisconsin style», *Synthese*, 59, 231-250.
FODOR J.A. 1986, «Why paramecia don't have mental representations», in French P.A., Uehling T.E., & Wettstein H.K. (eds.), 3-24.
FODOR J.A. 1987, *Psychosemantics*, Cambridge, Mass., MIT Press.
FORBES G. 1989, «Biosemantics and the normative properties of thought», in Tomberlin (ed.), 533-548.
FREGE G. 1971, *Ecrits logiques et philosophiques*. Traduction française de C. Imbert, Paris, Editions du Seuil.
FRENCH P.A. et al (eds.) 1979, *Midwest Studies in Philosophy IV : Studies in Metaphysics*, Minneapolis, University of Minnesota Press.
FRENCH P.A. et al (eds.) 1986, *Midwest Studies in Philosophy X : Studies in the Philosophy of Mind*, Minneapolis, University of Minnesota Press.
GAYON J. 1989, «Génétique, psychologie génétique et épistémologie génétique dans l'œuvre de Jean Piaget (1896-1980) : une ambiguïté remarquable», in Fischer J.-L. & Bénichou C. (eds.), *L'Ordre des caractères : Aspects de l'hérédité dans l'histoire des sciences de l'homme*, Paris, Vrin, 147-173.
GAYON J. & MENGAL P. 1985, «Origins and implications of the concept of phenocopy in the thought of Jean Piaget», Conférence non publiée, University of Notre Dame, Indiana, U.S.A., juin 1985.
GELMAN R. 1972, «Logical capacities of very young children : number invariance rules», *Child Development*, 43, 75-90.
GELMAN R. 1990, «First principles organize attention to and learning about relevant data : number and the animate-inanimate distinction as examples», *Cognitive Science*, 14, 79-106.
GELMAN R. & BAILLARGEON R. 1982, «A review of some Piagetian concepts», in Mussen P. (ed.), *Handbook of Child Psychology*, vol. 3, *Cognitive Development*, New York, Wiley.
GENETTE G. 1982, *Figures III*, Paris, Editions du Seuil.
GENETTE G. 1989, «Le Statut pragmatique de la fiction narrative», *Poétique*, 78, 237-249.
GEORGE A. (ed.) 1989, *Reflections on Chomsky*, Oxford, Blackwell.
GETTIER E. 1963, «Is justified true belief knowledge?», *Analysis*, 23, 6, 121-123.
GIBBARD A., HARPER W. 1978, «Two kinds of expected utility», in Harper W., Stalnaker R., Pearce G. (eds.), *Ifs*, Dordrecht, Reidel.
GOCHET P. 1972, *Esquisse d'une théorie nominaliste de la proposition*, Paris, Armand Colin.
GOLDMAN A. 1967, «A causal theory of knowing», *Journal of Philosophy*, 64, 357-372.
GOLDMAN A. 1986, *Epistemology and Cognition*, Cambridge, Mass., Harvard University Press.
GOLDSCHMIDT R.B. 1934, «Gen und Ausseigenschaft», *Zeitschrift für induktive Abstammungs und Vererbungslehre*, 69, 39-131.
GOLDSCHMIDT R.B. 1940, *The Material Basis of Evolution*, New Haven, Yale University Press.
GOODMAN Nelson 1972, *Problems and Projects*, Indianapolis, Bobbs-Merrill.
GOODMAN Nelson 1977, *The Structure of Appearance*, Dordrecht, Reidel.
GOODMAN Nelson and QUINE W.V.O. 1947, «Steps toward a constructive nominalism», *Journal of Symbolic Logic*, 12, 105-122 (aussi in Goodman 1972).
GOODMAN Nicholas 1984, «The knowing mathematician», *Synthese*, 60, 21-38.
GRECO P. 1962, «Quantité et quotité», in Gréco P., Morf A. (eds.), *Structures numériques élémentaires. Etudes d'épistémologie génétique*, vol. 13, Paris, PUF.
GRIMM R.H., MERRILL D.D. (eds.) 1988, *Contents of Thought*, Tucson, University of Arizona Press.
GUILLAUME S. (ed.) 1975, *Le Problème de l'article*, Paris, Librairie Nazet.
GUTTENPLAN S. (ed.) 1975, *Mind and Language*, Oxford, Clarendon Press.
HARDY G.H. 1940, *A Mathematician's Apology*, Cambridge, Cambridge University Press.
HARMAN G. 1988, «Wide functionalism», in Schiffer S., Steele S. (eds.), 11-20.

HARRIS P. 1975, « Inferences and semantic development », *Journal of Child Language*, 2, 143-152.
HENLE P. *et al* 1951, *Structure, Method, and Meaning*, New York, Appleton Century Croft.
HILDEBRAND D.K., LAING J.D., & ROSENTHAL H. 1978, *Prediction Analysis of Cross Classification*, New York, Wiley.
HINTIKKA J. 1973, *Logic, Language-games and Information, Kantian Themes in the Philosophy of Logic*, Oxford, Clarendon Press.
HOOD H.B. 1962, « An experimental study of Piaget's theory of the development of number in children », *British Journal of Psychology*, 53, 273-286.
HORN L.R. 1989, *A Natural History of Negation*, Chicago, Chicago University Press.
HORWICH P. 1985, « Decision theory in the light of Newcomb's problem », *Philosophy of Science*, 52, 702-715.
INHELDER B., GARCIA R. & VONECHE J. 1977, *Hommage à Jean Piaget : Épistémologie génétique et équilibration*, Neuchâtel, Delachaux et Niestlé.
JACKENDOFF R. 1983, *Semantics and Cognition*, Cambridge, Mass., Harvard University Press.
JACKENDOFF R. 1987, « The status of thematic relations in linguistic theory », *Linguistic Inquiry*, 18, 369-411.
JAEGGI A. 1956, *Le Rôle de la préposition et de la locution prépositive dans les rapports abstraits en français moderne*, Bern, Francke.
JEFFREY R. 1983, *The Logic of Decision* (2nd ed.), Chicago, University of Chicago Press.
JOHNSON-LAIRD P.N. 1975, « Models of deduction », in Falmagne R. (ed.), *Reasoning : Representation and Process in Children and Adults*, Hillside N.J., Erlbaum.
JOHNSON-LAIRD P.N. 1983, *Mental Models*, Cambridge, Cambridge University Press.
KAPLAN D. 1989, « Demonstratives », in Almog J., Wettstein H. & Perry J. (eds.), *Themes from Kaplan*, Oxford, Oxford University Press.
KARMILOFF-SMITH A. 1990, « Constraints on representational change : evidence from children's drawing », *Cognition*, 34, 57-83.
KAYSER W. 1965, « Wer erzählt den Roman? », in Klotz V. (ed.), *Zur Poetik des Romans*, Wibenschaftliche Buchgesellschaft, Darmstadt, 197-216.
KIM J. 1977, « Perception and reference without causality », *Journal of Philosophy*, 74, 606-620.
KIM J. 1978, « Supervenience and nomological incommensurables », *American Philosophical Quarterly*, 15, 149-156.
KIM J. 1984, « Concepts of supervenience », *Philosophy and Phenomenological Research*, 153-176.
KLAYMAN J. & HA Y.W. 1987, « Confirmation, disconfirmation, and information in hypothesis testing », *Psychological Review*, 94, 211-228.
KLEIBER G. 1990a, *L'Article « le » générique : la généricité sur le mode massif*, Genève, Droz.
KLEIBER G. 1990b, *La Sémantique du prototype*, Paris, PUF.
KRAUSZ M. (ed.) 1989, *Relativism, Interpretation, and Confrontation*, Notre Dame, Notre Dame University Press.
KRIPKE S.A. 1982, *Wittgenstein on Following a Rule*, Oxford, Blackwell.
LAFAYE M. 1861, *Dictionnaire des synonymes de la langue française*, Paris, Hachette.
LAKOFF G. 1987, *Women, Fire, and Dangerous Things : What Categories reveal about the Mind*, Chicago, University of Chicago Press.
LANGACKER R.W. 1987, *Foundations of Cognitive Grammar*, vol. 1, Stanford, Stanford University Press.
LAURIER D. 1989, « L'Anomalisme du mental et de la dépendance psycho-physique », *Cahiers du département de philosophie*, Université de Montréal, 8917.
LAURIER D. (manuscrit), « Comprendre ou interpréter ».
LEA R.B., O'BRIEN D.P., FISCH S.M., NOVECK I.A. & BRAINE M.D.S. 1990, « Predicting propositional logic inferences in text comprehension », *Journal of Memory and Language*, 29, 361-387.
LEEMAN D. 1988, « Les difficultés? Quelles difficultés? », *Le Français aujourd'hui*, 83, 7-18.

LEFF G. 1975, *William of Ockham, The Metamorphosis of Scholastic Discourse*, Manchester, Manchester University Press.
LEPORE E. (ed.) 1985, *The Philosophy of Donald Davidson*, Oxford, Blackwell.
LEVI-STRAUSS C. 1969, *La Pensée sauvage*, Paris, Plon.
LEWIS D.K. 1973, *Counterfactuals*, Cambridge, Mass., Harvard University Press.
LEWIS D.K. 1983, *Philosophical Papers I*, Oxford, Oxford University Press.
LEWIS D.K. 1986, «Causal decision theory», *Philosophical Papers II*, Oxford, Oxford University Press.
LIGHT P.H., BUCKINGAM N. & ROBBINS A.H. 1979, «The conservation task as an interactional setting», *British Journal of Educational Psychology*, 49, 304-310.
LOAR B. 1981, *Mind and Meaning*, Cambridge, Cambridge University Press.
LOAR B. 1988, «Social content and psychological content», in Grimm R.H. & Merrill D.D. (eds.), 99-110.
LYCAN W.C. 1987, *Consciousness*, Cambridge, Mass., MIT Press.
MACDONALD M. 1989, «Le Langage de la fiction», *Poétique*, 78, 219-235.
MALCOLM N. 1977, «Moore and Wittgenstein on the sense of 'I know'», in *Thought and Knowledge*, Ithaca N.Y., Cornell University Press.
MARKMAN E.M. & SEIBERT J. 1976, «Classes and collections : internal organizations and resulting holistic properties», *Cognitive Psychology*, 8, 561-577.
McDOWELL J., PETTIT P. (eds.) 1986, *Subject, Thought and Context*, Oxford, Oxford University Press.
McGARRIGLE J. & DONALDSON M. 1975, «Conservation accidents», *Cognition*, 3, 341-350.
McGINN C. 1989, *Mental Content*, Oxford, Basil Blackwell.
MIGLIOLI P., MOSCATO U., ORNAGHI M., USBERTI G. 1989, «A constructivism based on classical truth», *Notre Dame Journal of Formal Logic*, 30, 67-90.
MILLER S.A. 1976, «Non-verbal assessment of conservation number», *Child Development*, 47, 722-728.
MILLER S.A. 1982, «On the generalisability of conservation : a comparison of different kinds of transformation», *British Journal of Psychology*, 73, 221-230.
MILLIKAN R.G. 1984, *Language, Thought and Other Biological Categories*, Cambridge, Mass., MIT Press.
MILLIKAN R.G. 1986, «Thoughts without laws : cognitive science with content», *Philosophical Review*, 95, 47-80.
MILLIKAN R.G. 1989a, «In defense of proper functions», *Philosophy of Science*, 56, 288-302.
MILLIKAN R.G. 1989b, «Biosemantics», *Journal of Philosophy*, 86, 281-297.
MOORE G.E. 1959, «Certainty», in *Philosophical Papers*, London, Allen & Unwin.
NELSON D. 1949, «Constructible falsity», *The Journal of Symbolic Logic*, 14, 16-26.
NOZICK R. 1969, «Newcomb's problem and two principles of choice», in Rescher N. (ed.), *Essays in Honor of Carl G. Hempel*, Dordrecht, Reidel.
O'BRIEN D.P. 1981, *The Development of propositional reasoning from the perspective of a system of inference rules*. Unpublished PhD Thesis, Temple University.
O'BRIEN D.P., BRAINE M.D.S., CONNELL J., NOVECK I.A. & FISCH S.M. 1989, «Reasoning about conditional sentences : development of understanding of cues to quantification», *Journal of Experimental Child Psychology*, 48, 90-113.
OSHERSON D.N. 1975a, *Logical abilities in Children*. Vol. 3 : *Reasoning in Adolescence : Deductive Inference*, Hillsdale N.J., Erlbaum.
OSHERSON D.N. 1975b, «Models of logical thinking», in Falmagne R. (ed.), *Reasoning : Representation and Process in Children and Adults*, Hillsdale N.J., Erlbaum, 81-91.
PANACCIO C. 1988, «La Notion de croyance : une approche inscriptionnaliste», *Philosophiques*, 15/1, 41-58.
PAPINEAU D. 1984, «Representation and explanation», *Philosophy of Science*, 51, 550-572.
PAPINEAU D. 1987, *Reality and Representation*, Oxford, Blackwell.
PAVEL T. 1988, *Univers de la fiction*, Paris, Editions du Seuil.
PERELMAN C. & OLBRECHTS-TYTECA L. 1958, *Traité de l'argumentation : la nouvelle rhétorique*, Paris, PUF.
PIAGET J. 1926, *La Représentation du monde chez l'enfant*, Paris, PUF.

PIAGET J. 1928, «Les trois systèmes de pensée chez l'enfant», *Bulletin de la Société française de philosophie*, 28, 97-141.
PIAGET J. 1929a, «L'Adaptation de la *Limnæa stagnalis* aux milieux lacustres de la Suisse Romande. Étude biométrique et génétique», *Revue Suisse de Zoologie*, 56, 263-251.
PIAGET J. 1929b, «Les Races lacustres de la Limnæa stagnalis; recherches sur les rapports de l'adaptation héréditaire avec le milieu», *Bulletin biologique de la France et de la Belgique*, 63, 424-455.
PIAGET J. 1930, *Immanentisme et foi religieuse*, Genève, Robert.
PIAGET J. 1936, *La Naissance de l'intelligence chez l'enfant*, Neuchâtel, Delachaux & Niestlé.
PIAGET J. 1937, «La Réversibilité des opérations et l'importance de la notion de "groupe" pour la psychologie de la pensée», *XIème Congrès international de psychologie* (25-31 juin 1937), Rapport des comptes rendus publiés par les soins de Henri Piéron et Ignace Meyerson, Agen, Imprimerie Moderne, 1938.
PIAGET J. 1944, «Essai d'interprétation probabiliste de la loi de Weber et celle des centrations relatives», *Archives de Psychologie*, 118, 95-138.
PIAGET J. 1950, *Introduction à l'épistémologie génétique*, 3 tomes, Paris, PUF.
PIAGET J. 1953, «Structures opérationnelles et cybernétiques», in *Le Système nerveux et la psychologie, Ier Symposium de l'Association de Psychologie Scientifique de Langue Française* (1952), in *Année psychologique*, 1953.
PIAGET J. 1955, «Rapport», in *La Perception, IIème Symposium de l'Association de Psychologie scientifique de Langue Française* (Louvain 1953), Paris, PUF, 17-30.
PIAGET J. 1956, «Les Stades du développement intellectuel de l'enfant et de l'adolescent» in *Le Problème des stades en psychologie de l'enfant, IIIème Symposium de l'Association de Psychologie scientifique de Langue Française*, Paris, PUF, 33-42.
PIAGET J. 1957 «Le Mythe de l'origine sensorielle des connaissances scientifiques», *Actes de la Société helvétique des Sciences Naturelles*, Neuchâtel, 20-34.
PIAGET J. 1967a, *Biologie et connaissance : Essai sur les régulations organiques et les processus cognitifs*, Paris, Gallimard.
PIAGET J. 1967b, «Intelligence et adaptation biologique», in *Les Processus d'adaptation, Symposium de l'Association de Psychologie scientifique de Langue Française* (Marseille, 1965), Paris, PUF.
PIAGET J. 1974a, *Adaptation vitale et psychologie de l'intelligence. Sélection organique et phénocopie*, Paris, Hermann.
PIAGET J. 1974b, *La Prise de conscience*, Paris, PUF.
PIAGET J. 1975, *L'Équilibration des structures cognitives, problème central du développement*, Paris, PUF.
PIAGET J. 1976, *Le Comportement, moteur de l'évolution*, Paris, Gallimard.
PIAGET J. & de la HARPE J. 1928, *Deux types d'attitude religieuses : Immanence et transcendance*, Genève, Labor.
PIAGET J. & INHELDER B. 1959, *La Genèse des structures logiques élémentaires*, Neuchâtel, Delachaux & Niestlé.
PIAGET J. & LAMBERCIER M. 1944, «Essai sur un effet d'*Einstellung* survenant au cours de perceptions visuelles successives (effet *Usnadze*)», *Archives de Psychologie*, 118, 139-196.
PIAGET J. & SZEMINSKA A. 1941, *La Genèse du nombre chez l'enfant*, Neuchâtel, Delachaux & Niestlé.
PINKER S. 1984, *Language Learnability and Language Development*, Cambridge, Mass., Harvard University Press.
POLITZER G. 1990, «Immediate deduction between quantified sentences», in Gilhooly K.J., Keane M.T.G., Logie R.H. & Erdos G. (eds.), *Lines of Thinking : Reflections on the Psychology of Thought*, Chichester, Wiley.
POLITZER G. 1991, «Comparison of deductive abilities across language», *Journal of Cross-Cultural Psychology*, 22, 389-402.
POLITZER G. & NOVECK I.A. 1991, «Are conjunction rule violations the result of conversational rule violations ?», *Journal of Psycholinguistic Research*, 20, 83-103.
PUTNAM H. 1975, «The Meaning of 'Meaning'» in Putnam H., *Mind, Language and Reality*, Cambridge, Cambridge University Press, 215-271.

PUTNAM H. 1988, *Representation and Reality*, Cambridge, Mass., MIT Press. Traduction française de Claudine Engel-Tiercelin : *Représentation et réalité*, Paris, Gallimard, 1990.
QUINE W.V.O. 1960, *Word and Object*, Cambridge, Mass., MIT Press. Traduction française de Paul Gochet : *Le Mot et la chose*, Paris, Flammarion, 1977.
QUINE W.V.O. 1969, «Epistemology naturalized» in Quine W.V.O. *Ontological Relativity and other Essays*, New York, Columbia University Press. Traduction française de Jean Largeault : *La Relativité de l'ontologie et quelques autres essais*, Paris, Aubier-Montaigne, 1977.
QUINE W.V.O. 1970, «On the reasons for the indeterminacy of translation», *Journal of Philosophy*, 67, 178-183.
QUINE W.V.O. 1981a, «On the very idea of a third dogma», in Quine W.V.O. 1981b.
QUINE W.V.O. 1981b, *Theories and Things*, Cambridge, Mass., Harvard University Press.
QUINE W.V.O. 1985a, «States of mind», *Journal of Philosophy*, 82, 5-8.
QUINE W.V.O. 1985b, «Events and reification», in Lepore E. (ed.), 162-171.
QUINE W.V.O. 1987, *Quiddities*, Cambridge, Mass., Harvard University Press.
QUINE W.V.O. 1990a, «Three indeterminacies», in Barrett R. & Gibson R. (eds.) 1990, 1-16.
QUINE W.V.O. 1990b, *Pursuit of Truth*, Cambridge, Mass., Harvard University Press.
RECANATI F. 1981, *Les Enoncés performatifs*, Paris, Editions de Minuit.
REID T. 1970, *An Inquiry into the Human Mind*, Chicago, The University of Chicago Press.
RIPS L.J. 1983, «Cognitive processes in propositional reasoning», *Psychological Review*, 90, 38-71.
ROSCH E. & MERVIS C. 1975, «Family resemblances : studies in the internal structures of categories», *Cognitive Psychology*, 7, 573-605.
ROSENBERG A. 1986, «Intentional psychology and evolutionary biology», *Behaviorism*, 14, 15-27, 125-138.
RUDDER BAKER L. 1987, *Saving Belief : a Critique of Physicalism*, Princeton, N.J., Princeton University Press.
RUSSELL B. 1956, *Logic and Knowledge*, London, Allen & Unwin.
RUSSELL B. 1973, «Is mathematics purely linguistic?» (1950-1952), in Lackey D. (ed.), *Essays in Analysis*, London, Allen & Unwin.
SAUNDERS J.T. & CHAMPAWAT N. 1964, «Mr. Clark's definition of 'knowledge'», *Analysis*, 25, 8-9.
SCHEFFLER I. 1954, «An inscriptional approach to indirect quotation», *Analysis*, 14, 83-90.
SCHEFFLER I. 1979, *Beyond the Letter : A Philosophical Inquiry into Ambiguity, Vagueness and Metaphor in Language*, London, Routledge and Kegan Paul.
SCHIFFER S. 1987, *Remnants of Meaning*, Cambridge, Mass., MIT Press.
SCHIFFER S. & STEELE S. (eds.) 1988, *Cognition and Representation*, A Westview special study, Boulder CO.
SEARLE J.R. 1975, «Le Statut logique du discours de fiction», in *Sens et expression*, Traduction française de Joëlle Proust, Paris, Editions de Minuit, 1982.
SEARLE J.R. 1990, «Collective intentions and actions», in Cohen P., Morgan J. & Pollack M. (eds.), *Intention in Communication*, Cambridge, Mass., MIT Press.
SELLARS W. 1979, *Naturalism and Ontology*, Ridgeview Publishing Co., Atascadero Calif.
SILVERMAN I. & SCHNEIDER D.S. 1968, «A study of the development of conservation by a non-verbal method», *Journal of Genetic Psychology*, 112, 287-291.
SKIRMS B. 1980, *Causal necessity*, New Haven, Yale University Press.
SKIRMS B. 1982, «Causal decision theory», *Journal of Philosophy*, 59, 5-30.
SOBEL J.H. 1986, «Notes on decision theory : old wine in new bottles», *Australian Journal of Philosophy*, 64, 4, 407-437.
SOBEL J.H. 1988, «Defences and conservative revisions of evidential decision theories : metatickles and ratificationism», *Synthese*, 75, 107-131.
SOBER E. 1985, «Panglossian functionalism and the philosophy of mind», *Synthese*, 64, 165-193.
SPANG-HANSEN E. 1963, *Les Prépositions incolores du français moderne*, Copenhague, G.E.C. Gads Forlag.

SPERBER D. & WILSON D. 1986, *Relevance : Communication and Cognition*, Cambridge, Mass., Harvard University Press. Traduction française de Abel Gerschenfeld : *La Pertinence*, Paris, Editions de Minuit, 1989.
STALNAKER R.C. 1984, *Inquiry*, Cambridge, Mass., MIT Press.
STINE G. 1976, «Scepticism and relevant alternatives», *Philosophical Studies*, 29.
THOMAS C. 1967, *Philosophical Perspectives : Metaphysics and Epistemology*, Springfield.
THOMASON R. 1969, «A semantic study of constructible falsity», *Zeitschrift für mathematische Logik und Grundlagen der Mathematik*, 15, 247-257.
TOMBERLIN J.E. (ed.) 1989, *Philosophical Perspectives 3*, Ridgeview Publishing Co., Atascadero Calif.
TUOMELA R. 1984, *Theory of Social Action*, Dordrecht, Reidel.
TURIEL E. & DAVIDSON P. 1986, «Heterogeneity, inconsistency, and asynchrony in the development of cognitive structures», in Levin I. (ed.), *Stage and Structure*, Norwood N.J., Ablex.
TVERSKI A. & KAHNEMAN D. 1983, «Extensional versus intuitive reasoning : the conjunction fallacy in probability judgment», *Psychological Review*, 90, 293-315.
USBERTI G. (en préparation), «Constructive logics and the analysis of specificity».
VANDELOISE C. 1986, «L'Expression linguistique de la relation de suspension», *Cahiers de lexicographie*, 55, 101-133.
VUILLAUME M. 1990, *Grammaire temporelle des récits*, Paris, Editions de Minuit.
WASON P.C. 1960, «On the failure to eliminate hypotheses in a conceptual task», *Quarterly Journal of Experimental Psychology*, 12, 129-140.
WILDGEN W. 1987, «Dynamic aspects of nominal composition», in Ballmer & Wildgen (eds.), *Process Linguistics, Exploring the processual aspects of language and language use*, Niemeyer, Tübingen.
WITTGENSTEIN L. 1953, *Philosophical Investigations*, London, Macmillan. Traduction française de Pierre Klossowski : *Investigations philosophiques*, Paris, Gallimard, 1961.
WOODFIELD A. (ed.) 1982, *Thought and Object*, Oxford, Oxford University Press.
WOODFIELD A. 1986, «Two categories of content», *Mind & Language*, 1, 319-354.
WOHLWILL J.F. & LOWE R. 1962, «Experimental analysis of the development of conservation of number», *Child Development*, 33, 153-167.
WRIGHT C. 1989, «Wittgenstein's rule following considerations and the central project of theoretical linguistics», in George A. (ed.).
ZIMILES H. 1966, «The development of conservation and differentiation of number», *Monographs of the Society for Research in Child Development*, 31, n° 6.

Index nominum

Adams M.M., 37
Anscombre J.-C., 253
Armstrong D.M., 163
Austin G.A., 50

Baillargeon R., 60
Baldwin J., 44
Baldwin T., 6, 11
Bealer G., 29
Bergson H., 56
Berthonneau A.M., 250
Beth E.W., 48
Block N., 12
Boehner P., 37
Bonomi A., 142
Braine M.D.S., 6, 20-22, 25
Bratman M., 13, 191-193, 197-199
Bréal, 241
Britten R.J., 54, 58
Broadbent S., 6, 8, 65
Brøndal V., 239-241, 251
Brouwer L.E.J., 140
Bruner J.S., 50
Buckingham N., 67
Burge T., 12-13, 173, 175-176, 180-184, 187, 189

Cadiot P., 6, 14-15, 240, 248, 251-252
Cara F., 6, 8, 65, 72
Carey S., 60, 65

Carnap R., 131, 217-219
Cassirer E., 241
Champawat N., 160
Cheng P., 79
Chomsky N.A., 13-14, 23-24, 214, 221-223, 225-226, 230-237
Church A., 33
Comrie B., 22
Condillac E. de, 241
Connell J., 22
Cosmides L., 58
Cowan R., 69
Cresswell M.J., 131

Darwin C., 53, 56
Davidson D., 9, 12-13, 89-91, 100, 113, 173-175, 177-181, 183, 187-189, 208
Davidson E.H., 54, 58
Davidson P., 60
Dennett D.C., 89
Dodwell P.C., 66
Donaldson M., 67-68
Dretske F., 9, 11, 166
Dubucs J., 6, 10, 131, 206
Dumas A., 275
Dummett M., 89, 140

Eberle R., 32
Eells E., 106-110, 112-114
Elkind D., 66, 69

Evans G., 183, 185
Evans J. St B.T., 79, 82

Field H., 6, 29, 36, 127
Fillmore C.J., 241
Fisch S.M., 21-22
Fodor J.A., 6, 9, 12-14, 19, 23-24, 28, 37, 61-62, 181
Frege G., 29, 33, 217

Garcia R., 51
Gayon J., 6-7, 42, 58
Gelman R., 60, 62-65
Genette G., 267, 269-270, 275
Gentzen, 20
George A., 14
Gettier E., 11, 149-151, 155-156, 160, 163

Gibbard A., 103-105, 114
Gochet P., 37
Gödel K., 142
Goldman A., 11, 158-160, 163, 166
Goldschmidt R.B., 58
Goodman Nelson, 31-32, 37
Goodman Nicholas, 159-160
Goodnow J.J., 50
Gréco P., 66, 68, 75
Guillaume S., 250
Guttenplan S., 6, 14

Ha Y.W., 82
Hardy G.H., 130
Harman G., 181
Harpe J. de la, 57
Harper W., 103-105, 114
Harris P., 22
Hémery C., 275
Heyting A., 143-144, 146
Hildebrand D.K., 72
Hintikka J., 131
Hjelmslev L., 243
Holyoak K.J., 79
Hood H.B., 66
Horn L.R., 85
Horwich P., 6, 14, 108
Hume D., 12, 168, 170-171

Inhelder B., 51, 83

Jackendoff R., 19, 22-23
Jacob F., 54, 58
Jaeggi A., 243
Jeffrey R., 102, 114
Johnson-Laird P.N., 20, 79

Kahneman D., 80-81
Kaplan D., 178, 190

Karmiloff-Smith A., 65
Kayser W., 275
Kim J., 157, 160, 188
Klayman J., 82
Kleiber G., 248
Klein F., 49
Kolmogorov A.N., 142
Kripke S.A., 221-223, 228-229

Lafaye M., 242-243
Laing J.D., 72
Lakoff G., 241
Lambercier M., 46
Langacker R.W., 241
Laurier D., 6, 9, 188
Lea R.B., 21
Lebossé C., 275
Leeman D., 242
Leff G., 37
Leibniz G.W., 239, 242, 251
Lepage F., 6, 9-10
Lévi-Strauss C., 130
Lewis D.K., 106, 114, 130, 275
Leynet M.E., 84
Light P.H., 67-68
Livet P., 6, 13
Loar B., 180
Lowe R., 66
Luquet B., 15, 255-256, 258-261

Macdonald M., 267-268, 270-271
Malcolm N., 171
Markman E.M., 84
Marr D., 13
McGarrigle J., 67-68
Mengal P., 6-7, 42, 58
Mervis C., 256
Miglioli P., 144
Miller S.A., 67
Millikan R.G., 9, 94
Monod J., 54, 58
Montague R., 131, 134
Moore G.E., 166, 170-171, 268
Moscato U., 144

Nelson D., 141
Newcomb W., 9, 104-106, 111-112, 114
Noveck I.A., 21-22
Nozick R., 10, 112

O'Brien D.P., 20-22
Occam G. d', 6, 28, 31-32, 36-37
Ornaghi M., 144
Osherson D.N., 20

Panaccio C., 6-7, 37
Papineau D., 9, 89-100
Pavel T., 271

Perelman C., 55
Piaget J., 7-8, 41-58, 60-61, 63-67, 83
Pinker S., 24-25
Platon, 11
Politzer G., 6, 8-9, 84-85
Proust J., 238
Putnam H., 12, 30, 89, 214
Pylyshyn Z.W., 128

Quine W.V.O., 11, 14, 31, 37, 94, 171, 176-180, 190, 213, 215-219

Ramanujan, 122
Récanati F., 275
Reid T., 12, 170-171
Reiser B.J., 20-21
Richard J.F., 84
Rips L.J., 86
Robbins A.H., 67
Rosch E., 15, 256
Rosenthal H., 72
Rudder Baker L., 181
Rumain B., 20-22
Russel B., 37, 130, 156, 217
Ryle G., 268

Saunders J.T., 160
Savage, 102-103
Scheffler I., 37
Schiffer S., 29, 37
Schneider D.S., 67
Schoenfeld E., 69
Searle J.R., 13, 191, 199, 267, 269, 275
Seibert J., 84
Sellars W., 37

Seymour M., 6, 12-13
Silverman I., 67
Skinner B.F., 57
Skirms B., 106, 114
Sobel J.H., 108-110, 112
Spang-Hanssen E., 244
Sperber D., 20, 252, 272
Stalnaker R.C., 29, 37, 130
Stine G., 166
Szeminska A., 65

Tarski A., 137
Thomason R., 141
Tooby J., 57
Tuomela R., 13, 191
Turiel E., 60
Tversky A., 80-81

Usberti G., 6, 11, 144, 160

Vandeloise C., 6, 14-16, 256-257
Vogel, 242
Vonèche J., 51
Vuillaume M., 6, 15-16, 270, 274

Waddington C.F., 49-50
Wason P.C., 82
Wildgen W., 252
Wilson D., 20, 252, 272
Wittgenstein L., 12, 14-15, 170-171, 221-226, 228-238, 256
Wohlwill J.F., 66
Wright C., 221-223, 225, 233-238

Zimiles H., 66

Table des matières

Introduction : Daniel ANDLER, Pierre JACOB, Joëlle PROUST, François RÉCANATI, Dan SPERBER 5

CHAPITRE 1
LE LANGAGE DE LA PENSÉE 17

Martin BRAINE
Approches empiriques du langage de la pensée 19

Claude PANACCIO
Le nominalisme et la question du langage mental 27

CHAPITRE 2
ÉPISTÉMOLOGIE ET PSYCHOLOGIE 39

Jean GAYON et Paul MENGAL
Théorie de l'évolution et psychologie génétique chez Jean Piaget 41

Stefana BROADBENT et Francesco CARA
Structuration des connaissances par domaines et développement 59

Guy POLITZER
Logique mentale et raisonnement naturel 79

CHAPITRE 3
JUSTIFICATION ET RATIONALITÉ 87

Daniel LAURIER
La charité selon Papineau 89

François LEPAGE
Rationalité et théorie de la décision 101

Jacques DUBUCS
Omniscience logique et frictions cognitives 115

Gabriele USBERTI
Connaissance et croyance : pour une épistémologie dualiste 133

CHAPITRE 4
LA COGNITION AU-DELÀ DE L'INDIVIDU 161

Thomas BALDWIN
Scepticisme et épistémologie externaliste 163

Michel SEYMOUR
La théorie de l'identité « token-token » et l'anti-individualisme 173

Pierre LIVET
Intention individuelle et action collective 191

CHAPITRE 5
LANGAGE ET COGNITION 211

Paul HORWICH
La distinction entre l'analytique et le synthétique :
Chomsky contre Quine 213

Samuel GUTTENPLAN
Concepts et normes : Wittgenstein contre Chomsky ? 221

Pierre CADIOT
Vers une réduction cognitive de la préposition 239

Claude VANDELOISE
Une catégorie lexicale et le défi de l'art 255

Marcel VUILLAUME
Création et représentation dans les énoncés fictionnels 267

BIBLIOGRAPHIE 277

INDEX NOMINUM 287

PHILOSOPHIE ET SCIENCES A CERISY

PUBLICATIONS DISPONIBLES

• **Alain, philosophe de la culture et théoricien de la démocratie** (Amis d'Alain) • **L'argumentation** (Mardaga) • **Les théories de la complexité (à partir de l'œuvre d'H. Atlan)** (Seuil) • **Les nouveaux enjeux de l'anthropologie (autour de Balandier)** (Univ. de Bruxelles) • **Apprentissage et cultures** (Karthala) • **Arguments pour une méthode (autour de Morin)** (Seuil) • **L'auto-organisation** (Seuil) • **Bachelard** (10/18) • **Bateson** (Seuil) • **Le centenaire du Capital** (Mouton) • **Technologies et symboliques de la communication** (PUG) • **La décision** (PUL) • **Le discours utopique** (10/18) • **La faculté de juger (autour de Lyotard)** (Minuit) • **Les fins de l'homme (autour de Derrida)** (Galilée) • **René Girard: violence et vérité** (Grasset) • **Individualisme et autobiographie** (Univ. de Bruxelles) • **Logos et théorie des catastrophes (autour de Thom)** (Patiño) • **Le mythe et le mythique** (Albin Michel) • **Nietzsche** (10/18) • **Perspectives systémiques** (L'interdisciplinaire) • **Le plaisir de parler** (Minuit) • **Le parler frais d'Erving Goffman** (Minuit) • **Karl Popper et la science d'aujourd'hui** (Aubier-Montaigne) • **Positions de la sophistique** (Vrin) • **Psychanalyse des arts de l'image** (Clancier-Guénaud) • **Psychiatrie et existence** (Millon) • **L'avenir de la recherche opérationnelle** (Hommes et techniques) • **La sexualité** (Plon) • **Paul Ricœur : les métamorphoses de la raison herméneutique** (CERF) • **Spinoza** (Inst. d'Epistémologie) • **Temps et devenir (autour de Prigogine)** (Patiño) • **Métamorphoses de la ville** (Economica) • **Simone Weil** (Aubier) • **Weimar, le tournant esthétique** (Anthropos).

PROCHAINS COLLOQUES

• **Le management public**, dir. A. David, A. Hatchuel (du 11 au 18 juin 92) • **Ethique et communication**, dir. Ph. Breton, S. Proulx (du 20 au 30 juin 92) • **Le passage des frontières (autour de Derrida)**, dir. M.-L. Mallet (du 11 au 21 juillet 92) • **L'ethnopsychanalyse dans l'Europe d'aujourd'hui**, dir. A. Clancier, J. Chemouni (du 23 juillet au 2 août 92) • **Saussure**, dir. M. Arrivé, C. Normand • **Valéry aujourd'hui**, dir. N. Celeyrette-Pietri (du 25 août au 4 septembre 92) • **Roger Bastide et le multiple**, dir. Ph. Laburthe-Tolra, L. Vincent-Thomas (du 7 au 14 septembre 92) • **Autour d'Alain Touraine**, dir. F. Dubet, M. Wieviorka (du 26 mai au 3 juin 93) • **Les limites de la rationalité et la constitution du collectif**, dir. P. Livet, R. Nadeau, B. Reynaud (du 5 au 12 juin 93) • **L'esthétique de Kant**, dir. H. Parret (du 14 au 21 juin 93) • **Les tendances d'évolution de la société : comparaisons internationales**, dir. H. Mendras (du 23 au 30 juin 93) • **La modernité en question (Habermas, Rorty)**, dir. F. Gaillard, M. Poulain (du 2 au 11 juillet 93) • **Claude Lévi-Strauss**, dir. P. Maranda (du 2 au 12 août 93) • **Clérambault**, dir. S. Tisseron (du 14 au 21 août 93) • **Michel Henry**, dir. A. Nicaud (du 23 au 30 août 93) • **Revisitation du fameux cas du Président Schreber**, dir. H.Z. Lothane, J. Schotte (du 10 au 17 septembre 93).

CENTRE CULTUREL INTERNATIONAL DE CERISY

• Le **Centre Culturel de Cerisy**, créé par Anne Heurgon-Desjardins, prolonge, depuis 1952, les **Décades de Pontigny** qui avaient réuni à l'initiative de Paul Desjardins, de 1910 à 1939, autour de thèmes artistiques, littéraires, philosophiques, politiques, sociaux, de nombreuses personnalités qui marquèrent leur époque. Entre autres : Bachelard, Copeau, Curtius, Gide, Groethuysen, Koyré, Malraux, Martin du Gard, Mauriac, Maurois, Saint-Exupéry, Valéry, Wells.

• Il dépend de l'**Association des Amis de Pontigny-Cerisy**, sans but lucratif, reconnue d'utilité publique en 1972, présidée actuellement par Maurice de Gandillac, et ayant pour but de favoriser les échanges entre artistes, intellectuels et savants de tous pays.

• Dirigé aujourd'hui par Edith Heurgon et Catherine Peyrou, **il accueille chaque année**, au château de Cerisy-la-Salle, monument historique, dans la Manche, **une douzaine de colloques, rencontres et ateliers**. De 1952 à nos jours, ont ainsi été organisés près de deux cents colloques, prolongés par de nombreuses publications.

• Les **colloques de Cerisy** abordent des domaines et des points de vue d'une grande diversité. Ils étudient aussi bien la culture du passé (ainsi *La Renaissance du XIIe siècle* et *Le Grand Siècle Russe*) que les mouvements de pensée et les pratiques artistiques contemporains (par exemple *Les Chemins actuels de la critique* et *Le Nouveau Roman*). En outre, ils ont introduit une formule neuve de réunions organisées **autour et en présence de personnalités** parmi lesquelles Martin Heidegger, Arnold Toynbee et, plus récemment, Henri Atlan, Georges Balandier, Roland Barthes, Yves Bonnefoy, Michel Butor, Cornélius Castoriadis, Georges E. Clancier, Michel Crozier, Jacques Derrida, André Frénaud, René Girard, Algirdas Greimas, Eugène Guillevic, Eugène Ionesco, Edmond Jabès, Emmanuel Lévinas, Jean-François Lyotard, Gabriel Marcel, Edgar Morin, Francis Ponge, Ilya Prigogine, Paul Ricœur, Alain Robbe-Grillet, Nathalie Sarraute, Léopold Senghor, Claude Simon, Jean Tardieu, René Thom, Michel Tournier, Claude Vigée.

• Le **public de Cerisy** est composé en grande partie d'artistes, de chercheurs, d'enseignants, d'étudiants, mais aussi de toutes personnes désireuses de **participer ou simplement d'assister** à de libres confrontations où plus d'un aspect de la pensée d'aujourd'hui s'élabore. Il compte une forte proportion d'étrangers attirés par la culture française.

• Pour tous **renseignements sur les colloques de Cerisy**, écrire au CCIC, 27 rue de Boulainvilliers, F-75016 Paris, France.

PHILOSOPHIE ET LANGAGE
Collection publiée sous la direction de Sylvain AUROUX, Claudine NORMAND, Irène ROSIER

Ouvrages déjà parus dans la même collection :

ADAM : Eléments de linguistique textuelle.
ANDLER *et al.* : Philosophie et cognition - Colloque de Cerisy.
ANSCOMBRE / DUCROT : L'argumentation dans la langue.
AUROUX : Histoire des idées linguistiques. T. 1.
BESSIERE : Dire le littéraire.
BORILLO : Information pour les sciences de l'homme.
CASEBEER : Hermann Hesse.
COMETTI : Musil.
COUTURE : Ethique et rationalité.
DOMINICY : La naissance de la grammaire moderne.
EVERAERT-DESMEDT : Le Processus interprétatif - Introduction à la sémiotique de Ch. S. Peirce.
GELVEN : Etre et temps de Heidegger.
HAARSCHER : La raison du plus fort.
HEYNDELS : La pensée fragmentée.
HINTIKKA : Investigations sur Wittgenstein.
ISER : L'acte de lecture.
JACOB : Anthropologie du langage.
KIBEDI-VARGA : Discours, récit, image.
KREMER-MARIETTI : Les racines philosophiques de la science moderne.
LARUELLE : Philosophie et non-philosophie.
LATRAVERSE : La pragmatique.
LAUDAN : Dynamique de la science.
LEMPEREUR : L'argumentation - Colloque de Cerisy
MAINGUENEAU : Genèse du discours.
MARTIN : Langage et croyance.
MEYER : De la problématologie.
MOUREY : Borges, vérité et univers fictionnels.
NEUBERG : Théorie de l'action.
PARRET : Les passions.
PARRET : La communauté en paroles.
SHERIDAN : Discours, sexualité et pouvoir (Michel Foucault).
STUART MILL : Système de logique.
TRABANT : Humboldt ou le sens du langage.
VANDERVEKEN : Les actes de discours.
VERNANT : Introduction à la philosophie de la logique.

A paraître :

AUROUX : Histoire des idées linguistiques - Tome 2.
AUROUX : Histoire des idées linguistiques - Tome 3.
DECROSSE : L'esprit de société.
FAIVRE : Antoine Court de Gébelin.
GUILHAUMOU-MALDIDIER : Discours et archives. Expérimentation en analyse de discours.
LAMIZET : Les lieux de la communication.
LAURIER : Introduction à la philosophie du langage.
McCLOSKEY : La rhétorique de l'économie.
MARIN : Les figures du sujet à l'époque moderne.
SCHLIEBEN-LANGE : Idéologie, révolution & uniformité de la langue.
VECK : Francis Ponge ou le refus de l'absolu littéraire.